소태산 일화와 민속 문화

소태산 일화와
민속 문화

이정재 지음

서 언

　전통의 계승과 단절은 국문학연구에서 중요한 쟁점이었다. 서구와 일제라는 쐐기가 워낙 강렬하여 그 연결고리를 찾아내 기술하기가 쉽지 않았으나, 지금은 이를 상당히 극복하였음은 물론 국문학의 미래 전망이 어떠해야 하는가를 모색하는 다양한 시도의 단계에까지 이르렀다.

　여기서 다루는 글은 이런 전통계승의 맥락과 연계되어있다. 민속과 문학의 상관성은 다음 글에서 상세히 다루고 있으므로 생략을 하겠으나 그 상관성은 글로벌 시대로 진입할수록 더욱 긴요한 것이 되고, 특히 사상적 전통의 계승은 지속을 넘어 확장되고 있기 때문이다.

　동학은 근대기를 여는 중요한 사건으로 인식되어 그에 대한 연구도 풍부하게 이루어지고 있다. 그러나 그 이후의 전개 과정에 있는 중산교와 원불교에 대해서는 학문적 연구가 일천하기 그지없다. 어떤 사회적 변화와 격변에만 집중하고 말면 그 전개 과정을 놓치기 쉽다. 사상적인 것은 특히 이후의 전개가 더 중요한 것이 아닌가. 특히 전통사상의 계승은 더욱 값진 것이 되기 때문이다.

　원불교의 창시자 소태산에 대한 관심은 이런 생각에서 비롯되었다. 문학과 민속학을 전공한 필자로서 접근할 수 있는 것은 그러나 교리적인 것보다는 그것을 가능하게 했던 사상적 바탕에 관한 것이었다. 그의 일화를 연구 대상으로 한 것은 그래서 자연스런 선택이 되었다. 우려했던 바대로 이에 대한 후속 작업은 너무 일천하여 연구의 어려움이 없지 않았다. 그러나 새로운 길을 걷는 참신함도 만끽할 수 있었고, 이를 통해 성장하는 계기를 마련할 수도 있어 공부의 즐거움을 느낄 수 있는 소중한 시간이었다.

본서의 내용은 이런 관심사들을 모은 것이다. 제목을 그대로 두어 기 발표한 논문들과 일치되도록 하였으나 아래에 그 출처를 밝혀둔다. 기 발표된 위의 논문 외의 글이나 아직 미발표 원고도 함께 수록하여 전체적인 균형을 꾀하고자 했다. 개별의 논문과는 다르게 단행본으로 출간하는 과정에서 전체적인 통일성을 위해 몇몇 구절을 수정하기도 하였고, 때로 문장 다듬기와 내용의 첨삭을 하기도 하였다. 그러나 필자가 논하고자 한 대략을 훼손하지는 않았을 것이다. 오히려 내용을 살리고 나아가 용이한 독서를 위해 취한 조치였음을 확인할 수 있을 것이다.

글을 적어 세상에 내놓는 작업은 여러 의미를 가지겠지만 그중 하나를 뽑자면 후진들의 연구로 계승되기를 바라는 마음이 제일 크다 하겠다. 이 글들이 이루어지기까지 가까이에 있던 가족들에 늘 감사하고, 또 가까이 혹은 멀리에 있는 학문적 수행적 도반들에게도 감사를 올린다. 어려운 조건에서 출판을 기꺼이 허하여주신 사장님께도 심심한 감사의 인사를 드린다.

* 참고한 논문 목록

— 삼령기원상의 민속학적 고찰 원불교사상과 종교문화, 원광대학교 원불교사상연구원 2009
— 실화와 설화의 경계와 소통 인문학연구, 경희대학교 인문학연구원 2011
— 탈이섬 구렁이여인의 제도과정 연구
— 초선지 만덕산 산제당의 민속학적 고찰 원불교사상과 종교문화, 원광대학교 원불교사상연구원 2010
— 고소설 박태보전 독자수용 일고찰 원불교사상과 종교문화, 원광대학교 원불교사상연구원 2012
— 소태산의 구사일화 분석과 백학명과의 관계 연구 원불교사상과 종교문화, 원광대학교 원불교사상연구원 2014
— 소태산 구도과정의 민간신앙 상관성 신종교연구, 한국신종교학회 2016

제1부
—
일화와 민속 문화

Ⅰ. 일화와 민속과 사상

— 민속 문화와 국문학; 단절과 계승의 변주곡

민속 문화와 국문학은 서로 밀접한 관계를 이룬다. 쉽게 이해되는 듯한 이 관계는 그러나 그렇게 단순치 않다. 대체로 민속 문화의 전통 위에 국문학이 위치한다는 생각에 이르는 추세는 자연스러운 것이 돼가고 있다. 그것은 전통의 계승과 단절이라는 격렬한 반 세기적 논쟁의 결과로 얻은 값진 것이다. 그러나 이 논점 하나만 해도 온전한 이해에 도달했다고 하기 어려운 구석이 도처에 있다. 이는 나아가 민속 문화의 중요성과 실체를 드러내는데 장애물이 되고 있어 잠시 살펴볼 사안이다.

과연 그 격동기에 단절이 없었다는 것인가?

아니면 그렇다고 믿고 싶은 것이었나?

설령 계승이 있었다고 한다면 왜 어느 것은 그렇고 어느 것은 그렇지 못하였던가?

나아가 계승이 가지는 참 의미는 무엇인가?

이렇게 사유를 진행하다 보면 결국

그렇다면 문화라는 것은 무엇인가? 라는 고민에서

문화적 주체와 주체성이란 있는 것인가 없는 것인가?

그리고 있다면 과연 정리를 해낼 수 있는 것인가?

.... 등등

질문의 꼬리는 좀처럼 끊이지 않는다.

민속 문화와 국문학을 연관시켜 연구하면서 드는 필자의 생각은 우선 민족에 대한 것이다. 그것이 문화가 됐든 역사이든 예술이든 상관없이 '민족적인 것'이라는 화두에서 크게 벗어나기 어렵다. 그런데 이 민족이라는 보이지 않는 테두리는 자연스러워야 하는 무언가를 불편하게 하곤 한다. 굳이 그러지 않아도 될 것에 새 개념을 둘러씌운 느낌이 들고, 또 오늘의 세상은 그에 기준하여 작동되고 있기 때문이다. 그러나 민속이라는 것은 그 태생이 워낙 오래된 것이어서 민족이라는 개념이 드러나기 이전의 것들이다. 나눌 수 없고 구분할 수 없는 것을 뒤에 마련한 척도로 재단을 한 셈이다. 그러다 보니 그에 따라 야기되는 혼란스러움과 번다함이 말할 수 없는 지경을 넘어, 많은 것을 상실하게 되는 지경에 이르게도 되었다. 하물며 이제는 무엇을 잃어버렸는지조차 가늠하기 어려운 정도다.

학문도 울타리를 가진다. 즉 학문도 민족이란 개념과 무관치 않다. 서구와 동양의 학문이라는 정의에 대한 편차와는 무관하게 학문과 과학적 방법은 오늘날 대단한 것이 되었다. 이미 거대 공룡이 되어 강력한 헤게모니의 진영을 갖추고 동서양을 호령하고 있다(루퍼트 셸드레이크, 과학의 망상). 그것이 민족 혹은 때로 어떤 이데올로기와 결합이 될 때면 본래의 초심과 무관하게 막강한 힘을 휘두르곤 한다. 국가와 민족 그리고 그들이 내세우는 각종 이즘들이 그런 것들이다. 극단의 예로 중동과 극동의 핵무기를 둘러싼 격전 양상을 떠올리면 쉽게 납득이 간다. 물리학이란 학문은 어떤 이즘과 만나 포효를 하기도 한다. 학문이란 울타리 안에 있는 인문학은 이러한 횡포를 지적하고 해체하고 난도질했다. 그런데 결과는 어떤 대안도 제시하지도 못하는 지경에 놓여있다. 이러한 세상사의 것들은 그저 정치학, 경제학 혹은 사회학의 영역이라고만 하여 인문학의 범위 밖에 배치할 수도 없고 자신들이 해야 할 어떤 책무를 소홀히 할 수도 없다.

이제 공동체 단위로서의 민족을 구상하지 않을 수는 없으나 그 울타리를 넘어서는 사유를 같이 견주면서 나아가야 한다는 분위기를 모르는 사람은 없다. 인문학은 이런 지점에서 유효한 일을 할 수 있다. 국경을 넘어선 인간의 문제를 다루고자 하는 것이 본래의 취지이기 때문이다. 보다 넓고 자유로운 사유를 할 수 있도록 하는 본래의 장점을 다시 갖추어야 한다.

민속 문화가 인문학에서 긴요한 것은 그것이 가지는 원초성 즉 미분적 속성을 여전히 보유하고 있기 때문이다. 미분성이란 서양의 학문적 개념이 형성되기 이전의 사건이다. 그래서 이에 대한 이해를 위해서는 사후적 개념이 아니라 사전적 조건이 먼저 고려되기가 요구된다. 학문과 학문 이전의 방식을 같이 아우를 수 있어야 한다는 관점은 점점 설득력을 획득하는 중이다.

— 학문과 국문학 혹은 학문과 민속 문화; 서구적 개념의 횡행

일제 강점기 국학적 몸부림에서 벗어났으나 해방 후 사대주의적 관점으로 전향되어 자기 주체성을 확보하고자 하였다. 그러다가는 이내 사양주의적 국문학으로 돌아서서 자기 주체성을 다시 상실하고 혼돈의 지경에 이르기도 했다. 그즈음 민족주의적 관점 혹은 탈식민주의 컴플랙스의 관점으로 그 노선을 수정하려다가 남북통일과 글로벌 세계주의의 국문학이 되어야 한다는 또 다른 주체적 주장이 호응을 얻어 지금까지 그 대세를 유지하고 있다.

이런 경향은 여기서 끝나지 않고 한 걸음 더 앞으로 나아갔다. 자기들만의 리그라 할 수 있는 서구적 폭거를 극복하기 위해서는 그들의 관점에서 작성한 세계문학사를 다시 써야 한다는 무리수까지도 이르게 되었다. 그러나 그 흐름은 웬일인지 존재감이 희미해지고 있다. 그 사정을 잠시 살펴보는 일은 사회가 살아 움직이는 유기체임이 인정될 때 필요한 것이다.

굳이 우격다짐 격이라 표현한 것은 기록과 자료와 경제력과 문화력 어느 것을 보아도 견주기 어려운 서양에 대한 동양의 입장 혹은 우리의 입장은, 또 다른 콤플렉스처럼 비춰지기 때문이다. 그런데 이보다 더한 것이 있다. 그 분석틀인 논리적 방식이라는 것이다. 보이는 것과 드러나는 것만을 대상으로 논증하고 그것만을 참으로 인정하겠다는 방법론을 어떻게 어거할 수 있겠는가. 더욱 절망스러운 것은 그들의 개념을 가지고 그 대상이 되지 않은 다른 내용을 그렇지 않다고 하는 아이러니한 오류를 범하고 있다는 데 있다. 그들의 논리로는 도저히 그들을 이길 수 없다. 절대로 설득될 수가 없는 것이다. 해결점은 전혀 다른 곳에 있음을 찾아 제시해야 한다. 지금까지의 논증 논리에 한계가 있다는 점을 밝히는 것은 이런 논의의 선발대다. 사실 그것은 동양과 서양이 공히 같이 관심을 가지고 접근해야 할 일이나 저쪽에서 먼저 시작하는 인상이다. 이제 그들의 방식을 사용하여 거꾸로 접근하는 것은 공허한 메아리가 되기 쉽다.

드러나지 않는 자료와 대상이 존재한다는 것과 그것을 고려해야 한다는 안목인데 일견 포스트모더니즘적인 듯하지만 중심과 변두리 모두는 역시 보이는 것이라서 양상이 또 다르다. 이런 안목을 더 넓힌 시도가 몸 철학적 현상학의 시도(메를로 퐁티)로 이어지고 있으나, 여전히 현재의 학문적 방법으로 접근 증명할 수 없는 것이다. 마치 현대물리학의 미립자 양자의 속성이 불확실하고 이해 불가 언어 초월적 현상임을 밝힌 것(데이비드 봄)과 더 닮아있다 하겠다. 이런 시도를 그러나 먼저 한 이들이 있다. 통합심리학(켄 윌버)이 그것이다. 그처럼 체험과 지식을 통합한 통합인문학의 설정이 필요해 보인다.

우격다짐 같은 무리수의 논의 과정에는 민속 문화의 자료들이 주로 관여되어 있다. 그런데 이것들은 즉 탈춤이나 판소리, 무속, 민요 등은 문학과는 다른 차원의 것들이다. 문학이라는 작은 건축을 세우기 위해 다른 큰 건축물의 자재를 빼다가 이쪽에 끼워 넣고는 그 진가가 남다르다는 식의 논리는 그러나 파격이 아닌 괴팍이다. 광의와 협의의 문학론을 내세우면서도 차원별 문학론을 뭉개버린 우를 범한 것이다. 민속 문화와 문학의 만남은 그러므로 매우 조심스러워야 하는 것이다.

영국에서 출발한 폴크로어 '민속학'은 제국주의적 환경에서 탄생한 것이다. 타국의 문화 제반과 구분을 지어야 했기 때문이다. 이로부터 출발한 유럽중심주의의 관점과 폐해를 일일이 논할 필요는 없다. 타국의 문화를 통치하고 제압하기 위해 마련된 학문은 관점을 더 확대하여 다민속(족)학 Ethnology 즉 '민족학' 혹은 '인류학'으로 발전된다. 말하자면 오늘의 미국적 '문화인류학'은 한 문화의 타문화 제압 역할을 충실히 하는 과정에서 탄생하였던 셈이다. 초기에 이 방면의 연구자들에 신부들이 대거 포진하고 있는 이유는 가톨릭이 중심의 역할을 도맡아 했기 때문이고, 프레이저의 황금가지는 그 대표적인 기록물이었다. 그러한 자료를 가공하여 건설한 자기중심주의는 진화론을 문화진화론으로 완성시키는 쾌거를 이루어 자랑스러운 역사가 될 뻔하였다. 그러나 연이어 두 차례에 걸친 세계대전에서 보여준 반인륜적 결과는 인간과 문명과 우주론에 대한 생각을 대대적으로 재편해야 하는 단계에 들어섰다. 민족과 학문의 유대관계도 재설정이 되어야만 했다. 즉 자기문화중심에서 다문화중심주의의 관점으로 이동했던 것이다. 특히나 오늘의 글로벌 사회와 다문화 사회에서는 필수적 세계관이다.

민속학과 민족학은 그 출발이 다른 것이나 훗날 학문적 진보를 이룬 뒤에는 민족학 즉 인류학 혹은 문화인류학이 선두에 서고, 민속학은 그 구성 요소로 역할 하는 의미 축소가 이루어졌다. 한국은 일본의 관점을 대거 받아들여 학문의 토대를 마련하였으나 제국주의를 경험한 적이 없어 태생이 다른 둘은 각자 독자적인 길을 개척하였다. 우리는 우리의 전통과 문화를 내세우고 문명사적 보편성과 정통성을 드러내려고 하였고, 식민 학자들은 민속학의 관점으로 한국의 문화적 후진성을 드러내려 하였다. 송석하, 손진태 등과 아끼바 등의 관점이 그런 다른 것들이었다.

해방 이후 더 이상 제국주의적 간섭에 시달리지 않게 된 국문학자이자 민속학자들은 독자적으로 자국의 문화를 정리하는 데 집중하기 시작한다. 60년대 이후로 이어지는 업적들이 대부분 민속 보고서의 형태로 등장하는 것은 민족학적 관점이 굳이 필요하지 않았기 때문이었다. 이런 추세는 학문적 안이함으로 비춰지는 경향을 띠게 되어 형식적 매너리즘에 빠졌고, 지금도 이를 극복하지 못하는 상황인 듯하다. 즉 민속과 문화와 문명의 상관성을 도외시한 것이다. 이런 현상을 극복하고자 문화인류학을 도입하여 학과를 개설하여 민속학의 진정한 학문적 성취를 아우르고자 하였지만, 둘은 서로 만나지 못하고 각자도생의 길로 접어들었다.

인류학 내에 민속학을 포진시켜 같이 아우를 수 있는 것이 자연스러운 것이었는데 그러지 못했다는 점이 재미있는 부분이다. 여러 가지의 해석이 가능하겠으나 대부분 미국에서 유학한 사람들이 대학에 자리를 잡았던 것이 그 이유가 된다고 할 수 있다. 미국과 같은 글로벌 국가는 자국보다 타국의 문화와 정치 경제를 연구하여야 유리하다. 그 태도를 그렇지 못한 나라에 그대로 적용한 우를 선배들은 범하고 말았다. 뒤늦게 이를 간파한 유럽파 학자가 이를 시정하려 하였으나 조직의 완강함은 이를 좀처럼 허용하지 않고 있다.

한편 한민족 민속학 연구의 행방은 인류학에서 퇴출된 뒤에 제도적 조직을 갖추지 못하고 국문학과나 극히 일부 사학과 등지에 기생하여 연명하는 형국에 처하게 되었다. 이제는 그 틀의 유지에도 힘겨운 가련한 처지에 놓이게 되었다. 안동대학과 중앙대학에 민속학과가 새로 생겨 한때 희망을 가지게 하기도 하였으나 대학의 경제 논리는 이를 무참히 짓밟았다. 현재는 변방의 안동대학에 그것도 국학이라는 보수적인 이름으로 위치하고 있다.

그러니 민속 문화를 운운하는 작금의 사정이 초췌하기 이를 데 없는 것은 사실이다. 그런데 문제는 그렇게 단순하지 않은 데 있다. 이웃 일본과 중국의 경우만 봐도 민속학의 규모와 관심, 그리고 관련자들의 수와 투자와 지원은 시간이 갈수록 오히려 늘어간다. 이런 추세는 유럽의 선진국에서 더욱더 강력하다. 예를 들어 우리나라에는 하나밖에 없는 민속학과가 독일의 경우 28개 정도가 된다. 유럽은 단일화가 되었고 막대한 산업화로 인해 막상 민속이랄 것이 우리의 것과는 차원을 달리한다. 그런데도 그것을 그토록 애지중지하는 이유는 그들의 생존력과 관련이 있다고 판단된다. 유럽의 경우는 EU연합의 단일화 조건 때문에 더욱 차별의 관심이 그럴 수 있다고 생각될 것이나, 이런 추세는 이미 그 이전부터 그래왔다는 점을 간과해서는 안 된다. 당연히 최강국 미국의 경우 문화인류학이 이미 그 자체로 민속학을 아우르고 있으니 말할 나위가 없다.

한국이 자기의 전통문화에 대한 관심이 없는 것은 아니다. 문광부나 관련 기관들에서 얼마나 그 전통을 강조하고 있는가. 그러나 전문가들의 눈으로 볼 때는 그것이 매우 일회적이고 근시안적이라는 것이다. 좀 더 혹평을 하자면 당장 실속이 없고 표가 되지 않는다는 인식에 근거한다는 점이다. 이런 추세를 수정하려면 민중들의 관심이 우선되어야 한다는 논리도 그럴듯하나 그것도 신뢰하기 어렵다. 정치가 나서서 이끌어가야 하는 영역이다. 다른 선진의 나라들이 그렇듯이 말이다. 훗날 돌이킬 수 없는 지경에 이르러 막대한 손실이 초래되지 않기를 오로지 바랄 뿐이다.

한민족은 그 기상과 성격이 그들이 소유하고 있는 조건과 달리 활달하여 전통을 쉽게 갈아치우는 일을 서슴지 않는다. 매우 현실적인 자세는 나름의 장점을 지닌다. 초치기 식의 정치 경제적 성과를 따라올 나라가 없다. 그러나 문화라는 것은 그렇지 못하다. 전 세계의 선진국들이 굳이 구닥다리 물건들을 퇴출시키지 않고, 왜 지속시키려 하는지를 새삼 되돌아봐야 한다. 제도적 기반을 좀 더 마련해야 하고 예산의 과감한 배정을 주저하지 말아야 한다. 또한 대학이나 관련학과 그리고 위정자급의 엘리트들이 가지는 인식도 더 진중할 필요가 있다.

돌이켜보면 우리에게 긴급한 것은 문학이란 건축물만 높이 세우기보다 민속 문화적 터다지기에 힘을 더해야 할 시점이다. 그리고 문학을 위해 문화를 분해할 일이 아니라 문화를 먼저 이해하는 안목을 키우고 상호 컨텍스트적 문학의 위치를 확인하려 하는 노력이 필요하다.

— 민속 문화와 국문학의 새로운 관계; 학문과 비학문의 통합연구 시론

앞서 언급했듯이 민속은 민족을 앞선다. 후레자식인 민족은 울타리를 친 채로 학문의 체계를 세웠다. 그 학문 안에 문학이 들어있다. 민속은 민족과 학문 이전의 것이므로 좀처럼 학문의 영역에 들어올 수 없었다. 전통의 계승과 단절의 문제는 그래서 아직도 해결되지 않은 것이다. 서구적 틀로 결정된 학문분과는 예를 들어 한의학과 동양철학을 몰아냈다. 국악과 민속악과 민속놀이와 음양오행의 사상을 모두 몰아내었다. 무속과 민속예술은 물론 민속놀이와 신명풀이의 판소리와 탈춤과 인형극들도 폐기처분하였다. 그 후유증은 너무 깊고도 아팠다. 이제는 민족적 학문적 견고함을 넘어 그를 가능하게 했던 민속을 발견하는 여유와 혜안을 가질 필요가 있다. 민속 문화와 국문학의 온전한 조우는 새로운 안목을 마련해야 비로소 가능한 세계다.

미분적인 것들의 총합인 민속의 연구에서는 학문적인 것과 학문 외적인 것, 논리와 비논리적인 것, 분류와 비분류 같은 것들을 같이 아울러야한다. 그러나 분류보다는 비분류를 더 본질적인 것으로 바탕에 두어야 하듯, 비논리와 비학문적인 것들이 앞서야 한다는 사고의 전환이 요구된다. 문화를 먼저 이해하고 문학을 다음에 들여다보는 수순이어야지 그 역순은 혼돈만을 초래할 뿐이다. 민족적 학문은 그 차원과 영역을 넓히고 높여야 한다. 학문의 세계에서 먼저 이것에 착안하여 차분한 수정을 해나가는 것이 올바른 수순으로 극심한 혼란을 줄일 수 있는 대승적 대안이 될것이다.

이런 정황을 매우 제한적이지만 '카타르시스 라사 신명풀이'(조동일, 지식산업사, 1997)의 비교연구를 한 예로 들 수 있다. 그리그의 신화, 인도의 힌두교, 한국의 민속 탈춤을 비교하여 문학적 신인합일의 온전한 모습의 재구성과 그에 근거한 세계문학사 재구성이라는 거대담론은 후련한 논리적 정합을 제공한다. 여기서 논자는 민족적인 것과 민속적인 것들을 묶고 비교하며 논지를 전개하였다. 서구의 학문적 개념에 따른 신인합일의 실상을 비판하고 그 부족함을 인도와 한국의 것을 들이대며 그의 부족함을 드러내었다. 논자는 민속-민족-서구학문이라는 오류를 적실하게 지적한 사례다. 그러나 문학과 신앙과 놀이라는 다차원의 비교를 어느 동일관점의 조건표 없이 이어간 우에 대한 지적은 극복하기 어렵다 할 것이다.

탈춤이나 판소리에서 보이는 주와 객의 구분이 사라지고 겉과 이면이 혼연일체가 되고, 또 상황과 연행적 어울림까지 더해진 살아있는 생동감은 신명풀이의 실체를 온전히 드러낼 수 있다. 그러나 종교와 문학의 라사와 카타르시스는 역사적 문화적 발전단계, 문화 전체적 관계성, 문화적 의미의 지향성 등의 조건에 따라 그 적정한 장치로 자리매김 된 것이다.

모두를 문학적 용어와 개념으로 묶어 설명하려 한 것은 분류와 비분류의 차원을 무시하고 진행한 비약이고 자칫 억지가 될 수 있다. 한편 이들은 모두 언어의 구축물이 들어가 문학적 탐색을 가할 수 있다. 그러나 그의 표출 양상과 조건은 각각 신인합일의 드러냄을 다르게 제시할 수밖에 없다. 또 다른 저서인 '동아시아 구비서사시의 양상과 변천'(조동일)은 문학사의 출발점을 그리스로부터 할 것이 아니라 한반도를 위시한 동남아의 구비전통에서 시작해야 한다는 주장도 하였다. 그러면서 그 전통의 극치가 중앙아시아의 장가르, 게세르 혹은 마나스 등의 장편 구비서사시에서 판명난다고도 하였다. 모두 사실에 부합한 일이라 여겨진다. 그리고 쉽게 하기 어려운 고난도 작업의 여정에 감탄만이 나올 뿐이다. 문제는 이런 부르짖음에 누구도 호응하지를 않고 있다는 점이다. 이로 보나 저로 보나 현실은 이를 수용하기 어려운 형국이라는 이야기다. 그의 작업이 고난도의 글이므로 수긍이 되어야 하는 것은 아니다. 구비전승이 살아있으니 세계문학사를 그곳으로부터 기술해야 한다는 말은 역사와 사상적 맥락을 도외시하고 장르를 기준으로 할 때 다소 가능하다. 그러나 문명사는 장르의 변화사만으로 기술하기 어려운 구석이 있다. 이는 또한 구전과 기록 혹은 말문화와 글 문화의 전통과도 무관치 않다. 단지 형태가 오랜된 것 같다고 하여 역사를 그곳에서 출범시킬 수는 없는 일이다. 예를 들어 민요 향가 속요 시조 가사 무가가 있다고 하자. 이것은 역사적 장르적 문화적 순서에 따라 무리 없이 정리된 것이다. 지금 향가와 속요는 사라졌다. 시조도 그 역동성을 상실하였다. 민요 또한 사라져가고 그 자리에 가요라는 새로운 장르가 대치된다. 물론 다른 장르 즉 향가 속요 시조 가사의 자리도 현대시나 장편서사시 등으로 대체되었다.

유행이 지나간 것을 뒤늦게까지 지키고 있다고 그곳에서 시원성을 비정할 수는 없다. 다만 그 형식적 유사성은 참조를 할 수 있을 뿐이다. 그러므로 시간적으로 먼저 있던 자료를 기준으로 서술하는 것이 순서에 맞는 다. 문화전파와 간섭 혹은 영향의 관계가 있을 때 후대의 것이 원형에 가 깝다고 그것을 시발점으로 비정할 수 없는 것과 마찬가지다. 이미 출발지 에서는 다른 장르로 변이를 하였다면 후대의 것을 참조해 그 원형을 어느 정도 유추할 수 있을 뿐이지 그곳을 출발점으로 결정지을 수는 없다는 것 이다. 역사적으로 이른 시기에 포착된 자료로부터 기술하는 것은 지극히 자연스러운 것이다. 그 문화 요소가 흐르고 흘러 몇 백, 몇 천 년 뒤에 다 른 장소에 나타난다고 해서 그곳이 그 문화의 출발점이 될 수는 없는 것 이다.

예를 들어 한국과 오키나와를 비롯한 동남아의 구비전통이 아직 포착 된다고 해서 그곳을 문학의 출발지로 확정하거나 문학적 원형성의 출발 로 결론 지으려 하는 것은 많은 비약이 있음을 간과한 처사다. 설령 그와 유사한 장르가 수천 년 전에 그리스 땅에 있었고 지금은 사라졌다고 해도 사적 기술과는 무관한 것이다.

역사적 문화적 발전단계, 문화 전체적 관계성, 문화적 의미의 지향성 등이 다르다고 갈라놓기만 하고 모아 설명할 수 없다고 하면 또한 온전한 이해에 도달하기 어렵다. 이들을 모두 아우를 수 있는 것은 사상적인 것 이 될 것이다. 서로 다른 역사와 그에 따른 시기별 다양한 장르는 그 시대 를 주관하고 끌어가는 사상을 온전히 드러내고자 한 것이다. 그러므로 이 곳에 집중하여 주변을 넘나드는 것이 한 방법이 될 수 있다.

국문학은 역사와 사상의 궤적에 드러난 한민족 언어활동의 흔적이다. 오늘은 어제의 토대 위에서 또 다르게 조성된 환경에 적응해 가는 여정의 현장이다. 그리고 그 주인공들은 그 시대의 인물들이다. 그들에 의해 기 록으로 남겨져 있어야 논의의 대상이 된다는 한계점은 어쩔 수 없는 것으 로, 애초에 언어가 가지는 결격사유와 동일하다. 언어 외에 그림이나 소리 동작 등으로 흔적을 남겼다면 그 같은 부류의 비교 연구가 가능하다. 일단 서로 뒤섞일 수는 없다. 그 상관성을 다른 차원, 즉 예를 들어 문화와 문명의 차원에서 다룰 수는 있겠다. 그럼에도 어떤 형태로든 흔적이 남지 않는 것은 논의의 대상이 되지 않는다는 점에서는 같은 것이다. 언어명상이 가지는 근원적 결격사유다.

그런데 예술의 각 장르나 그들의 여정인 역사나 문화사 등을 통합적으로 묶어 다룰 수 있는 영역은 사상이다. 문학이나 여타의 장르를 관통하는 것도 사상이고 과거와 현재를 묶어내는 것도 사상성이다. 그래서 사상의 특징을 가늠하면 그 문화권의 대강을 알 수 있는 장점을 가진다.

— 통합연구의 일례; 일화의 과학적 이해; 실화와 설화의 진실, 민속 문화와 국문학의 통합연구

본 서에서 다루는 작품은 소태산에 관한 일화가 대상이다. 일화가 가지는 역사성과 사실성 그리고 그렇게 표출된 문화적 허구적 의미망의 역학관계를 조망하는 것이다. 즉 민속 문화와 문학의 만남에 관한 것. 학문적인 것과 비학문적인 것의 조우가 어떤 방식으로 전개되는지 살펴보는 것은 앞서 논한 문제 제기의 연장선에서 필요하다. 어떤 종류의 것이든 그것이 언표로 작성되기까지는 사실의 여부와 무관하게 의미망의 관여가 이루어진다. 그래서 어떤 일화에 대한 이해는 두 방향의 동시적 모색이 아울러져야 한다.

소태산의 본명은 박중빈 자는 처화다. 그는 영광군 영촌 마을 길룡리에서 나고 자랐고, 약관의 나이 26세에 소위 대각을 하여 불법연구회(현재 원불교의 전신)를 만들어 수행공동체를 결성하여 활동하다가 1943년 6월에 해방을 못 보고 열반하였다. 조선 말기와 일제 강점기를 온전히 절감하며 펼친 그의 행적과 종교적 활동에 대해서는 여기서 논의할 것이 못된다. 다만 주지할 점은 그는 험난한 시기에 민중들을 각성시켜 새로운 희망을 주고자 하였고 그 결실은 오늘날의 원불교라는 종교로 자리매김 되었다는 점이다. 동학의 최수운, 증산교의 강증산과 함께 근대의 신종교를 창건한 3인 중 하나라는 점도 이해의 객관성을 위해 인지할 필요가 있겠다.

소태산의 일화는 – 다른 이들도 마찬가지다 – 그 후대가 그들의 교조를 영웅시하는 의도로 만들어졌을 가능성이 크다. 그러나 이 일화들에는 당시의 문화 즉 민속적인 것들이 녹아들어있다. 이에 대한 분석을 통해 객관적 의미를 가려낼 필요가 있다.

'한국문학통사'(조동일)는 동학을 대단한 것으로 여겨 문학사와 시대사를 가르는 중요 분기점으로 삼고 있다. 물론 다른 학문 분야도 이런 기준에 큰 이론 없는 상황이다. 동학의 사상사적 의미가 혁신적인 것이기도 하지만, 그 구성원들의 혁명적 위업이 대단하였기 때문이다. 역대 이래 수 없는 농민들의 반란이 있었지만 이처럼 대대적이고 거국적이고 국제적으로 단행되었던 적은 없었다. 물론 당시 희생된 숫자도 세계사적 통계에 버금갈뿐더러, 그 위세를 계속 이어 독립투쟁의 토대를 이룬 점 등 가히 세계사적 순교의 여정인 듯하다. 사상적 흐름은 참동학 즉 증산교와 보천교로 이어지는 기염을 토하기도 하였다. 일제의 무자비한 압박, 서학의 정신위협, 생존을 위한 민족과 농민의 개혁정신, 후천 사상의 정립 사상사적 연동관계 등 그 역학관계는 실로 복잡하여 여기서 다룰 수 있는 것이 아니다. 문화와 문학을 이어주는 사상적인 것은 그러나 약간의 언급이 필요하다.

이들과 관련된 파란만장했던 구한말의 격동에서 주목되는 점은 그 구성원들이 정신적으로 철저한 무장을 하였다는 점이다. 정신적 이념적 무장이야 어느 때나 하는 것이지만 이때는 좀 남달랐다. 인내천 사상은 그동안 조선 성리학이 주창했던 것에 전면적으로 대치되는 종류의 것으로 인식되었다. 하늘의 본래 성품을 천자가 품수하여 그의 지휘 하에 만백성이 비로소 평안해질 수 있다는 질서를 통째로 뒤집는 것이기 때문이다. 그러나 지배 이데올로기의 관점을 강조한 성리학의 대사회적 측면과는 달리 성리학은 본래 인내천을 사상의 골자로 하고 있어 새로운 것이 아니어야 했었다. 최수운은 변화된 세계와 시점에 세상의 주인이 천자 일인에서 민중 다수로 이동되어야 한다는 것을 주장한 셈이다. 노비의 관점에서 주인의 관점으로 생각을 바꾸고 행동하며 사는 것이 하늘의 뜻에 부응하는 것이라 했던 것으로 니체를 떠올리게도 한다.

조동일은 최수운의 영웅성에 대한 글을 썼다(동학의 성립과 이야기). 여기서 그는 최제우, 최욱, 최림 세 사람을 다루면서 실제로 어떤 일이 있었는지를 기록에 전하는 것과의 차이를 추적했다. 말하자면 최제우 가문의 일화를 민속과 문학적으로 다뤄 그가 가지는 본래의 의미가 무엇인지를 드러내고자 한 글이다.

이러한 류의 구전과 기록의 괴리는 증산과 소태산의 경우에도 해당된다. 증산은 옥황상제로 소태산은 미륵불로 인정되는(교단 내에서) 작금의 흐름에서 단서를 찾아볼 수 있다. 몇 가지의 기적을 해하였다고 그들이 과거의 영웅으로 거듭나는 비약은 설득력이 작다. 최수운이 도사의 면모로 그려지듯이 나머지도 영웅의 모습으로 각색이 되었으나 사실은 그렇지 않았음을 밝힐 필요가 있다. 그것은 민중들의 희망사항이었던 것이다. 그러나 수운과 달리 다른 둘에 대해서는 이런 날카로운 다듬기가 이루어지지 않았다. 수운은 동학이라는 뚜렷한 사회적 업적을 양산한 바에 근거하여 학문적으로 다루어야 할 대상으로 쉽게 등극할 수 있었지만, 나머지 둘은 그에 못 미치기 때문이고 연구를 진행할 보편적 지지를 얻기 어렵기 때문이었다. 그러나 사상사적으로 볼 때 그렇게 단순히 처리하고 말 일은 아닌 점을 관련 학문은 놓치고 있었다. 현하의 학문적 추세가 앞서 지적한 바 스스로의 맹점을 드러낸 것이기도 하다. 눈에 보이는 것만을 연구 대상으로 하고 눈에 잘 보이지 않는 것은 도외시하는 구태의연한 연구방식은 이제 수정되어야 한다.

동학이 일시에 일어나 큰 반향을 일으켰고 이내 사그라져 이제는 유야무야된 상태다라고만 하고 마무리 짓는다면, 역사성은 물론이고 사상사적 맥락을 간과한 큰 실수가 되기 십상이다. 특히 사상은 눈에 보이거나 잘 드러나는 것이 아니므로 유의해야 한다. 작금의 연구 상황을 볼 때 동학사상은 단절된 상태, 방치된 상태다. 필자는 이에 착안하여 소태산의 일화를 매개로 그 상관성을 드러내 보이려 하였다.

문명사적으로 볼 때 어떤 인물이 영웅이 되기 위해서는 일정의 형식과 절차가 필요하다. 그것은 기록에 근거할 때 대체로 그러하나 실제로는 부차적으로 다루어야 할 요소가 많다. 언어의 오랜 역사를 자랑하는 구비문학에서도 영웅은 일정의 공식을 가지는 것으로 밝혀지고 있다.

한편 신화와 여타 설화 등에 등장하는 인물 중에는 확실한 역사성을 가진 경우가 있다. 그렇지 않은 경우도 그렇겠지만, 그러나 둘 간에 보이는 사실성 여부의 격차는 매우 크다. 그 차이가 어찌하여 그렇게 된 것이며, 또 왜 그러해야 하는가 하는 이유를 밝히는 것은 쉽지 않은 일 일수밖에 없다. 소위 기록과 전승의 차이를 다루는 작업은 많지 않지만(삼국유사 연구, 동학 이야기 연구, 소태산 일화 연구 등), 그처럼 비교적 근래에 일어난 사건이라든지 역사적으로 분명한 기록이 있다든지 하는 경우, 그 특징을 어느 정도 드러낼 수 있다.

기록과 전승은 매우 다르고, 일부는 정반대의 주장이 가능할 정도의 예가 있다. 어느 것이 실제에 부합하는 가에 대한 결정은 그러나 유보될 수

밖에 없다. 왜냐면 그것을 기록한 주체가 어느 쪽에 위치해 있느냐에 따라 달라지기 때문이고, 판정자가 있을 수 없기 때문이다. 혹은 미끄러지는 진리적 의미의 맥락에 위치하기 때문이다(자크 데리다). '역사는 승리자의 역사이지 패배자의 역사와 병립할 수 없다.'라는 말이 있다. 여기서 그 주체는 기록가와 전승자로 대개 지배자와 피지배자라는 큰 격차로 존재한다. 이것은 승자와 패자의 관계와는 다르다. 어찌 보면 위정자 관점의 삼국사기와 민중적 삼국유사와 같은 관계이기도 하다.

종교의 영역에서 한 인물이 그 종교의 창시자이자 교조로 정착된 경우 설화사적 역사적 영웅의 여정과 크게 다르지 않다. 여기서는 이 둘의 세세한 것을 비교하는 데 있지 않다. 둘의 실체를 드러내어 제3자로 하여금 적실한 판단에 이르도록 하는 충분한 자료를 제공하고 그렇게 유도하는 데 있다 하겠다.

일화는 설화의 영역인지 실화의 영역인지 하나로만 가늠하기 어렵다. 둘의 관점이 얽혀있는 장르라 할 수 있다. 그래서 이는 문학이면서 문화이고, 그 문화는 지금의 관점에서 볼 때 민속이 된다. 민속과 문학의 거리와 개념이 차원을 달리하듯이 민속과 국문학의 만남은 학문과 비학문적 영역의 만남이 될 수밖에 없고 그런 시도가 되는 것이다.

이런 류의 작업은 추후 심도 있는 방향을 가능하게 한다. 예를 들어 '처사를 시험한 일화'는 소태산의 내림굿에 관한 이야기였는데, 그 사후적 상관성에 대한 검토는 이루어지지 않았다. 이를 다루는 일은 추후 이루어져야 한다. 그의 사상과 행적에 대한 비교 검토는 매우 긴요한 부분이 될 수밖에 없다. 또한 이때 등장하는 '옥추경'은 실제로 각 후 진행한 '구인산상기도'와 원불교의 중요 사건인 '법인절'로 이어지는 결정적인 증거를 제시한다. 또한 원불교 조직의 기준인 '단조직'을 구성하던 초기의 모습도 확인이 된다. 나아가 불법연구회 정전의 '교리도'와 최병두의 '옥추부'와의 상관성, 그리고 교리 구성의 영향성 등도 더 검토되어야 하는 부분이다. 이런 심도 있는 작업이 가능하기 위해서는 앞선 논의처럼 전반적인 분야 간 통섭의 전제가 요구되듯이, 또 다른 차원의 통합이 필요할 것이다. 신화와 사상과 철학 그리고 종교의 통섭은 이제 인문학의 영역에서 자연스런 합종연횡이 되어야 할 것이다. 이때 가장 핵심이 되어야 하는 것이 무엇인지를 인문학은 밝혀낼 수 있어야 한다. 아마도 세계 신화 연구의 혁신을 일군 죠셉 켐벨이 그토록 강조한 '사로잡힘'과 '몰입의 힘'과 우선 연결이 되어야 할 듯하고, 새로운 인문학에서는 '신인합일의 여정'이라 부를 수 있을 것이다.

그리고 이 연구는 구비전승과 기록문화라는 커다란 문명사적 전환과도 연결이 된다. 말문화와 글 문화의 전이 과정은 먼 과거에만 일어난 것이 아니다. 한반도에서는 근세에 그 대대적인 변화가 이룩되었다. 말문화와 글 문화의 가장 큰 차이는 신인합일의 여정을 온전히 추적할 수 있는가와 없는가의 차이와 같다. 일화는 바로 그 지점에 위치한다. 그래서 그것은 신화적 미분성과 로고스적 이원성을 같이 함유한다. 이는 둘의 우열의 문제가 아니다. 상실된 균형과 기울어진 치우침을 다시 회복하는 지혜적 통합의 여정이라 하겠다.

II. 구사(求師)고행 일화(逸話)의 의미 연구
— 민속 문화론적 분석 —

1. 머리말

구사고행상은 원불교 교조 소태산 박중빈(이하 소태산)의 소태산의 생애와 활동을 집약하고 있는 십상(十相) 중 4번째 상이다. 구사과정에서 전해오는 이야기는 비록 적지만 중요한 사실들을 알려주는 자료가 된다.[1] 구사의 과정은 무려 5~6년간의 긴 여정으로 이루어진다. '강변입정상'과 '장항대각상' 두 상이 불과 3~4년 만에 이루어진 것에 비교하면 매우 긴 기간에 해당된다. 이는 대각의 여정과 대각 후의 일사분란한 회상건설의 행보와 관련이 있어 더 중요하다.

구사과정에 전해온 네 가지의 일화에서 보이는 구사의 여정은 다각적으로 접근이 가능하다. 이 과정이 단지 스승을 구한데만 머물러있지 않기 때문이다. 사상적 외연을 넓힌 것 이외에 당대의 시대정신과 문화적 흐름을 총체적으로 전망하고 진단했던 과정이기도 하다. 나아가 이 과정을 통

---

1) 십상은 다음과 같다; 첫째 하늘보고 의문내신 상(觀天起疑相), 둘째 삼밭재에서 기원하신 상(蔘嶺祈願相), 셋째 스승 찾아 고행하신 상(求師苦行相), 넷째 강변에서 입정하신상(江邊入定相), 다섯째 노루목에서 대각하신 상(獐項大覺相), 여섯째 영산 앞에 방언하신 상(靈山防堰相), 일곱째 혈인으로 법인 받은 상(血印法認相), 여덟째 봉래산에서 제법하신 상(蓬萊制法相), 아홉째 신룡리에서 전법하신 상(新龍轉法相), 열째 계미년에 열반하신 상(癸未涅槃相)(『정산종사법어』기연편18)

해 많은 경험적 축적을 이루었으며, 이것은 각(覺) 후 새 회상 건설의 주요한 자산이 되었다고 생각된다.

특히 본문의 예화 4) '처사를 시험하신 일'(이후 '처사를 시험한 일' 혹은 '처사시험' 등으로 표기)은 당대 모든 사상과 신앙을 총섭했다는 단서로 작용 된다고 보았다. 이 예화들의 분석을 위해서는 당대의 문화현상적 검토가 필요하다. 특히 민속학적 검토가 요구되는바, 예화 3)은 고소설과의 구체적 비교를 하였으며, 예화 4)는 민속 문화론 분석을 시도하였다.[2]

소태산의 구사일화 연구를 통해 기존의 구사에 대한 인식을 확장하고 심화하는 데에 본고의 목적이 있다. 이를 위해 그동안 다루지 않았던 민속 문화론적 분석 방법을 동원하였다. 민속학은 그 개념 규정이 간단치 않으나 과거 민중들의 삶을 총체적으로 살피는 데 있다는 것이 기존 학계의 입장이다. 민속학을 정신문화와 물질문화로 나눈다면 본고는 정신문화 중 민간신앙의 관점이라 할 수 있다. 즉 민간신앙의 관점으로 일화를 분석하여 구사 과정의 실제를 밝히고, 나아가 구사 과정에서 작동한 사상적 측면을 정립하며 또 사상의 지평을 확장 및 심화하는 데 있다고 할 것이다.

2. 구사(求師)일화 자료의 구분과 개괄

1) 일화 개괄 및 구분

자료에 근거할 때 구사 과정에 남아있는 일화는 모두 네 종류다. 이들을 각각 예화 1) 사찰 방문 부처상 시험, 2) 교회방문 하나님 시험, 3) 걸인에 둘리신 일, 4) 처사를 시험하신 일 등으로 구분하였다.[3] 박용덕은 이를

---

2) 용어 '민속 문화'와 '민속학'은 같은 개념으로 사용된다. 단지 '~론'은 민속학의 학문적 접근이란 제한을 풀어주는 방법론적 의미가 강하다 할 수 있다.
3) 3과 4는 교단의 공식적인 기록 「불법연구회 창건사」에서 찾을 수 있으나, 1과 2는

시기적으로 나누어 정리했다. 즉 구사의 '초기의 구사행각'과 '후기의 구사행각'이다. 초기의 행각에 '걸인에게 속은 일'을, 나머지는 후기로 몰았다. 그 중 '처사를 시험한 일'은 후기 중에서도 늦은 18~9세의 일로 확정을 하였다.[4] 이런 확신은 그가 겪은 경험에 바탕해서 나온다고 적고 있다.

> "처화의 구사일념 때문에 가족들은 허망한 일을 당한 적이 한 두 번이 아니었다. 처화는 자칭 도사라는 이들과 많이 만나게 되면서 차츰 비판적인 안목으로 대하게 된다."[5]

이에 대해서는 정산도 같은 생각을 가지고 있는 듯하다.

> "위에 기록한 일화 2절은 오죽 한 두 가지의 예만 든 것이니 제 1절은 대종사 도사 만나고저 하실시 첫 번 경험의 일이요, 제 2절은 또한 그때의 만혼 경험을 지내신 후 일이다."[6]

'일화 2절'은 '예화 4)'에 해당된다. 정산도 '처사를 시험했던 일'을 후기의 사건으로 보고 있다.

사찰과 예배당 방문에 대한 역사적 언급은 전음광의 기록에 근거한다. 다만 박용덕은 이를 예화 4) '처사 시험'의 뒤에 두어 구사행각의 맨 나중 일로 간주하는 듯하다. 그러나 필자는 이 나중의 두 시험은 처사를 시험

불법연구회 회보에 실린 전음광의 기록에 근거하여 박용덕 교무가 초기교단사를 정리하면서 편입시켰다. 이는 창건사에 언급했던 정산종사의 생각을 보강하는 의미를 가진다(각주 6 참조).

4) 이는 박용덕의 주장이나, 필자는 20세 중반까지로도 볼 수 있다고 본다.

5) 박용덕, 『초기교단사—소태산의 대각, 방언조합 운동의 전개』1권, 익산: 원불교출판사, 2003. 144쪽.

6) 정산, '제3장 '대종사의 구도정성과 고행', 「불법연구회창건사」, 『원불교 교고총간』 5권, 16쪽.

하기 전에 있었던 사건이 아닌가 생각한다. 일화의 구성에 있어 두 종교 기관의 시험 방법이 희화(戱化)되어 서술되고 있다는 점, 다른 하나는 시험의 대상이 실상인 사람과 허상적 우상이란 차이점을 예로 들 수 있다. 시험 방법이 희화(戱化)되어 서술된 점은 그 사실성의 여부를 떠나서 지각이 열려있는 정도의 수준을 대변한다. 하늘에 대고 작대기를 휘두르거나 부처상을 때리는 행위는 다소 유아적이어서 20세에 가까운 나이에 했다고 보기는 석연치 않은 구석이 있다.

한편 처사를 시험한 일은 이 방면 상당한 실력을 갖추고 있음이 전제되어야 가능하다는 점이 다르다. 실상을 체험한 후 허상에 이르기보다는 그 역순이 정상적이란 생각이 든다. 이 점은 순서가 중요한 것은 아니냐 처화의 의식 수준이 어떻게 향상되어가고 있었나 하는 점에 역점을 두었다. 여기서는 이런 시간적 순서에 따라 배열하지 않고 주제별 분류에 따라 묶었다. 교회와 절 관련 시험을 하나로, 도사류 시험에 해당되는 것을 다른 하나로 묶었다.[7] 이는 또한 고등종교와 비 고등종교 혹은 자연종교, 민간 신앙의 구분으로 봐도 무방하겠다. 그리고 앞의 것은 그 내용을 약술하고 뒤의 것은 전문을 싣기로 하였다. 본 논문의 목적이 일차로 구사일화의 재검토에 있지만 도사와 관련된 것에 무게를 더 두었기 때문이다. 필자는 부처시험하기의 일화에 대한 분석을 이미 발표한 바 있다.[8] 여기서는 처화가 어떤 과정을 거쳐 불교와 백학명과 인연을 맺었던 가에 초점을 맞추어 기술하였다.

---

7) 앞서 구분한 일화 배열의 순은 이런 실제적·허구적 인물상을 기준으로 구분하였고, 본고는 이에 따라 기술하였다.
8) 이정재, 「소태산의 구사일화 분석과 백학명과의 관계 연구」, 『원불교사상과 종교문화』62집, 2014.

2) 법당의 부처상과 하늘의 하나님 시험

여기에 해당되는 두 일화는 전음광이 <월말통신>에 보고하였던 내용을 박용덕이 초기 교단사에 재정리한 것이다. 내용을 전달하는데 큰 오차가 없다고 판단되기에 박용덕의 자료를 중심으로 정리한다.

사찰방문이란 제목으로 소개된 자료의 내용은 처화가 인근의 모 유명사찰에 갔다가 법당에 모셔진 불상의 영험함을 시험한 내용을 실감 나게 전한다. 또한 예배당 방문이란 제목을 달고 소개된 하나님의 시험 내용은 약간은 희화되어 전개되는데 하늘에 대고 작대기를 휘두르며 하늘의 하나님에게 험담을 하며 모욕을 해놓고 벌을 주라며 그 능력을 시험한 일화이다. 예화 1)과 2)는 그 전모를 옮길 필요는 없어 간략한 단락으로, 나머지는 전문으로 정리하면 각각 다음과 같다.

예화 1) 사찰 방문 부처상 시험

— 여름철 처화는 모 유명사찰에 간다. 법당에는 대형의 황금 불상을 승려들은 생부모 봉향하듯 한다.
— 처화는 처음에 이 우상을 불신하였으나, 자연 존엄한 생각이 들었다.
— 그런데 이때 우상 진실여부를 시험해보리라는 결심이 선다. 만일 우상에 영험이 있다면 벌을 줄 것이라 여긴다.
— 처화는 불상 앞으로 다가가 뺨을 치고 마구 허리를 쥐어박았다.
— 공포에 떨며 처화는 잠자리에 들었으나 다음날 아침 아무 일이 일어나지 않았음을 안다.
— 처화는 내심 이렇게 생각했다. '벌도 없으며 경책도 없으니 우상은 과연 무력한 것이다. 이는 확실한 미신이다.' 라고 판단한다.[9]

예화 2) 예배당방문 하나님 시험[10]

— 어느 때는 예배당을 방문하였다.
— 사람의 부귀빈천과 수명복락을 하늘에 계신 하느님이 자유로
  주재한다는 말을 듣는다.
— 불상이 이미 허망한 것이라는 확신을 얻은 처화는 하늘을 시
  험해보기로 한다.
— 처화는 집에 돌아와 긴 막대를 들고 하늘을 후려치며 외쳤다.
  '이 하늘아 영험이 있느냐! 영험이 있다면 영험이 있는 표정을
  하고, 없으면 가만히 있거라!'
— 아무리 기다려도 종내 벌을 내리지 않았다.
— 처화는 다시 큰 소리를 내질렀다. 그렇게 하기를 연거푸 해도
  하늘은 아무런 반응이 없었다.
— 처화는 '하늘도 부처와 같이 허망한 것이며 그것을 믿는 사람
  도 따라서 허망한 사람'이라 단정하였다.[11]

3) 도사류 걸인과 처사 시험

예화 3) 걸인(乞人)에게 돌니신 일[12]

---

9) 전음광, 「독실한 신념은 인생의 행복이다」, 『월말통신』, 27호(시창 15년 5월/ 1931
  년 5월)
10) 박용덕은 이 교회를 영광의 무령교회로 보았다. 무령교회는 1906년 영광군 무령리
  356, 357번지의 대지와 8간 가옥을 매입하면서 건립된다. 15년 이후 1920년에 교
  회를 신축했고 1921년 9월 25일에 헌당식을 한다. (이 교회를 설립한 이는 미국 남
  장로교 복사 배유지(Eugeul Bell)선교사로 그는 1869년 4월 1일 미국 켄터키신학교
  를 졸업하고 남장로교 선교회의파송으로 1895년 4월 부부가 한국의 관주를 중심
  으로 전라남북도 10개 군의 선교를 맡는다. 그는 수 년 동안 '평양장로교회신학교'
  교수를 역임하였으며 광주 기독교병원 설립의 산파역을 맡았다. 1925년 9월 25일
  관주에서 별세했다.)(영광읍 교회 90년사, 박용덕, 『원불교 초기교단사』1권, 앞의
  책, 147쪽 재인용)
11) 전음광, 앞의 글, 27호(1931.5)

대종사께서 어느 때에 근촌(近村) 주점을 지나시더니 어떠한 걸인 하나이 주점 벽상(壁上)에 써있난 제갈공명(諸葛孔明)의 시 "대몽(大夢)을 수(誰)선각(先覺)고 평생(平生)아(我)자지(自知)라"는 글귀를 고성(高聲)낭독(朗讀)하는지라 대종사께서 대종사께서 크게 이상히 역이사 그 걸인의 용태를 살펴보시니 의복이 백결(百結; 누더기옷)되고 전신에 종창(腫瘡; 종기와 고름)이 농만(濃滿; 부풀어 오름)하야 누구든지 서로 갓가이 안끼를 싫어할 만치 되었난지라 대종사께서 내심(內心)에 생각하시기를 고래(古來)에도 도인(道人)이 혹 험상(險狀)한 형모(形貌)를 낱우어 가지고 인간을 순시(巡視)한다는 말이 있으니 이 걸인이 시를 유심히 외운 것이라든지 형용(形容)의 험상(險狀)한 것이라든지 그 모든 것이 범상(凡常)한 사람의 태도(態度)는 안인듯 하다 하시고 나아가 인사(人事)를 한 후 곳 술과 밥을 사 먹이시고 인(因)해 본택(本宅)으로 다리고 오셔서 수일간(數日間) 식사(食事)를 공궤(供饋)하고 대우(待遇)를 극진(極盡)히 하셨더니 후에 그 내용을 알고보니 아모 료량없는 바보인 것이 판명(判明)되었다 한다.

---

12) 「불법연구회 창건사」는 『회보』37호(1937년 8월호)부터 『회보』49호(1938년 11월호)까지 실렸으며 그중 『회보』38호(1937년 9─10월호))에 두 일화가 실려있다. '일화─걸인에게 둘리신 일'을 현대어로 해독하면 다음과 같다. 걸인에게 둘리신 일 ; 처화가 어느 날 근동의 주막집을 지나가다가 한 걸인이 술집 벽상에 써 있는 제갈공명의 시 '대몽(大夢)을 수(誰)선각(先覺)고 평생(平生)아(我)자지(自知)라'라는 글귀를 큰 소리로 낭독하는 것을 보았다. 처화는 이상하게 여기고 그 걸인의 행색을 살펴보니 누덕누덕 누더기 옷에다 온몸은 종기와 고름으로 부어올라 있었다. 처화는 속으로 생각하였다. '고래로 도인이 혹 험상한 형모를 나투어 가지고 인간을 순시한다는 말이 있으니 이 걸인이 시를 유심히 외운 것이라든지 형용이 험상한 것이라든지 그 모든 것이 범상한 사람의 태도는 아닌 듯하다' 처화는 걸인에게 다가가 인사를 한 후 곧 술과 밥을 사 먹이고 집으로 모셨다. 며칠간 식사를 대접하고 극진히 모셨으나 알고 보니 아무 요량없는 바보인 것이 판명되었다.(박용덕, 『원불교 초기교단사』1권, 앞의 책)

예화 4) 일화 2; 처사(處士)를 시험(試驗)하신 일[13]

또 어느 때에는 어떠한 처사 하나가 산중에 잇다는 말삼을 들으시고 곳 사람을 보내 초빙하엿더니 처사가 먼저 대종사의 부친을 뵈옵고 말하기를

'나는 산중에서 공부하야 신통을 얻은지가 이믜 오래이라. 귀하의 아드님이 만일 나를 좇아 공부를 배운다면 반다시 불가사의의 능력을 얻게 될지니, 그 공부에 착수하기로 하면 먼저 귀가에 사육하는 농우(農牛)1두를 폐백으로 주겠느냐?'고 하엿다.

부친께서는 처사의 말을 신청(信聽)하시고 장차 농우를 주려하시며 즉시 대종사를 불러서 상면케 하신대 대종사께서 접견할 제(際)음에 례(禮)하지 아니하시고 말삼하시기를

'장유(長幼)의 구분으로 말하면 이제 맛당히 절하고 뵈올지나 오날 서로 만난것은 보통 회견(會見)과 달라서 마음이 서로 합할시는 영원히 사제의 의를 맺기로 할 것인즉 선생의 가지신 포부와 능력을 이에 다 베풀어 내외 신념이 생긴 뒤에 폐백도 드리고 따라서 사제의예로써 뵈오리다'

하시니 그 처사 처음 상면에 예하지 아니함을 조곰 불쾌히 생각하였으나 강연히 참고 말하기를'나는 육정육갑(六丁六甲)을 통령하야 신장을 능히 부르고 보내는 재조가 있으니 만일 원이 있거든 시험해 봐라'하였다.

대종사 말삼하사대 '그러면 내가 보는 앞에서 그 신장(神將)을 실지 구경케 하소서'

처사는 즉시 응낙하고 그날 밤부터 정한 방을 치우시고 자기가 평소에 일으는 주문을 고성(高聲)독창(讀唱)하야 종야(終夜)를 지냈으되 신장이 보이지 않는지라 그 처사 초조한 생각으로 다시 말하기를 '이

---

13) 송규, '일화―처사를 시험하신 일', 「불법연구회 창건사」, 『회보』38호(1937년 9~10월호).

것이 아마 근동에 초상이 난 집이 있거나 혹은 해산한 집이 있거나 만일 그러치 아니하면 이 방에서 전자에 혹 초상 해산 등을 지낸 듯 하니 오늘 저녁에는 다른 새 방을 하나 정하여 달나'고 간청하였다.

대종사 생각하시되 '이것이 반다시 사술이며 허무맹랑한 말이로다. 무슨 공부가 사람의 생사있는 곳을 다 피한다면 그 어느 곳에 쓰게 되리요'하시고 내념(內念)에 가위(可謂) 작파(作破)하셧으나 외면(外面)으로 그 처사의 청한 바를 용인(容認)하야 다시 다른 새 방 하나를 정하여 주엇더니 그 처사 또한 종야(終夜) 송주(誦呪)하되 신장이 종시 보이지 않는지라 그 처사 대단 황공(惶恐)참괴(慚愧)하야 그날 새벽에 소태산외출하신 틈을 타서 가만이 월장(越牆) 도주하엿다 한다.

3. 두 갈래의 일화자료 분석

필자는 앞서 일화를 그 특징에 따라 두 부류로 구분하였다. 그 구분에 따라 서술을 하기로 한다. 이 구분은 그 시험의 대상이 허구화된 혹은 비존재적 인물, 실제하는 인물의 여부로 나뉘기 하지만 고등종교와 자연종교, 기성종교와 민간신앙 혹은 제도권 종교와 비제도권 종교의 구분도 가능하다. 또는 교리의 도그마화와 비도그마화의 차이도 보여주는 특징을 가진다. 이 구분은 당대의 한반도의 사상과 종교의 문화적 지평을 대변하기도 한다. 이런 관점에서 일화라는 장르를 포함하는 국문학적 배경 한 자락을 살펴볼 필요가 있다.

이들 네 가지 일화는 한국 기존의 설화와 큰 관련을 가지지 않은 것으로 보여진다. 대각(大覺) 전의 산신기도, 대각 후에 있었던 박씨 구렁이 일화, 곰소 구렁이 일화 혹은 바다를 걸어간 일, 폭풍우에 바다를 배로 가로지른 일 등은 기존 한국의 전통설화와 일정의 관련성을 가지고 있다.[14]

14) 이와 관련한 연구로는 다음을 참조. 이정재, 「소태산의 구사일화 분석과 백학명과

그런데 고소설로 비롯된 구사의 과정은 다르게 전개된다. 돌이켜보면 처화의 구도 과정은 국문학과 깊은 연관을 가진다. 일차로 산신설화에서 삼령기원상의 동기유발로 이어졌고, 두 번째로는 고소설로 인해 구사고행상의 구사 동기로 이어졌다. 이후 강변나루 입정상과 노루목 대각상으로 이어진다. 이 전후에는 장편 가사와 연결이 된다. 또한 각(覺) 후에는 판소리를 즐겨 들었고 신소설도 접하였다고 한다.

국문학적 입장에서 볼 때 소태산은 한국의 구비문학과 고소설의 영향을 깊이 받았다고 판단된다. 각(覺) 후에도 춘원의 소설을 접했다든지 농악과 판소리를 즐겨 들었다든지 하는 점을 볼 때 소태산은 한국의 문학과 민속 문화에 깊은 관심과 애정을 가지고 있었다고 단언할 수 있다. 또한 각(覺) 전후 장편가사를 외거나 듣고 스스로 많은 가사를 창작했던 점을 상기하면 그 구도과정이 국문학과의 필연적 상관관계에 있었던 점이 더욱 두드러진다. 그 상관성과 연유가 어디에 있는지는 매우 중요한 부분이나 여기서 다룰 일은 아니다. 다만 구사고행이 고소설을 계기로 시작되었다는 점을 상기할 때 고소설 속의 도사 형상에 대한 검토와 일화와의 비교는 언급이 되어야 할 것이다.15)

처화 구사과정 상관의 일화를 비롯해 다양한 문화적 장르와의 간섭 과정은 국문학적, 민속 문화학적인 총체적 재검토를 요구하고 있다.

1) 하나님과 부처 시험의 의미

박용덕은 예배당과 사찰을 방문한 뒤 얻게 된 처화의 심사를 다음과 같이 정리했다.

의 관계 연구」, 『원불교 사상과 문화』62집, 2014.
15) 이정재, 「박태보전의 독자수용 고찰」, 『원불교사상과 종교문화』53집, 2012.

"처화가 교회와 사찰을 방문하고 얻은 결론은, 유형·무형의 우상 숭배에 대한 허망함이었다. 하늘이나 불상 등 '이것에나 저것에나' 밖으로 나타나 있는 것은 가슴속에 맺힌 의문을 풀어주지 못했으며 '사람으로서 믿지 못할 것'이라 인정하고 이를 해결하기 위해 자신의 내면에 대한 관심으로 눈을 돌리게 된다."[16]

그러나 5~6년간의 구사과정이 이렇게 허망한 결론만 얻었다고 단정하기에는 석연치 않음이 있다. 예화 1)과 2)는 부처상과 하나님에 대한 우상 숭배와 미신을 시험한 일이다. 좀 유치해 보이는 듯한 처화의 행동을 과연 어떻게 이해해야 할까. 사실 이런 상상이나 경험은 유소년기 누구에게나 있음직한 내용이다. 도(道) 혹은 도사(道士)에 관심을 조금이라도 가진다면 지나가는 걸인이 혹시 도사는 아닐까 하는 생각을 한 번쯤 가져보았음 직하다. 또 부처상을 만져보며 하늘을 쳐다보며 의혹을 품기도 한다. 그러나 그 생각을 직접 행동으로 옮긴다는 점은 다른 차원의 문제다. 그 진지함, 열성과 실천성, 순수함 등 많은 점을 생각하게 한다. 에디슨이나 아인슈타인과 같은 역대의 천재들이 행했던 엉뚱한 그러나 진지하고 적극적인 자세다. 사실 처화는 엄청난 관찰력과 실험적 실천력을 갖추었던 행동파였다. 그러나 그의 관심은 오로지 인생사와 세상사의 근원적인 문제를 풀고자 하는 데에 초점이 맞추어졌다.

문맥을 잘 살펴보면 이야기가 회화된 것만은 아니다. 그런 행동이 나온 것이 우발적인 것은 아니라는 점이다. 처화는 이미 불교와 기독교의 교리와 풍토에 대해 상당 수준 정보와 지식을 숙지하고 있었다. 단순하게 부처와 하느님을 시험했던 것은 아니다. 불법의 교리와 기독교의 교리에 상당한 정도의 안목을 가지고 있었음을 문맥을 통해 읽을 수 있다. 다음의

---

16) 박용덕, 『원불교 초기교단사』 1권, 앞의 책, 145~148쪽.

기록은 이 점을 충분히 보여준다.

> "어느 때에는 예배당을 방문한 결과 모든 사람이 '하날 아버지 하
> 날 아버지'하며 '복을 주십사 병을 나수어 주십사'하고, 혹은 야소가
> 천의 독생자로서 모든 인류의 죄를 대(代)하여 십자가에 정사(釘死)
> 하였다 하며, 인류의 부귀빈천과 수명복락을 다 하늘이 자유천단 한
> 다고 주장하였다. 그 소리를 들은 나도 평소에는 심상하던 창창한
> 하늘에 과연 무엇이 들어있는 것 같이만 생각이 되었다."[17]

위의 기록은 실지로 오늘날의 기독교 모습과도 너무 닮아있다. 그 교리
의 핵심과 신도들의 신앙 모습을 익히 알고 있는 내용이었다. 예수의 가
르침이 사랑이지만 실제 현장에서는 이와 거리가 먼, 즉 예수가 했던 헌
신적 사랑이 아닌, 이기적 사랑으로 점철된 왜곡된 신앙의 모습을 직시한
것이다.

절을 방문했을 때 느꼈던 다음의 심경도 진정한 종교의 모습을 놓고 고
민하는 심사를 읽을 수 있는 부분이다.

> "법당에는 대형의 황금 불상이 모셔져있고 승려들이 그 앞을 지
> 날 때면 머리를 조아리고 지나갔다. 또 그들의 조석예불이며 점심공
> 양(사시마지(巳時摩旨))은 마치 효성스런 아들이 생부모를 봉향함과
> 다름없이 지극정성이었다. 처화는 처음에 이 우상을 불신하였으나
> 그들의 존경하는 분위기에 싸여 과연 그에게 어떠한 영험이 있는 것
> 도 같아 자연 존엄한 생각마저 들었다. 처화는 그동안 수많은 경험
> 을 통해 미신이라는 확신이 서졌기 때문에 심중에 '저것이'하는 능
> 멸하는 감정이 없지 않았다."[18]

---

17) 전음광, 앞의 글, 대종경 신성품 12장과 연결이 됨.
18) 박용덕, 『원불교 초기교단사』1권, 앞의 책.

대웅전에 모셔진 불상을 놓고 그를 대하는 승려들과 신도들의 행동을 보고 처음 느꼈던 심사는 부처상에 대한 위압감과 숭배감이다. 그러나 능멸하는 마음이 생긴 것은 원래 불법은 저런 것이 아니어야 한다는 심사가 있었기 때문이다. 다음의 언급은 당시 처화가 가진 불법에 대한 적확한 이해가 선행하고 있었음을 보여준다.

> '만일 부처가 영험이 있다면 치고 때리는 나에게 어찌 벌을 주지 않으며, 설사 자비심으로 보아 벌은 주지 않는다 할지라도 잘 때 꿈에라도 어찌 경책함이 없을 것인가. 벌도 없으며 경책도 없으니 우상은 과연 무력한 것이다.'[19)]

불교의 핵심인 자비와 인과적 업사상을 이해하고 있다. 그리고 신앙적 측면의 진수가 무엇이 되어야 하는가도 문맥을 통해 읽을 수 있다. 불법승 삼보의 개념을 잘 알고 있었다 할 수 있다.

처화가 시험했던 것은 부처와 예수를 대놓고 시험한 것이 아니다. 왜곡된 종교적 실태와 현상을 겨냥했던 것이다. 특히 우상숭배에 대한 미신적 행위와 이를 방관하거나 조장하고 있는 사제들의 행태와 몰지각한 신도들의 풍토를 비판하고자 했던 것이다.

고소설의 도사 형상으로부터 촉발된 구사고행 과정은 도사나 스승만을 구하고자 한 것은 아니었다. 즉 고소설에 등장하는 류의 도사(道士)만은 아니다. 예배당과 사찰을 방문한 데서 그 이유를 알 수 있다. 또한 처화는 한 차례씩 방문하지는 않았을 것이다. 이는 도가류의 도사 형상과 거리가 멀다. 처화는 자신의 문제와 세상의 문제를 속 시원히 풀어줄 스승을 진정으로 바랐던 것이다. 스승을 찾기 위해 여러 번의 시행착오를 겪

---

19) 전음광, 앞의 글,『월말통신』27호.

게 되지만 그때마다 경험에 기초한 새로운 지각과 인지가 열리게 되었을 것이다. 결국 역대 최고의 고등종교의 신앙대상 신과 부처를 시험하기에 이르게 되었던 것이다. 과연 이런 행위가 구사와 어떤 관련이 있느냐의 문제는 재고되어야 한다. 즉 구사고행은 스승만을 찾는 과정이 아니었다는 점을 간과해서는 안 될 것이다.

이런 그의 경험은 각(覺) 후에 종교의 장단점을 지적하는데 여실히 작용한다.[20] 그의 구사과정이 고행의 상으로 표상되나 내용상으로는 폭넓은 사상적 조우를 시도했던 과정이었다. 사상적 조우를 넘어 각 종교의 교리와 제도를 경험하고 사상의 외연을 넓히고 총체적 시대정신과 문화의 점검 과정이 진행되었던 것이라 보아야 한다. 그는 시험을 통해 스승을 찾았던 것만은 아니다. 세상을 경험하고 모든 사상과 문화를 총체적으로 섭렵하는 과정을 겪었던 것이다. 나아가 고등종교의 가르침이나 스승 및 그 제도를 비판 부정하고 있다. 그가 불타와 예수로부터 진정한 스승상을 확립했다는 근거는 없다. 대각(大覺)을 한 후에야 역대의 성현을 두루 인정한다.

스승과 해법을 구하다가 실패를 하고 '이 일을 어찌할꼬'라는 절박한 상황에서 입정으로 들게 되는 순서를 밟는다. 세태를 돌아보고 비판하며 어떤 해결책이 있을까를 두루 고민하며 해법 모색을 위한 치밀하고 다양한 시도를 한 과정이라 보아야 마땅하다. 구사의 과정에서 얻은 것이 하나도 없다고 본 기존의 인식은 수정되어야 할 것이다. 각(覺) 후에 그가 청해서 열람한 여러 경전들이 다양한 했던 점과 혁신적이고 다양한 회상 개척의 시도와 행적들 중에서 그 증거의 일단을 찾을 수 있다.

다시 정리해보면 5~6년간의 구사고행상은 도사를 찾다가 실패한 것

---

20) '총서편 제2장 교법의 총설', '불지품 21-22장', '전망품 14장', '신성품 12장' 등 「정전」, 『대종경』

이 아니다. 여러 종교와 사상을 섭렵하였고, 또한 그 제도적 폐단을 비판했고, 나아가 당대 시대정신과 문화의 총체적 상황을 진단한 과정이었다. 이런 과정에서 얻어진 경험은 새 회상 건설의 기초로 활용된다. 이에 대한 구체적인 정리가 요구된다.

일화가 보여주는 비판정신은 건설적 비판·대승적 비판으로 볼 수 있다. 모든 것에는 양면이 공존한다. 버릴 것은 버리고 취할 것은 취하는 원만구족의 자세가 엿보인다. 이런 자산을 처화는 구사의 과정에서 마련했다는 추정이 가능하다. 정산과 양하운 사모의 말에서 그가 행했던 사상을 접하고 시대를 진단하기 위한 부단했던 노력의 일단을 가늠할 수 있다.

> "…. 반드시 방문도 하며 혹은 청(請)하여다가 같이 지내기도 하니 16세로부터 22세에 이르기까지 만(滿) 5개년(個年)년간 그러한 무리의 연락(連絡)이 실로 빈번(頻繁)하였다…. "21)
> "부인 양씨의 이야기를 들어보면 구도당시 남편은 '큰 공부를 한다고 외부 출입이 잦았다'고 한다. 부모와 부인 양씨는 그가 다만 큰 공부를 하기 위해 외부출입이 잦은 줄만 알고 그 후원을 아끼지 않았다."22)

'그러한 무리와의 연락이 실로 빈번하였다.'와 '외부출입이 잦았다.'는 부분은 외부세계와의 조우를 의미하고 사상과 문화를 익히고 나아가 세계를 총섭하는 과정이 부단했음을 시사하는 대목이다. 결국 이는 추후의 자산으로 활용이 되었던 것이다.

---

21) 정산, '제3장 대종사의 구도정성과 고행'.「불법연구회 창건사」,『회보』37호(1937. 9~10)
22) 박용덕,『원불교 초기교단사』1권, 앞의 책, 144쪽.

2) 거지 접대와 처사 시험

예화 3)의 '걸인에게 둘린 일'은 도사를 찾던 초기의 사건으로 보여진다. 이는 다분히 고소설 조웅전과 박태부전을 듣고 발심을 했던 부분을 상기하게 하고, 또한 처화의 접근과 응대 방식이 아직 서투르고 세상의 물정을 잘 모르고 시도했던 것으로 충분히 인정된다. 그러나 특히 고소설을 듣고 도사를 구하고자 했던 일념이 얼마나 간절했던가는 문맥을 통해 납득이 가는 대목이다.

초기 처화가 상상했던 도사 형상은 고소설 속에 등장한 전형적인 모습과 닮아있다. 그것을 보여주는 대표적인 사례는 예화 3)인 걸인에게 둘린 일에 해당된다. 이와 유사한 예화가 더 있었을 것이라 정산의 글을 보면 추정이 되지만 대체로 비슷한 유형의 사건으로 전개가 되었을 것이라 추정된다. 한편 여기서 보여준 처화의 행동이 엉뚱해 보이지만 어느 한 문제에 몰두하다보면 충분히 일어날 수 있는 일이다. 오히려 우리는 여기서 그의 열정과 집념 그리고 실천력을 살펴야 한다.

처화가 들었던 조웅전의 도사 형상을 들어 비교를 해보자.[23) 조웅전에 등장하는 도사는 다양하다. 모두 5명의 도사가 등장한다. 즉 월경도사, 화산도사, 천관도사, 천명도사, 무명도사(삼형제 즉 일, 이, 삼대의 스승)가 그것이다. 이들의 행적을 다시 정리하면 다음과 같다.

우선 월경도사는 맨 처음 등장하는 도사로 조웅 모자가 피신을 하던 중 만나게 된 은인이다. 이두병에게 쫓기는 모자를 구하고 나아가 조웅에게 글과 술법을 가르친다. 그리고 장소저의 위험을 알려 구하게 한 점도 그의 예지력을 보여준 사례이다. 그는 조웅 집안의 일과 직결된 일들을 해결하는 역할을 하고 있음이 드러난다.

---

23) 이정재는 다음 논문에서 이 부분을 상세히 다룬 바 있다. 「고소설 박태보전 독자수용 일고찰」, 『원불교 사상과 종교문화』53집, 2012.

두 번째로 화산도사는 오래도록 자신이 제작한 칼의 주인공을 찾다가 조웅을 만나 비검을 전해주는 역할을 한 도사이다. 또 이 화산도사가 한 역할 중 유의미한 점은 천관도사를 소개해준 점이다. 그리고 그의 형상이 저작거리에서 며칠을 꾸부리고 앉아 마치 바보나 폐인 같은 이미지를 가진다는 점이다. 이렇게 한정 없이 기다리는 모습은 무기력한 존재로 보이나 조웅은 이를 무심히 넘기지 않았던 것이다.

세 번째로 화산도사에 의해 소개받은 바 있는 천관도사는 이미 세상을 건질 위인이 조웅임을 알고 화산 도사를 시켜 그를 유인하라는 교류가 있었음이 간파된다. 화산도사와 천관도사는 무술의 비결을 전수한 두 도사이다. 즉 전술과 그를 직접 실행할 무기를 맡고 있는 역할을 한다. 이렇게 해서 만난 천관도사는 진정한 조웅의 스승이다. 그는 조웅에게 술법, 천문지리 및 육도삼략을 전수한다. 그는 또한 미래의 판도를 미리 읽고 조웅을 코치한다. 위국으로 갈 것을 명한다든지 하는 것을 볼 때 그는 송문제의 복권을 담당한 역할을 주로 하고 있음을 볼 수 있다.

이외의 천명 도사나 소위 무명도사는 전장에서 조웅을 돕는 술책 도사로 등장하는데 특별한 인연을 맺어서 이루어지는 것이 아니다. 이는 필시 조웅이 대업을 이루는 천직을 수행하는 과정에서 천조의 역할을 대행한 인물들로 보아도 될 것이다.

이 과정에서 조웅에게 가장 큰 영향을 준 도사는 천관도사이다. 즉 도술과 무술을 전수하고 그의 가정과 나아가 나라를 구하는데 결정적인 역할을 하는 것으로 그려진다. 그런데 바로 이 천관도사를 알선한 사람이 걸인행세를 했던 화산 도사였던 것이다.

위에 소개된 다수의 도사들 중 예화 3)이나 4)에 비견되는 인물은 확실하지는 않으나 그 친연성이 없는 것은 아니다. 특히 예화 3)과 화산 도사를 연결시킬 수 있다. 칼을 전수한 행적과 주막의 글귀를 읽은 행적이 서로 대비가 된다. 예화 4)에 버금가는 처사의 모습은 좀처럼 연결이 되지 않으나, 신장을 부를 수 있는 능력을 전수한다는 점에서 도술(道術)을 부리는 천관도사와 어느 정도의 유사성을 찾을 수는 있을 것이다. 특히 '그는 조옹에게 술법, 천문지리 및 육도삼략을 전수한다. 그는 또한 미래의 판도를 미리 읽고 조옹을 코치한다.'고 한 술법과 천문지리의 측면에서 예화 4) 처사의 능력과 비견될 만하다. 어쨌든 처화가 만난 사람들이 비정상적인 존재라는 점에서는 서로 유사성을 가지고 있으나 구체적인 행적들은 차이를 보여준다. 그럼에도 큰 틀에서 볼 때 도가류의 전통을 고수하고 있다는 점에서 도사 형상 구사의 연결고리를 찾을 수 있다.

처화는 각종 유명 종교를 유람했을 뿐만 아니라, 민간에 전승되었던 도가 및 선가에도 주의를 기울였다. 그는 아무런 편견을 가지지 않고 당대에 존재했던 모든 신앙체와 교법 및 사상을 섭렵했던 것으로 생각된다. 그 중 예외일 수 없는 것은 한반도에 존재했던 소위 풍류나 선가의 맥을 이었다는 무속을 비롯한 민간신앙 또 그에 바탕한 다양한 신종교들도 예외가 아니었을 것이다. 이를 위해서는 예화 4)에 해당되는 처사를 시험한 일을 분석 할 필요가 있다. 이는 또한 처화가 시도했던 당대 문화의 총체적 모습을 섭렵하려 했다는 의지가 있었음을 보여주는 단서로 작용한다.

보통 원불교학는 도교의 영향을 받았다고 하나 도교는 진정한 종교적 실체나 제도적 장치가 없었다는 점이 문제로 지적된다. 즉 도교를 접할 수 있는 기회와 정황이 무엇이었나를 물어야 하지만 좀처럼 잡히지 않는다. 그저 떠도는 도가류의 서적을 읽는 것만으로는 충분하지 않다. 그를 섭렵한 사람과 그 맥을 전수하고 있는 제도적 장치와 전수자가 확정되어야 한다. 김낙필도 이 부분이 모호하다고 보고 음부경과 옥추경 등을 분석하는 과정에서 다음과 같은 언급을 하고 있다.

"그런데 도교는 학문적 대상으로서 그 범위가 명료하게 규정하기 어려운 점이 남아있으며 이 측면은 앞으로 엄밀한 연구가 필요한 분야이기도 하다."[24]

그는 옥추경을 분석하는 대목에서는 이를 아예 민중 신앙 형태로 보기도 했다. 즉 민속사상과 무속의 상관성을 언급했다.

"옥추경은 .... 민간들 사이에서 보편적으로 신앙되었다. ...... 우리나라의 민중도교신앙에서는 더욱 그러하여 고려시대부터 옥추경의 독송이 널리 행해졌다. .... 또 옥추경은 칠성신앙과 밀접히 관련되면서 독송되었다."[25]

여기서 민간도교신앙은 다름 아닌 무속과의 연결을 암시한다. 그런데 이 전통은 오늘날의 앉은굿 등에서 찾아진다. 안상경은 충청도 굿의 역사적 과정을 설명하는 가운데 옥추경을 예로 든다. 즉 한국의 주술신앙은 한국의 전통신앙에 기반을 두고 중국의 경(經)과 신(神)을 수용했다고 보았다.[26] 결국 앉은굿은 전통적인 한국사상의 원형에서 이루어졌다고 보았다. 이 점 또한 추후 심도 있는 연구를 요하는 대목이다.

처화는 시험의 과정을 통해 비판적 안목을 제시하기는 했으나 불법과 기독교를 결국 부정하지 않고 취할 것은 취하고 살릴 것은 살렸다. 유불선은 주요 사상적 자산이다. 선가는 소위 도교라 이르지만 그 실체는 한국의 전통적인 신앙과 사상 및 문화에 연결된다. 관찰력과 탐구력이 뛰어

---

24) 김낙필, 「초기교단의 도교사상수용」, 『원불교사상』 10~11집, 1987, 702쪽.
25) 김낙필, 위의 글, 712쪽.
26) 안상경, 「앉은굿 무경 연구」, 충북대 석사논문, 2006, 26~51쪽. 이외에 충청도 좌무에 대한 연구는 안상경, 『앉은굿 무경』, 서울: 민속원, 2009; 구중회, 『충청도 설위설경』, 대전: 분지출판사, 2002 등 참조.

난 처화가 한국의 민간신앙을 놓칠 리는 없었다. 예화4)를 분석하면서 앉은굿의 핵심인 독경과 신장부르기가 어떻게 연결되는지를 살펴 민속 문화 상관성을 밝혀본다.

4. 일화 '처사를 시험하다'의 의미—무속신앙과의 조우

1) 일화의 서사단락과 각색

일화 '처사를 시험하다.' 이야기의 흐름은 제목이 보여주듯이 처화가 한 처사를 시험한 것이다. 시험한 대목은 신장을 불러들이라는 주문이었으나 이 과정이 원활하지 못하였다는 점과 오히려 이 산중처사를 물리쳤다는 내용이다. 한마디로 처화의 야무진 면모를 드러내며 처사의 신장 부르기는 사도였다는 점을 증명하는 것으로 이야기의 주제를 삼았다.[27]

일화는 대개 사실을 근거로 하나 이후 후진들의 정리 과정에서 첨삭의 작업이 이루어진다. 소태산을 스승으로 모시고 현세적 성현으로 인정하고 있던 정산이 정리했다는 점은 이를 충분히 추측케 한다. 이 첨삭 편집의 흔적은 일화의 도처에서 확인된다. 이야기의 내용을 자세히 검토를 하면 곳곳에 서로 상충되거나 모순되는 내용이 공존한다. 민속 문화론적 관점에서 볼 때는 더욱 그렇다.

일화의 분석은 세 분야로 나누어 살핀다. 즉 순수한 내용적 분석, 민속학적 관점의 분석, 교리적 관점의 분석이 그것이다. 여기서는 교리적 분석 외의 분야에 집중하기로 한다. 이야기의 주요 내용을 순서대로 다시 정리하면 이렇다.

---

27) 정산의 입장에서는 소태산의 사상을 정도로 보고 기리는 차원에서 이를 사도(邪道)로 처리하고자 했을 수도 있다.

1. 사람을 보내어 산중처사를 초빙한다.
2. 먼저 처사와 처화의 부친이 모종의 계약(사제의식)을 한다.
3. 처사는 자기에게 공부를 배운다면 불가사의한 능력을 얻게된
   다고 한다.
4. 처사는 그 대가로 농우 1두를 요구하자 부친 이에 응한다.
5. 부친 처화를 불러 처사와 대면케 한다.
6. 처화는 마음이 합하여 신념이 생기면 처사와 영원히 사제의
   의를 맺기로 한다.
7. 선생의 포부와 능력을 베풀어 자신의 신념이 생긴 후에 사제
   의 례를 하기로 한다.
8. 처화가 처사에게 스승의 예를 차리지 않자 언짢아하나 개의치
   않는다.
9. 처사는 자신이 육정육갑(六丁六甲)을 통령하야 신장을 능히
   부르고 보내는 재조가 있다하며 자신을 시험하라 한다.
10. 처화는 신장을 실지 구경케 하라 한다.
11. 처사는 정한 방을 마련하고 평소 일으는 주문을 밤새 외운다.
12. 그러나 부르는 신장이 오지를 않는다.
13. 처사는 동네의 우환이나 제장 방의 부정 등을 들어 방을 바꾸
    어달라 한다.
14. 처화는 무슨 공부가 사람의 생사있는 곳을 피하냐며 실망한다.
15. 방을 바꾸어 다시 밤세워 시도를 하나 실패한다.
16. 처사 다음날 아침 도주한다.

'사람을 보내어 산중의 처사를 초빙한다.' 했는데 이는 이미 그 처사에
대해 알고 있었다는 것을 암시한다. 생면부지의 사람을 초빙할 수는 없
다. 더구나 사람을 보내어 초빙을 할 정도면 어느 정도의 신뢰가 있었고
명성도 있었다는 점을 추정할 수 있다. 그래서 처화의 부친은 농우 1두를
폐백으로 드린다는 약속까지 했던 것이다. 그리고 초빙의 이유와 이에 대

한 처사의 수락은 간단히 볼일이 아니다. 이 만남을 주관한 이는 처화가 아니라 부친이었다. 그 이유는 경제적 주체이기 때문이기도 했겠으나 다른 이유도 있었으리라 생각된다. 그런데 처화는 초빙된 이 처사에게 냉담하게 대응한다. 예를 갖추지 않았을 뿐더러, 신장을 불러보라는 강압적 주문을 하기까지 한다. 신장을 부르지 못하자 처화가 외출한 사이 도주했다고 적고 있다. 여기서 다시 상기할 점은 이 의식의 주인은 부친이라는 점이다. 아들인 처화가 주관하고 결정내릴 일이 아니었던 것이다. 이런 서술은 의식을 주관한 부친에 대한 예도 아니고, 내용전개의 조리에도 맞지 않는 구성이다.

처사 시험의 내용을 민속 문화적 관점으로 이해할 필요가 있다. 우선 내용에 등장하는 신장(神將) 부르기나 육정육갑(六丁六甲)의 언급 등은 도교와 연관이 되고 있음을 어렵지 않게 알 수 있다. 이런 내용은 도교의 도장경(道藏經)과 관련 제도 속에 표현되고 하는 것으로 알고 있다.[28] 즉 일정의 수행을 거친 도사나 이인(異人)이 신장을 불러내는 능력을 가졌다는 식의 표현이 있다. 일화에서 어떤 스승을 초빙해 신장을 불러내는 의식을 거행했다는 점은 이런 신비한 장면을 재연하고 있는 양상이다. 그러나 당시 조선 사회의 민속 문화적 관점으로 볼 때 이런 장치를 가진 문화적 조직이나 제도는 존재하지 않았다. 실제로도 불가능한 일이 아닌가. 환상적이며 도가적인 고소설류나 설화 등에서 구전으로 전해오는 내용일 뿐이었다.

---

28) 여기 해당 경은 대표적으로 『玉甲經』, 『玉樞經』 등을 들 수 있고, 그 외에 소격서 계통의 경으로 보이는 『天地八陽經』・『神將篇』・『請神經』・『逐邪經』・『八門大將經』・『鐵網經』・『搏殺經』 등의 축귀·축사 경류를 들 수 있다(참조 자료; 김영진, 『충청도 무가』, 서울: 형설출판사, 1976. 박수천 법사 소장 경문집, 『경문대요』, 김혜승 편, 『해동율경집』, 선문출판사, 1984.). 이들은 조선의 經巫 전통에서 확인된다. 도장 경과의 상관성 여부 문제는 심화된 연구가 더 필요한 실정이다.

그러나 일화는 분명한 사실을 기초로 구성되는 특징을 가진다. 약간의 첨삭이 있을 수는 있으나 없던 사실을 가공해서 만들지는 않는다. 일화문학의 특징은 주제 강조를 위한 일정의 편집과 첨삭을 가한다. 처사시험에서 이런 부분을 걷어내면 보다 사실에 가까운 내용이 드러날 것이다. 그러나 이것도 어떤 부분이 가공에 해당되는지 쉽게 단정할 수는 없다. 방법은 당시의 민속 문화 중 해당될만한 것들을 적용하여 분석을 먼저 시도하는 것이다. 이렇게 볼 때, 일화의 내용과 가장 근접한 장치는 무속과의 상관성이다. 특히 앉은굿과의 상관성이 주목된다. 처사초빙과 신장 부르기, 사제의식 및 농우사례, 그리고 해산과 초상의 금기 등 모두 앉은굿의 전통과 일치하는 것들이다.

한편 당시 신종교와의 상관성을 언급하지 않을 수 없다. 처화는 당시 구사의 과정에 있었고, 어떤 도사나 스승이 있다는 소식을 들으면 그냥 지나치지 않았다. 당시의 모든 사상과 도사와 스승을 모두 섭렵했다고 볼 때[29] 동학과 증산은 물론 남학이나 대종교 등 가능한 모든 사상의 총섭을 그 대상에서 제외시킬 수 없다. 특히 동학과 증산교는 소태산이 그 상관성을 직접 언급했듯이 그 관계를 명확히 할 필요가 있다. 처사 시험하기는 이 두 종교와 일정의 연관이 있다고 보여지는 데 이 점은 추후 살피기로 한다. 한편 이런 상관성은 다시 앞서 언급한 무속과 무관하지 않다. 즉 무속은 이들의 신흥종교를 가능하게 한 기초 사상 및 근본적인 문화장치가 되는 것이다. 이 점 또한 추후 살펴야할 연구 대상이나 여기서는 무속 상관성을 먼저 가정하고 분석을 가해보기로 한다. 그러나 이는 어디까지나 하나의 가정일 뿐 확실한 상관성은 추후의 검토가 선행되어야 한다.

---

29) 이미 기독교, 불교, 도교 등에 대한 것은 앞서 소개한 일화분석을 통해 언급했다.

2) '사제(師弟)의 예(禮)'의 분석

대화의 내용을 민속 문화론적 방법으로 다시 보면 앉은굿의 관점이 적용될 수 있다. 앉은굿은 좌무(坐巫) 혹은 경무(經巫)라고도 하며, 지금은 강원일대, 충청도, 전북 지역에 주로 남아있다.[30] 그것은 내용 중 나오는 '사제의 관계를 맺는다'와 관련된 서사단락 2, 6, 7의 부분과 상관된다. 처사와의 만남이 사승(師僧)관계를 전제로 하고 있음을 알 수 있는데, 무속학의 관점에서는 신풀이를 받는 과정에 해당되지 않나 한다.[31] 만약 그렇다면 이런 상황에 자신의 신아버지를 대하는 예나 시험을 하는 처사는 전혀 어울리지 않는다. 산중의 처사는 나름 스승과 도사의 위상을 지니고 있었을 것이다. 처사는 보통의 사람은 아니다. 우선 차림부터가 남달랐을 것이다. 속인과는 다른 성역의 존재로 인정되었기 때문이다. 처사라는 명칭은 이를 충분히 대변해 준다. 그래서 당시 나이 19~20세였을 처화가 그보다 훨씬 연장자였을 미래의 스승이 될 사람에게 예를 갖추지 않고, 오히려 시험을 했다는 표현은 상식적이지 않다. 설령 처화에게 그런 불신의 마음이 있었다 하더라도 초빙된 손님에게 그렇게까지 할 필요는 없었을 것이다. 예우는 예우대로 하고서도 바라는 바가 달성되지 못했을 때 얼마든지 다른 대처를 할 수 있었을 테니 말이다. 부모가 초빙한 자이니 그에 대한 불경은 옳은 처사도 아니다. 그리고 지금 아쉬운 사람은 처화다. 멀리서 손님을 초빙을 했고 구사의 일념이 오롯했기 때문이다. 물론 처사가 농우 1두에 관심을 가졌다고 볼 수 있겠지만 대체로 그것만을 위해 소위 일종의 사기를 치는 행위를 하는 처사들은 드물다. 또 앞서 지적

---

30) 선굿이 아닌 앉은굿으로 본 근거는 처사가 신장을 부르기 위해 종야로 독송을 하였다고 했기 때문이다. 앉은굿이란 용어는 학술용어이고 현장에서는 설위설경, 경무 등으로 불려진다. 여기서는 현장의 용어를 사용하기로 한다.
31) 앉은굿 대신에 경무에서는 신풀이라는 용어를 사용한다. 이 부분은 상황을 설명하기 위한 試論的 제안이다. 추후 더 考究할 부분이다.

했듯이 이 처사를 부른 배경도 이미 충분히 믿을 만한 근거가 있었기 때문이다. 과도한 사기꾼식의 처리는 여러모로 모순된 구성을 보여준다.

구사의 초기 시절에 거지를 초대하여 극진히 모셨던 경험이 있던 처화다. 여러 경험을 바탕으로 이제 신중한 결정을 했던 구사 후기인 19~20세 때란 점을 염두에 둘 필요가 있다. 처화는 이 시기에 이미 상당한 정도의 실력을 갖추었다. 약 5년여에 이르는 긴 구사 과정은 길룡리를 떠나 외지에서의 다양한 경험을 하고 견문을 넓혔을 뿐만 아니라, 주체적이고 수준 있는 결정을 내릴 정도의 역량을 갖추고 있었다. 남한테 둘릴 정도는 아니었다. 그렇게 처리를 할 시점이 아니었다. 거꾸로 보면 이는 당시 처화의 실력을 스스로 깎아내리는 결과를 초래한다. 처화가 이 만남을 통해 사제의 관계를 공고히 맺었는지는 알 수 없으나 미완이나마 일정한 성과를 이루었을 것으로 판단되나, 추후에 상술하기로 한다.

3) '신장 불러 보이기'의 분석

기왕의 경무(經巫)적 관점을 더 적용하여 풀어볼 필요가 있는 부분은 일화 중 핵심이 되는 소위 '신장(神將)부르기'에 대한 것이다. 단락 10에서 '신장을 실지 구경케 하라.'고 되어있다. 이에 대해 '처사는 즉시 응낙하고....'로 표현되어있다. 있을 수 없는 일이다. 신장을 실지 구경케 한다는 말은 지나친 각색이다.

경무에 신장부르기가 있다. 신장대를 잡은 대주에게 신이 내려 몸을 떨며 신장의 대역을 하는 것을 의미한다. 신이 들리면 신대잡이는 신의 말을 대신 전하게 된다. 혹은 펄펄뛰면서 혹은 방바닥을 뒹굴면서 신의 말을 전한다(공수). 이를 통해 신장부르기가 입증되며 문제의 해결을 보는 것이다. '처사가 응낙을 한 것'은 이런 신장대 접신(接神)을 두고 한 말이다. 이는 독경자의 전공과목이다. 정성으로 경을 외우면 대를 잡았던 대잡이에 신이 내리는 것은 민간신앙에서 상식이다.

각색은 육정육갑을 부른다고 한 대목에서도 마찬가지다. 예화 4)의 단락 9에 해당하는 대목을 옮겨보자.

> "강연히 참고 말하기를'나는 육정육갑(六丁六甲)을 통령하야 신장을 능히 부르고 보내는 재조가 있으니 만일 원이 있거든 시험해봐라'하였다."

육정육갑신은 방위에 따라 십이지신(十二支神)으로 이루어진 일종의 신장(神將)들이다.[32] 여기서 '시험해보라' 한 부분과 '신장을 능히 부르고 보내는 재조가 있으니'의 부분은 독자가 충분히 오해를 일으킬 수 있는 대목이다. 선생으로 초빙되어 온 처사가 뭣이 아쉬워 자신을 시험하라 했을까? 민간신앙의 현장에서는 도저히 있을 수 없는 일이다. 신장을 부르고 보낸다는 말은 접신(接神) 혹은 강신(降神)과 송신(送神)을 의미한다. 그것은 목전의 현상을 의미하는 것이 아니다. 즉 부르고 보내는 것은 이미 자타가 알고 있는 민간신앙적 신관을 전제했던 것이다. 이런 신앙적 세계관에 근거한 신들의 현상을 마치 현세적 공간에서 일어나야 했던 것으로 표현한 것은 문학적 각색일 가능성이 짙다.

처사시험의 일화가 사승(師僧)관계를 겨냥한 의식이었다면 농우 1두의 문제는 다른 해석이 가능하다. 보통 신풀이 혹은 신내림이라 칭하는 의식은 그 절차가 복잡하고 거창하며 소요되는 인원과 경비 및 상차림 등이 거창하다. 만약 이런 형식의 굿이었다면 그 규모가 농우 1두가 해당된 점이 납득이 가는 부분이다. 오늘날 실제로 앉은굿의 법사들은 독경굿을 하기 전에 그 사례의 양을 결정하고 임한다. 그러나 과거에는 달랐다. 사례

---

32) 김승동, 『도교사상사전』, 부산: 부산대출판부, 2003.

의 액수는 굿의 절차나 규모에 따라 다를 수도 있고, 제가집의 경제적 능력에 따라 달라졌고, 나아가 먼저 요구하지도 않았다. 그야말로 주는 대로 받지만 서로 공유된 상식은 있었던 것이다.

농우 1두면 큰 규모의 굿거리가 되어야 한다. 실제 액수의 문제라기보다는 굿의 규모가 내림굿에 상당하는 차원의 규모였을 것이라는 의미가 더 강하다. 이 글은 어차피 처화를 내세우고 처사를 몰아세우는 의도를 담고 있다. 별것도 아닌 굿거리에 농우 한 마리라는 큰 댓가를 요구했다는 질책을 효과적으로 살리고자 했던 것이기 때문이다.

도가(道家)에서 신장(神將)의 의미는 수도(修道)적 측면보다는 신앙(信仰)적 측면의 활용선상에 위치한다. 이 신장의 활용은 즉 민간신앙과 조우하여 민간도교로 정착된다. 민간도교는 전문성이 유사하여 제도적 장치로 무속과 결합한다. 무속은 그 지역적, 강신(降神)적 혹은 방법적 특성에 따라 다양하게 구분된다. 여기에 해당되는 것은 충청도 중심의 앉은굿 전통과 유관하다. 신장은 도가적 개념이지만 앉은굿 즉 경무(經巫)에서 가장 집약적으로 표출되고 있다. 그러나 신장은 앉은굿에서만 통용되지 않는다. 일반적으로 선굿에서도 신장거리가 있고 신장신을 불러 공수를 받기 때문이다. 다만 그 역할은 앉은굿의 독경 목차 중에 옥추경(玉樞經)이 중심적인 역할을 하고 있다. 소태산이 대각 후에 열람한 경전 중 옥추경이 포함되어있다는 점과 상관성을 가진다. 경무와 관련한 부분은 고를 달리하여 다루기로 한다.

5. 마무리

본고는 구사과정 중에 전해오는 일화를 대상으로 민속 문화적 검토를 시도한 것이다. 구사고행상은 소태산의 십상중 하나이지만 사상형성기의 중요한 상이다. 소태산 각(覺) 전의 구도과정과 여정을 살피는데 결정적인 자료들을 제공하기 때문이다. 소태산의 사상적 무장과 당대의 문화 총체를 전망하고 진단하는데 어떤 내용들로 구성되고 있는가 하는 점을 살필 수 있다. 이는 또한 그 후 소태산의 내외적 행보를 살피는데 중요한 역할을 한다.

여기서 또 알 수 있었던 것은 처화의 구도 자세에 관한 것이다. 그는 한번 이루고자 한 것은 꼭 이루는 열정과 집념이 강했다. 동시에 그는 탐구심과 관찰력이 뛰어났고, 확신을 위해서는 과감한 시험을 실행에 옮겼으며, 다양한 지식과 문화현상을 선입관 없이 비판적으로 수용할 줄 아는 균형 잡힌 안목을 가지고 있었던 것으로 분석된다. 결국 포괄적인 자세로 사상과 문화를 총체적으로 섭렵 응용할 줄 아는 구도 자세를 가지고 있다는 의미를 일화에서 찾을 수 있다.

구사과정에서 전해오는 네 가지의 일화를 대상으로 분석을 한 결과를 다음과 같이 정리 할 수 있겠다.

1. 구사(求師)는 고소설류의 도사(道士)만을 구했던 것은 아니다. 즉 허구적 스승이 아닌 실존하는 스승의 탐색과정이기도 하였다.
2. 구사고행상은 진정한 스승을 구했고, 나아가 사상적 외연(外延)을 넓히는 과정이었다. 즉 당대의 기성종교 및 신흥종교와 관련을 가졌다. 이의 상관성을 살펴야 한다.
3. 당대(當代)의 시대정신과 국내외 고금의 문화적 흐름을 총체적으로 경험하고 전망하고 진단했던 과정이었다. 동서양은 물론 한반도의 기층문화 및 민속 문화와의 상관성까지 외연을 넓혔다고 본다.
4. 이 과정은 구사의 실패로 귀결되지 않으며, 이런 과정을 통해

많은 수행과 경험적 축적을 이루었으며, 이것은 각(覺) 후 사상의 정립과 새회상 건설의 내외적 주요한 자산(資産)이 되었다.

5. 특히 예화 4)'처사를 시험하다.'의 경우, 그 분석 결과 처화는 민간신앙(民間信仰) 및 민간사상(民間思想)과 긴밀한 교류가 있었던 것으로 보았다. 무속 특히 앉은굿과의 상관성을 시론(試論)적으로 언급하였다. 이 점은 추후 신흥종교 특히 동학과 증산교와의 상관성도 같이 살펴야하는 부분이다.

6. 소태산 각(覺) 전후의 자료 분석에서 기존의 교학(敎學)적 경향 외에 국문학적 · 민속학적 분석의 필요성이 주요한 쟁점임이 드러났다.

추후 구사 과정의 연구는 이런 관점을 적용시켜 폭넓은 접근을 할 필요가 있다. 이 글은 이를 위한 시론의 의미가 짙어 무리한 분석의 흔적이 산재한다. 미진한 부분은 추후의 보강이 요구된다 하겠다. 특히 처사시험하기의 일화는 면밀하고 다각적인 분석이 선행되어야 밝혀질 문제다. 무속 상관성의 단정은 이런 작업을 더 기다려야 하고, 더욱 신중을 기해야 할 것이다.

그러나 구사고행에 대한 기존의 안이한 인식, 즉 단순한 '구사', '도사 찾기', '이인 찾기' 혹은 '구사의 실패'라는 단정은 바뀌어져야 한다. 또한 처화의 구사과정이 동서양의 사상·종교의 총섭은 물론 한민족의 전통신앙과 사상에 대해서도 깊이 관여되어 있었고 나아가 직간접의 경험 축적이 있었던 점을 간과해서는 안 될 것이다.

제2부

―

구비전승과 일화

Ⅰ. 삼령기원상의 민속학적 고찰

1. 머리말

구도역정기 중에 삼밭재 삼령기원상은 구도의 본격적인 시발점이며 이후 구도과정과 교화 과정에 두루 기초가 되었던 부분이다. 대종사 십상 중 하나라는 사실 하나만으로도 그 의미가 당연히 크겠으나, 11세 어린 나이의 기도 실현이란 점은 시사하는 바 특이점이 많다. 대각의 여정에서 삼령기도를 선택한 것은 우연한 것이 아니었다.

만 4년 동안 이루어진 삼밭재 기도는 대각의 기틀을 다졌던 중요한 과정이다. 그 정확한 과정과 의미를 정리하고 찾아내는 작업에 비중을 둘 필요가 있다. 교사를 살펴보나 초기교단의 여러 자료를 봐도 이에 대한 구체적인 자료가 나오지 않은 것은 아쉬운 점이다. 교사를 정비하고 십상을 좀 더 구체화하는 일은 의당 해야 할 일이고 성현이 나툰 상을 통해 후대가 배울 바를 상기할 때 더욱 그렇다.

삼밭재기원상은 여러 가지 면에서 시사점이 많다. 어린 나이의 종교적 재능 확인, 민간신앙에의 관심과 의지, 한 가지 정한 목표를 이루려는 불굴의 집념, 산신을 만나 해결을 보려던 다양한 문제의 내용과 결과 등등[1] 이 상을 통해 알아낼 것이 사뭇 적지 않다. 이 기원상이 주는 교훈을 찾아

---

1) 최준식,『한국종교 문화로 읽는다』3권, 사계절, 2009, 191~208쪽.

내고 정리하여 후세에 전할 바를 소상히 살필 필요가 있다. 이 점을 염두에 두고 당시 민속과 풍속을 살펴 이해를 돕고자 한다.

본 고에서는 당시 부친을 따라갔던 시제와 그곳에서 알게 된 산신의 존재 그리고 산신기도과정을 추적하여 가능한의 자료를 모아 정리하고 그 의미를 밝히는데 집중한다. 본고는 민속학적, 사상사적 분석을 전제로 한 것이어서 원불교 교사의 관점을 충분히 수용하면서도[2] 또한 학문적인 방법과 인간학적 관점을 취하지 않을 수 없다.

2. 진섭의 삼밭재 산신기도 개요

삼령기원상에 대해서는 교사에 잘 정리되어있어 내용을 중복하여 언급할 필요는 없다. 여기서는 그 중 산신기도와 관련된 것만을 집중적으로 다루기로 한다. 즉 동기, 배경, 구체적 내용 파악 등에 관한 것이다. 산신기도와 관련한 교사와 <대종사 약전>, 박용덕이 모은 구술자료 들을 모두 요약 정리하면 다음의 내용을 벗어나지 않는다.

"대종사는 11세 되던 가을 아버지를 따라 선영의 묘소에 시제를 모시러 갔다가 산신제 지내는 것을 보고 어른들께 여쭈어 산신 이야기를 듣고 산신을 만나 모든 의심을 풀리라 생각하여 서당에 간다고 집을 나와서는 이곳에 와서 기도를 드리기 시작했던 것이다."[3] 주로 송도성이 기록한 <대종사약전> 구도(求道)편을 요약한 내용이다. 부친 박성삼의 선영은 군서리 마읍리 북종산에 위치해 있다.[4] 부친과 집안의 어른을 따라 시향

---

2) 이와 관련해 이미 공식화된 교사적 사실에 대해서는 번거한 각주를 생략했다.
3) 서문성,『대종사님을 찾아 떠나는 성지여행』, 도서출판 삼동윤리, 1996.
4) 시제를 지내던 곳이 어디인지를 살펴 보존하는 것은 중요한 일이다. 그곳에서 지내던 산신제에서 처음으로 신령에 대한 관심과 기도 발심을 한 장소이기 때문이다. 북종산은 해발 110m 정도로 매우 낮은 산이다. 주위는 평야로 둘러있고, 낮은 야산

제를 모시러 간 때는 11세 늦가을인 음력 10월 15일이다(양력 1901년 11월 25일).5) 내용 중에 산신기도를 서당에 간다고 하고는 혼자서 몰래 다녔다고 했는데, 아마 당시는 서당을 중지하고 집에서 놀던 시기가 아닌가 한다. 10세 겨울에 동지팥죽 일로 첫 번째 훈장 이화숙네 땔감에 불을 지르는 사건을 저질러 서당을 그만두게 되었기 때문이다. 물론 이듬해인 11세 때 두 번째 훈장 김화천에게 글을 다시 배우기 시작하나 사건 직후 곧바로 연결되지는 않았을 것이다. 상당 기간 근신과 방황의 시간을 보냈을 것이고, 이것이 그해 10월 시제 참례 때 산신 기도의 결심으로 이어지는 계기가 됐을 것이다. 두 번째 훈장 때도 공부는 뒷전이었다.6) 오로지 기도에 재미를 붙였던 것 같다.

시제는 다음 장에서 자세히 살피겠으나 흩어져 살던 많은 문중의 어른들이 모두 참석하여 드리는 제사이다. 시제는 4대 혹은 5대 이상의 조상에게 1년에 한번 지내는 제사로 문중의 모든 일가들이 모여 하기 때문에 수십 명의 인원이 참석하였을 것이다. 그 중에는 나이 많은 어른들이 많이 있었을 테니 산신에 대해 물었을 때 충분히 그의 신령스러움을 전하는 데는 어려움이 없었을 것이다. 아무튼 어른들은 진섭에게 산신에 대한 이야기를 들려주었을 것이다.7) 몇몇 산신 이야기들을 들려주고 난 후 아이는 그것이 사실이냐는 물음을 던졌고, 어른들은 그렇다고 했을 것이니 소년은 그것을 믿고 내심 산신을 만나 자신의 소원을 이루려 했던 것이다.8)

들이 군데군데 보인다.
5) 지금도 영광군 일대 시향제일은 대개 음력 10월 보름 경이다.
6) "열 살부터 열 다섯까지 햇수로는 5년간이 되지만 일정기간 매일 다닌 것이 아니었다. 실수로는 그의 수학기간이 2개 년 밖에 되지 않았다."(박용덕, 『소태산의 대각』, 1993, 105쪽.)
7) 송도성의 「대종사 약전」, 구도편에서는 이 부분을 이렇게 적고 있다. "이어서 산신불공으로 영험을 얻은 몇 가지의 전설을 이야기하여 드렸다."
8) 여기서 구연됐을 산신이야기는 따로 살펴볼 필요가 있다. 산신에 대한 실체를 좀 더

그에게서 산신의 존재함과 초인간적인 능력이 있음을 듣고 소태산 대종사는 생각했다. "산신이 그와 같이 영령할진대 나의 평생 소원하는 바 모든 의심을 산신에게 문의하면 반드시 알게 할 능력이 있으리라."하고 그 날부터 산신 만날 결심을 심중에 단단히 세웠다.9) 이를 유병덕은 향외적 구도기라 구분했고 여기에는 구사고행도 포함된다.10) 여기서 한 가지 지적할 일은 산신의 존재에 대한 것이다. 진섭이 들은 이야기를 듣고 수집한 정보는 산신이 산속에 존재한다는 것과 어떤 형상인가를 하고 나타난다는 점, 그리고 기도나 정성을 드리면 만날 수 있고 소원을 들어준다는 정보들이다. 그 구체적인 내용이 무엇인지는 알기 어려우나 산신관련 설화와 민속을 살펴보면 동류의 설화와 민속을 찾아낼 수 있다. 과연 어떤 설화 관련을 들었으며 그 내용은 무엇인지는 추후 면밀히 살필 일이다.

이와 달리 한편 진섭은 산신의 존재에 대해 이미 들어 알았을 가능성이 크다. 돌이켜 보면 소년이 산신에 대한 이야기를 시제에 가서 처음 듣고 곧바로 산신 만나 소원풀이를 결심했다고만 단정할 수 없기 때문이다.11) 산신신앙은 지금도 전국적으로 널리 분포되어있는 것으로 당시에는 더욱 진지했을 것이며 영촌 마을도 예외는 아니었을 것이다. 여기서 우리는 당시의 민속을 상기할 필요가 있다.12)

구체적으로 정리할 필요가 있기 때문이다. 특히 산신불공 영험담을 살필 필요가 있다.

9) 이상의 이야기는 다음 문헌에 잘 정리되어 있다. 주산, 「대종사 약전」, 『원불교 사상』 10, 11집, 원불교 사상연구원, 1987, 611쪽.

10) 유병덕은 '삼단전입의 논리'를 설정하여 구도기, 대각기, 교화기를 모두 삼단계적 순서로 설명한다. 구도기의 경우 발심, 향외적, 향내적 구도기 등 삼단계로 파악한다(유병덕, 『소태산과 원불교 사상』1995).

11) 북종산이 있는 마읍리는 산세가 없는 평야지대로 볼 수 있다. 산신에 대한 긴장감을 갖기에는 길룡리가 더욱 어울린다.

12) 모두를 상세히 알아내기는 어렵겠지만 당시의 분위기를 재구하는 것은 크게 어렵지 않을 것이다. 당시의 전통이 전국 어디서나 특히 농촌의 경우 여전히 잘 보존되어 전승되고 있기 때문이다. 농촌과 시골에 아직까지 남아있는 조선 후기의 전통

산신과 관련되는 민속으로는 여러 가지가 있겠으나 가장 보편적인 동제를 들 수 있다. 아마 당시에는 영촌 마을에서 마을 공동제사를 일 년에 적어도 한 두 번은 치렀을 것이다.[13] 현재 조사 자료가 남아있는 것은 없지만[14] 이웃 마을에는 지금도 산신제를 마을 공동제사로 지내고 있다. 예를 들어 구시미 마을의 조사 자료가 있다.[15] 여기 영광군 백수면 구수리 1구 구시미 마을에서는 매년 1월 4일 산신제를 지낸다. 동네의 뒷산에 초가로 지은 산신당이 있고 내부에 산신을 모시고 있다. 당집 옆에 있는 신목도 같이 모신다. 제에 드는 경비는 마을 각호가 헌납하는 곡물, 금전 등으로 충당한다. 분명히 길룡리도 이런 전통을 가지고 있었을 것이다.

이외에 영광군 내의 민속자료를 목포대학교와 전남대학교에서 조사하였으나 심도 있는 것은 아니었다. 원불교와 연관된 영광민속의 위상을 생각할 때 너무 미진하다고 생각된다.[16] 전남대 조사보고서는 백수읍 내 여러 동네의 당산제와 산신제를 보고하고 있다. 즉 지산리 가지매, 양성리 칠백동, 양성리 호곡마을, 천마리 조암마을, 천정리 천기동 등의 마을이다. 여기에는 빠진 마을이 많이 있는데 모두 조사를 기다리고 있다 하겠다. 그리고 기왕의 조사보고서가 너무 단순하게 이루어져 심도가 낮고 자료적 가치가 부족하다. 얼마 전에 나온 『한국의 마을신앙』에서 백수읍 상사리 1구 상촌마을 당산제를 자세하게 소개하고는 있으나,[17] 표본조사에

은 다방면으로 조사 정리되었다. 성현의 발자취를 더듬어 갈 때 당시의 전통을 찾아 정리를 해야 함은 당연하고, 나아가 따로 발심과 구도 및 대각의 관점에서 사상적 문화사적 조사연구를 심화할 필요가 있다. 특히 영광군의 민속은 철저히 조사되어 정리를 완성해 놓아야 할 것이다.

13) 영촌마을의 동제에 대해서는 추후 자료를 보강하여 살펴볼 필요가 있다.

14) 이 지역은 일찍이 원불교화 되어 민간신앙이 위축되었다.

15) 국립민속박물관, 『한국의 마을제당』, 제6권 전라남도, 제주도 편, 2002.

16) 이 점을 이정재는 이미 지적하여 영광의 민속조사를 철저히 수행할 필요가 있음을 역설하였다(이정재, 「원불교와 한국의 전통문화」, 원불교사상연구원, 32집, 2006).

17) 국립민속박물관, 『한국의 마을신앙』, 2007.

불과하기 때문에 역시 너무 미진한 자료집에 머물고 말았다.

이를 미루어볼 때 영촌 마을의 어딘가에는 동제를 지내던 곳이 있었을 것이다. 필자의 생각으로는 삼밭재로 가는 길에 있는 큰골 정자나무터가 그곳이 아닌가 한다. 진섭도 처음에는 이곳에서 산신기도를 올렸다고 한다. 후에 마당바위로 옮긴 것이다. 기록에 보면 마을 사람들이 이곳에 와서 여러 가지 일이 있을 때마다 기도를 올렸고, 양하운 사모도 진섭이 입정 당시 소위 우두커니 병에 걸렸을 때 병을 낫게 해달라고 와서 기도를 올렸다고 한다.[18] 오늘날의 영락없는 당산이나 산제당이다. 소년 진섭은 당시 민속적 분위기에서 그의 문제를 해결하기 위해 자연스레 전통사상과 신앙에 의지해 일을 해결하려 하였다. 그 외의 방법은 또한 뚜렷이 없었던 것이다. 또한 노루목의 당산목이 있는 위치는 마을 사람들이 동제를 지내던 곳이었다. 공교롭게도 소태산은 그 나무 아래에서 대각을 이루었으니 싯다르타와 마찬가지로 문명사에 대대로 전승되는 우주목의 신이함을 새삼 느끼게 되는 장면이다.

3. 시제와 산신제

1) 시제

고려 후기 『가례』가 들어오면서 주로 지배층에게 유교식 의례가 시행되다가, 조선 초기에 들어서면서 피지배계층에도 가례식 의례가 퍼져가기 시작한다. 조선 후기에 이르러서야 언해본과 한글본 가례집들이 나오면서 전국적으로 보편화되기에 이른다. 다양한 가례집들의 편찬도 한 영

---

18) 박용덕, 『구수산 칠산바다~일타원부터 십타원까지』, <십타원 편>, 원불교 출판사, 2003.

향이지만 지방마다 다른 풍속과 전통이 서로 교차하면서 서로 다른 유교식 의례가 정착되어왔다. 다양한 가례집의 편찬이 필요했던 이유 중에 하나는 중국의 전통과 당시 고려와 조선의 전통이 많이 달랐기 때문이었고 또 집안 내에 진설된 사당의 부재와 이미 자리 잡은 불교의 전통이 그중 큰 요인이었다.

이들 예서에 따라 정리를 한 제례절차는 사당제, 사시제, 이제, 기일제, 묘제의 다섯 가지가 있으나 현재 전국적으로 치러지고 있는 제례는 대개 세 종류로 압축되어 시행된다. 즉 차례, 기제, 시사 혹은 시제가 그것이다. 예서에 따른 의례 절차는 한국에서 현재 간략화 되어 정착되었다. 신알, 출입, 참례, 천신, 고사 등 다섯 가지로 구분되는 사당제는 정초와 추석에 지내는 차례로 정착이 되고 기일제 는 그대로 기제로, 묘제는 10월 초순에 1년에 한 번 하는 시제로 바뀌어 정착되었다. 사시 제와 이제는 사라진 상태다. 명칭만 바뀐 것이 아니라 의례의 순서와 절차도 상당히 다르게 정착되어있다.[19] 여기서 비교한 과거와 현재의 차이는 그렇게 정착되기까지 다양한 중간절차를 거쳐 왔음을 전제한 것이다. 그래서 현재도 지방에 따라서는 다른 의례절차를 보이고 있는 것이다.

시제는 시향, 시향제, 묘제 등으로 불린다. 묘제로 불리는 이유는 가례에 연유한 것이다. 시제는 1년에 한 번 10월 초순에 날을 잡아 일가친척들이 모여 5대 이상의 조상을 봉사하는 것이 대체적인 것이나, 역시 지역에 따라 다르게 치러진다.

시제 즉 묘제는 원래 가례에 따르면 음력 3월 상순에 날을 잡아 지낸다.

---

19) 장철수,『한국 전통사회의 관혼상제』, 한국정신문화연구원, 1984. 장철수는 여기서 황필수의 『증보사례편 람』(1900)과 『한국민속종합조사보고서』(1974~)의 전국적인 방대한 자료를 예서와 분류 비교하여 그 차이를 소상히 밝혔다.

절차는 가례의식과 같다. 하루 전에 재계하고 참신, 강신, 초헌, 아헌, 종헌, 사신, 절찬의 순으로 지낸다. 우리의 경우 중국과 달리 조선 중기까지는 매년 한식, 단오, 추석, 중양에 하였다. 지방에 따라서는 한식과 추석, 혹은 추석과 중양에 한번 행하기도 했다. 율곡 이이는 이 시제를 정월 15일, 3월 3일, 5월 15일 등 7번을 정하기도 했는데, 너무 과중하다 하여 『가례』에 따라 3월 1제로 정하였다가 음력 10월로 다시 정착이 되었다. 음력 10월의 시제 전통은 과거의 고구려의 동맹, 동예의 무천, 부여의 영고, 진한의 상달행사 등이 10월에 행해졌던 전통을 이은 것일 가능성이 있다.[20]

묘제의 비용은 대체로 막대하다. 비용은 문중에 따라 다르나 일반적으로 문중 땅 혹은 문답[21]을 마련하여 그 수익으로 충당한다. 그 관리는 문중의 한 적절한 사람이 맡게 되는데, 거기서 나온 비용은 원칙적으로 모두 공동을 위해 사용된다. 개인을 위해 사용되지는 않는다. 자손들이 음력 10월을 전후하여 날을 정해 매년 묘소에 가서 벌초와 청소를 한 다음 절차에 따라 분향하고 제사를 지내게 되는데, 이때 산신이나 토지신에게도 제사를 올린다. 시제의 절차에 대해서는 『조상의례와 한국사회』[22]에 내아리 마을의 시제가 자세히 소개되어 있으나 이를 다 소개하기는 어렵고, 다른 보고서에 간략하게 정리한 사례가 있어 이를 옮겨 소개한다.[23]

서천리 안동 권씨의 묘제의 예를 보면 다음과 같다.[24]

서천 2리는 예전에 권씨의 집성촌이었다. 서천리의 입향조는 권태준 (88세)의 11대조인 권급이다. 이하 4대조인 원까지를 묘제에서 모시고 있

---

20) 장철수, 앞의 책, 1984, 121쪽.
21) 보통 제위토(祭位土)라 칭한다.
22) 로저 자넬리, 임돈희 공저, 『조상의례와 한국사회』, 일조각, 2000.
23) 송재용, 『한국의례의 연구』, 이엔시, 2007. 송재용은 여기서 경기지역 의례를 사례별로 정리하였는데, 해당 묘제의 예를 든다.
24) 송재용, 『한국의례의 연구』, 2007, 222~223쪽.

다. 묘제의 경비는 위토의 수익금으로 충당한다. 위토는 권씨 일가 중의 한 사람이 사용하면서 묘역의 경비, 묘역의 관리 등 제반사를 준비한다.

권씨의 묘제는 음력 10월 첫째 일요일에 행한다. 참여인원은 약 60명 정도 많은 수다. 묘제는 10시에 시작하나 주관자는 8시에 모여 의논하고 준비한다. 묘제는 해마다 하는 것이기에 헌관, 축사, 제 집사 등만을 정하고 준비한다. 그러나 초헌관은 나이에 무관하게 항렬이 제일 높은 사람이 한다.

시제의 참례자들이 아침 10시쯤 도착하면 먼저 산신제부터 지낸다. 그 자세한 절차는 다음 장 산신제의 종류를 알아보면서 정리한다. 산신제를 마치면 묘제를 준비한다. 묘소 앞의 상석에 제물을 진설하는데 기제사 때처럼 홍동백서의 원칙을 따른다. 상석 앞에 있는 향로석에 향, 향합, 술을 놓는다. 상석 1열에는 대추, 밤, 배, 감을 홍동백서(紅東白西) 순으로 놓는다. 그리고 사이에 사과, 다식, 약과, 산자를 놓는다. 2열에는 3탕을 올린다. 북어와 홍합의 어탕은 동에 육탕(소고기나 닭고기)는 서에 소탕은 사이에 놓는다. 즉 어동육서(魚東肉 西) 순이다. 3열에는 두부전, 녹두전, 육적(소고기, 닭, 숭어를 차례로 쌓음), 갈랍을 놓는다. 그리고 식혜는 동쪽 가장자리, 북어포는 서쪽 가장자리에 놓는다. 4열에는 진대를 좌우에 놓고 조청을 그 사이에 놓는다. 5열에는 면을 중앙에 놓는다. 그리고 좌우 끝에는 편을 놓는다.

진설이 끝나면 초헌관이 분향하고 초헌을 한다. 집사자가 전저를 하고 시저를 시접에 올려놓는다. 축관이 나와 독축을 하고 나면 초헌관이 잔을 내려 묘소에 세 번 나누어 붓는다. 이어 아헌관이 잔을 올린다. 집사자가 전저를 하고 젓가락을 산적 위에 놓는다. 이때 참례 자 모두는 헌관과 함께 재배를 한다. 다시 집사자가 나와 전저를 하고 수저를 조기 위에 올려놓는다. 잔을 내려 묘소에 세 번 나누어 붓고 제사를 마친다.

기제는 지역에 따라 다르나 대개는 10월 초순에 날을 정해서 문중의 큰 행사로 일 년에 일 회 시행한다. 이때 문중의 대소사가 의논되고 기강이 확립되며 동네와 타 문중과의 서열 경쟁에서 위신을 확립하고 공고히 하는 기능을 하는 것으로 분석되고 있다.[25] 특히 이런 형태의 기제사는 중국이나 일본과 달리 한국에서 발견되는 것으로 한국인의 공동체정신을 반영한 대표적인 의례로 해석된다.

2) 산신제

산신제에 해당하는 종류는 개인적인 것, 공동적인 것 혹은 무당이나 여타 사제들의 것 등 다양하다.[26] 이를 모두 소개할 수는 없고 본 고와 관련된 것을 골라 요약한다.

우선 장례 산신제가 있다. 이는 장지를 고른 직후와 광중을 파고 지석을 묻을 때 그리고 광중을 파기 직전에 후토제 즉 산신인 토지신에게 간단한 제를 지내는 것을 말한다. 풍수나 지관의 명에 따라 광중을 팔 때 팔자리의 네 귀퉁이의 흙을 조금씩(한 삽 정도) 떠서 놓고 산신제를 지내는 것이다. 떠 놓은 흙 앞에 나무로 위를 만든다. 판판하게 깎은 자리에 산신지위 혹은 토지신 지위라고 써서 땅에 꽂아 세운 후 그 앞에 음식을 차린다. 보통 이 산신제는 시신을 보지 않은 사람이 지낸다. 제주가 강신, 헌작을 한 후 축관이 축을 읽고 제주의 재배로 간단히 끝낸다.[27]

제례시 지내는 산신제는 시제를 지낼 때 하는 것이다. 앞서 상세하게 언급했듯이 차례, 기제사, 시제사 중 시제 때 지내는 것으로 4대 혹은 5대 이상을 봉사하는 제사로 일가친지 들이 모두 모여 드리는 제사의 일부다.

---

25) 로저 자넬리, 임돈희 공저, 『조상의례와 한국사회』, 일조각, 2000.
26) 김종대 외, 『산신신앙 연구』, 민속원.
27) 장철수, 앞의 책, 1984.

이를 묘제라고도 하는데 중국의 가례집에 따른 용어이며 그의 한국적 변형태다. 본제인 묘제를 드리기 전 조상의 묘를 잘 지키고 있는 산신이나 토지신에게 감사와 보살핌의 기원을 올리는 것을 내용으로 한다. 앞서 예로 든 서천리의 경우를 옮겨 그 상세한 절차를 알아본다.

> 서천리 시제시 치른 산신제는 참례자들이 모두 모여 먼저 치른다. 제의 절차는 일반 제사의 형식을 따르나 단헌으로 마치는 간략형을 취한다. 산신제는 묘소의 오른편에 마련된 제단에서 지낸다. 작은 규모의 상석이다. 충남지방의 경우 묘소의 뒤편에 산신지위라고 쓴 표석을 세우는데 그 앞에서 산신제를 지낸다. 산신제의 제물은 묘제의 제물과 똑같으나 양을 줄인다. 제물은 모두 묘역 관리인의 집에서 장만하며 제기에 담는 일은 여자들이 묘소에서 돕는다. 제물이 진설되면 모두 제단 앞에 모인다. 제관이 우선 분향을 한다. 참례자들은 참례를 하고 이어 초헌관이 앞으로 나와 헌작을 한다. 이어 축관이 나와 축을 읽고 축관은 초헌관과 함께 재배한다. 술을 땅에 세 번 붓는다. 술을 부으면서 '산신님 우리 선조님들의 산 소 좀 잘 돌봐주십시요'라고 기원한다. 이때 집사가 젓가락을 시접에 올려놓는다. 그런 후 대추를 집어 주변에 던진다. 이어 음복을 하는 것으로 제를 마친다.[28]

가장 전국적인 분포를 보이며 대중적인 것으로 동제로서의 마을 신신제를 들 수 있다. 학술적인 공식명칭은 '마을제' 혹은 '동제'다. 서낭제나 당산제로 널리 알려져 있다. 마을의 안녕과 번영을 위하여 일 년에 한 차례(정초, 정월 보름, 3월, 7월, 10월 등 지역마다 큰 차이가 있음)씩 혹은 두 차례씩 제사를 지내는 것을 말한다. 물론 제사의 대상신이 모두 산신

---

28) 송재용, 앞의 책, 2007

은 아니다. 여기서는 신체도 정말 다양하다. 나무, 바위, 당집, 돌, 돌미륵, 위패, 누석단, 선돌 등등 신체의 유래담에 따라 다르다. 그러나 많은 마을들이 산을 뒤로하고 있고 당집이나 다른 신체가 산에 위치 해있어 이를 산신으로 부르고 있다.29)

무속 산신제도 언급할 필요가 있다. 무당은 누구나 그의 신당에는 산신을 모시고 있다. 산신은 인간의 소원을 이루어주며 행복을 보장해주는 신으로 인식한다. 조상신의 모습도 보여준다. 농경사회 땅과 그곳에 묻힌 조상이 연상되어 조상신의 산신적 모습에 영향을 미쳤을 것이다. 이외에도 앞서 살핀 조상이 죽어 간 동물신의 세계에서 조상이 동물의 모습으로 와 후손에게 이로움을 주는 존재로의 인식의 연장선에서도 이해될 수 있다.30)

4. 산신신앙과 산신사상

1) 산신의 역사

문헌에 기록하는 최초의 산신은 단군신의 아사달 산신이다. 아사달의 산신 단군은 "평양성에 도읍을 정하고 비로소 조선이라 일컬었다. 또 도읍을 백악산 아사달에 옮겼는데 그곳을 궁흘산 또는 금미달이라고도 하니 1500년 동안 나라를 다스렸다. 주나라 무왕이 즉위한 기묘에 기자를 조선에 봉하니 단군은 곧 장당경으로 옮겼다가 뒤에 돌아와 아사달에 숨어서 산신이 되었으니 수가 1908세다."31) 최초의 건국시조가 웅녀의 몸에서 나와 다시 곰이 사는 산으로 들어가 산신이 되었다는 점은 고대 곰신화와 곰제의와의 상관성을 연상케 한다. 시베리아 민속은 죽은 곰은 산

---

29) 김태곤, 『한국의 민간신앙』, 집문당, 1992.
30) 이정재, 『동북아의 곰문화와 곰신화』, 민속원, 1998.
31) 일연, 『삼국유사』(이민수역), 기이편.

속으로 들어가 동물의 저승세계로 들어간다고 한다. 즉 곰은 그들의 조상신이다. 이 조상신은 후손들에게 이익을 가져다준다. 조상으로서의 곰은 그곳에서 인간들이 주는 제물을 받아먹다가 때가 되면 동물의 가죽을 입고 인간 세상에 내려와 잡히거나, 다른 동물을 몰아 잡도록 한다는 것이다. 이렇게 식량을 서로 제공하는 상호 호혜의 관계를 유지하는 존재로 산신을 인식한다. 이런 산신은 인간의 애로와 고충을 들어주는 역할도 한다. 조상이란 자손을 도움 주는 존재로 인식하고 있기 때문이다.[32]

토함산의 산신 석탈해는 신라의 시조는 아니지만 죽어서 산신이 되는 과정이 확인된다. 탈해가 죽자 그의 뼈를 부셔 빚어 탈해의 형상을 만들어 대궐 안에 모셨다. 탈해의 신령이 또 이르기를 "내 뼈를 동악에 두어라." 하였으므로 여기에 모셨다. 다른 말로는 어느 날 밤 태종에 노인이 나타나 말하길 "나는 탈해다. 내 뼈를 소천 언덕에서 파다가 소상을 만들어 토함산에 안치하라" 하였다..이 말대로 하니 지금까지 나라에서 제사를 이어왔으니 곧 동악산신이라 이른다고 되어있다.[33]

한국의 산신이 오늘날 대부분 남성으로 인식되고 있으나 그 수로 볼 때 여성신이 월등히 많은 수를 차지한다. 손진태는 최초의 산신은 여성이었을 것이라는 주장은[34] 세계사적 흐름으로 볼 때 무리가 없는 생각이다. 문헌자료의 한계를 넘어 구비자료를 살필 때 한국에서도 산신은 원래 여성이었을 가능성이 높다 하겠다.

그 시원의 순서는 분명하지 않으나 지리산 성모는 태고의 여신격의 위상을 잘 보여준다. 언제부터인지는 모르나 지리산 천왕봉에 성모사(聖母

---

32) 이정재, 『동북아 곰문화와 곰신화』, 민속원, 1998.
33) 일연, 『삼국유사』, 기이 제2, 제 4권, 탈해왕.
34) 손진태, 「조선고대 산신이 성(性)에 就하여」, 진단학보1, 진단학회, 1934.

祠)가 있는데 돌로 깎은 여인상을 모셔 놓고 있다. 지리산 산신성모에 관한 해석은 다양하나 신화적 위상에는 무조신격으로의 지리 산신이 합당하다. 마야부인설, 마고할미설, 법우화상 부부 여산신설, 왕건의 어머니 위숙왕후설 등 다양하다. 이승휴는 『제왕운기』에서 이 여신을 위숙왕후로 보고 고려 때 선도산 성모를 모방해 만들어진 것으로 보았다. 제사 자료가 없어 신빙성이 낮다. 신모의 위상을 가장 잘 보여주는 것은 법우화상 부부설이다. 지리산 고암천사에 법우화상이 있었다. 하루는 비도 없이 천이 불어 산 위로 올라가보니 키가 크고 힘이 센 여신이 말하길 "그대와 인연이 있어 수술(水術)을 지어 스스로 중매하였노라"고 하였다. 마침내 부부가 되어 딸 여덟을 낳았다. 자손이 많이 퍼져 모두 무술을 배워 마을에서 무당노릇을 하였다.35) 화상은 불교의 영향으로 볼 수 있다. 무불습합의 전통을 따르고 있지만 소위 무조기원 신화로 분류할 수 있는 내용이다. 또 다른 무조신화 바리공주가 여신임을 감안할 때 거인 여산신의 위상이 내용과 상응된다.

신라와 가야의 건국시조가 산신과 관련이 있는 자료가 다수 있다. 먼저 선도산 성모의 경우 신라시조 혁거세의 조상이다. 성모는 원래 중국황실의 딸로 이름은 사소였다. 아버지의 명에 따라 매를 따라 정착한 곳이 선도산이다. 그녀가 처음 진한에 이르러 신령한 아들을 낳아 동쪽 나라의 첫 임금을 삼았으니 대체로 혁거세, 알영 두 성인의 시초가 된다.36) 가야산신 정견모주의 두 아들 뇌질주일(惱窒朱日)과 뇌질청일(惱窒淸日)은 삼국유사가 전 하는 김수로왕과는 또다른 가락국의 시조이다.37) 정견모주는 성도산성모처럼 여성산신 건국 신화의 주인공이란 점에서 공통점을 가진다.

---

35) 김영수, 「지리산 성모사에 취하여」,
36) 일연, 『삼국유사』, 권제5, 감통 제7 선도성모
37) 『신증동국여지승람』 권지 29, 고령현조.

이외에 신라 지배층과 연결된 산신이 여럿 등장한다. 치술령 신모[38], 운제산 운제부인[39] 영취산의 변재부인[40] 등이 그것이다. 산신의 역사는 한국은 물론 타민족에게도 유구한 역사를 가진다. 인류의 초기 단계에 생긴 개념은 장소와 시간을 거치면서 나라별 특징을 갖추게 된다. 한국의 경우 산신은 무속, 불교, 유교, 도교, 등의 제 요소와 장시간에 걸쳐 교류하면서 사상적 문화적 풍성함을 갖추어 간 과정을 거친 것이 아닌가 생각된다.

2) 산신신앙과 사상

한민족의 가장 대중적이며 유구한 역사를 가진 것은 산신신앙일 것이다. 앞서 살펴본 대 로 산신신앙은 문헌이외에 민속과 구전으로 다양한 면모를 보이며 종교와 문화와 사상에 두 루 연결되어있다. 산신사상과 신앙의 모든 것을 밝히기 위해서는 다음의 요소들을 차례로 밝혀야 할 것이다. 즉 산신기도와 산치성, 산신제, 산신도, 산신설화, 불교와 산신, 신과 삼성각, 산신과 곰과 호랑이, 단군산신, 단종과 태백산신, 산제사, 산맥이 등등 산신신앙과 산 신사상은 물론 산신문화 전체를 아우르는 연구가 필요하다.[41] 여기서는 그 역사적 배경과 사상의 일 단면을 요약하기로 한다.

---

38) 일연,『삼국유사』, 권제1 기이제2, 내물왕 김제상.
39) 일연,『삼국유사』, 권제1, 기이제2, 남해왕.
40) 일연,『삼국유사』, 권제5, 피은제8 연회.
41) 산신신앙과 사상에 관련된 다음의 자료를 대표적으로 들 수 있다; 손진태,「조선고대 산신이 성(性)에 就하 여」, 진단학보1, 진단학회, 1934. 김종대 외,『한국의 산신신앙』, 민속원, 1996. 강영경,「한국고대 산신 신앙에 나타난 이상인간형」,『종교와 문화』7, 서울대 종교문제연구소, 2001. 장정룡,「강원지역 산맥이신 앙고찰」,『한국민속학』제25집, 한국민속학회. 김태곤,『한국무신도』, 열화당, 2005. 김영자,「산신도에 나타난 호랑이 배경 지물의 상징성」,『민속학연구』제12호, 2003. 배도식,『한국민속의 현장』, 집문당, 1993. 문경현,『신라인의 산악숭배와 산신』,『신라문화제학술발표집』12, 신라문화선양회, 1991.

고대 산신의 모습은 수렵채집기 애니미즘과 토테미즘의 연장선에서 이해될 수 있다. 이런 전통은 오늘에도 그 모습을 다양한 민속 문화에 함유하고 있다. 먼저 산신사상은 무속 및 민속과 만나 산신으로 좌정을 하고 있다. 특히 무가와 신관 및 의례에 산신의 흔적은 두루 남아있다. 한편 한국의 어느 사찰이든 대웅전 뒤에는 산신각이나 삼성각이라는 조그만 당이 있다. 그곳에는 대체로 산신, 독성, 칠성신을 모신다. 산신은 언제나 가운데 자리를 차지한다. 신도들이 절에 와서 참배를 할 때 꼭 이곳을 빼놓지 않고 들른다. 그중 상당수는 대웅전으로 가기 전에 먼저 산신께 기원을 올리기도 한다. 이것은 무불습합의 대표적인 예로 분류한다.[42] 불교가 한국에 와서 정착하는 과정에 민간신앙을 수용하여 민간인의 교도화를 꾀하고자 했던 것이다. 불교의 교리는 이를 수용할 수 있는 근거를 가지고 있었기에 가능했을 것이다. 무불습합의 양상은 이외에 영산재, 중양절, 용신앙, 풍수신앙 등등 다양하게 나타난다. 민간신앙으로서의 산신사상은 유교와도 깊은 관련을 가진다. 특히 산신과 효, 산신과 묘 자리 및 풍수, 산신과 군자의 관계 등등 역시 다양한 습합현상이 관찰된다. 앞서 살핀 시제 시에 거행되는 산신제는 그 대표적인 것이라 하겠다. 기독교의 수많은 기도원은 산신신앙의 전통 위에 가능한 것이다.

고대의 산신신격은 동물 및 자연신과 밀접한 연관을 가졌다. 이것은 후대에 인격신화하여 건국시조의 조상인 다양한 모신(태백산 웅녀, 가야산 정견모주, 선도산 성모, 지리산 신모 등)으로 모셔지다가 농경문화가 본격화되면서는 소위 남성신인 산신할아버지의 모습으로까지 진화한다. 이를 전하는 자료를 산신설화로 또한 구분할 수 있다. 산신설화는 산신과 산신제, 산신당의 기원이나 유래를 설명하기도 하지만 대부분은 산신의

---

42) 홍윤식, 『불교와 민속』, 동국대 부설 역경원, 1980. 홍윤식외, 『불교민속학의 세계』, 집문당, 1996. 편무영, 『한국불교민속론』, 민속원, 1998.

신이한 능력을 설명하는 이야기가 많다. 전자의 경우 산신신화라 할 수 있고 후자의 것을 산신민담으로 볼 수 있다. 구체적인 증거물과 함께 그 영험함을 이야기할 때 그것은 산신전설이 된다.

구전설화에서 산신의 모습은 사실 다양하게 나타난다. 산신도에 나와 있는 것처럼 정형화되어있지는 않다. 대체로 노인의 모습을 주로 보이지만 나무꾼, 소복한 여인, 농부, 나그네, 소금장수 등 다양한 모습으로 산신의 참모습을 감추고 등장하기도 한다. 어떤 이야기는 산신이 전혀 등장하지도 않는다. 우연히 잡은 행운이나, 도움을 주고 훌훌 떠나버린 나그네, 백일기도를 드린 처녀의 소원풀이, 영웅의 승리 등을 산신의 행적으로 인식하는 정도의 설화도 많다. 산신은 추상화된 관념의 표상이기도 하다. 선함과 지혜를 돕는 영험함의 모습으로 민중의 사고 속에 깊숙이 자리하고 있는 것이다.[43] 성과 속을 넘나드는 초탈 자유의 모습을 보여준다.

산신신앙은 또한 오늘날 환경과 생태 보존의 핵심 요소로 부활한다. 신령스러운 산신의 자유 자재함은 산으로 표상되는 자연의 보호와 생태보존에 큰 역할을 할 수 있는 기능을 가진다. "산신을 섬기는 사람은 산에 있는 자연물은 물론 산 자체를 훼손하지 않는다. 묘지나, 가옥, 산역을 할 때는 반드시 산제사를 올린다. 자연과 더불어 공생하는 생태학적 이치가 산신신앙으로부터 비롯되는 것을 알 수 있다."[44] 그러므로 산신숭배의 전통에서 자연은 물론 인간과 함께 공존하며 공생하는 생태학적 삶의 원리를 재확인할 수 있게 된다. 이렇게 볼 때 산신신앙 혹은 산신사상은 한 민족의 문화와 사상 속에 유구한 역사를 거쳐 지금도 깊숙이 자리하고 있음을 알 수 있다.

한국의 산신은 애니미즘, 토테미즘, 무속, 불교, 유교, 도교, 등의 제반

---

43) 임재해, 「산신설화의 전승양상과 산신숭배의 문화」, 『비교민속학』 29집, 2004.
44) 임재해, 앞의 글, 2004, 417쪽.

사상과 신앙적 요소를 수천 년에 걸쳐 수용하였다. 또한 문화적 제 요소들도 수용하였다. 예를 들어 산신각에 보이는 산신도의 경우 몽골과 티베트의 그것과 일치한다. 산신설화는 만주와 시베리아의 곰문화를 수용했다.[45] 다른 나라에 보이지 않는 사상적 문화적 풍성함을 갖추어 갈 수 있었던 조건은 오랜 기간 민간들에게 전승될 수 있었기 때문이다. 민중의 저력이 산신신앙 안에서 숙성되어 왔었던 것이다. 아마 언젠가 활용될 때를 기다렸는지도 모른다.

한편 민중과 산신을 논할 때 무속을 빼놓을 수는 없다. 민간신앙은 그 중심에 무속이 놓여있고 언제나 리더의 역할을 해왔기 때문이다. 왜냐하면 이들은 오랫동안 사제의 기능을 수행했기 때문이다. 대명천지 한 21세기에도 유독 이 한반도의 땅에 무당이 득세하고 그 세가 줄어들 줄 모르는 것은 우연한 일이 아니다. 세계사적 특이현상이다.[46] 그런 차원에서 원불교학은 무속을 재조명하고 연구할 필요가 있다.

3) 산신제와 산신기도

한국의 관혼상제는 중국의 『가례』를 기본으로 하고 한국적 민간신앙과 풍속이 더해져 형성되었다. 형성된 의례가 지방마다 다른 것은 여기에 기인하는 바가 크다. 지방마다 의례의 절차와 내용이 조금씩 다른 것은 오랜 전통과의 결합이 전제되었기 때문이다. 즉 한국의 유교적 풍속은 유교 문화 전반과 함께 한국의 전통문화와 교섭되면서 완성된 것이다. 특히 무속, 불교, 도교, 기타 민간신앙(풍수, 점복, 산신, 자연신, 천문지리 등등) 및 그에 상응하는 민속적 전통(산신제, 당산제, 가정신앙, 기우제, 천제 등등)이 유교와 교류한 주요소들이다.[47] 산신 및 산신제와 산신기도가

---

45) 이정재, 앞의 책, 1998.
46) 김태곤, 김열규, 최준식, 이정재 등 다수의 의견이 일치한다.

만나는 지점도 이와 무관하지 않다. 여기서 우리는 무속의 산치성과 가정 신앙의 조왕기도, 백일기도 등을 상기할 필요가 있다.

산신기도는 엄밀히 말해 산제사와 무관하다. 산신을 대상으로 하는 동제와도 직접적인 관련이 없다. 이들은 모두 가정이나 문중 혹은 마을주민들을 위한 일회적 의례행위이기 때문이다. 의례행위란 대상신을 정하고 그 신에게 주관자와 집단의 소원이나 바라는 바를 요구하는 의식이다. 그것은 다분히 공공적 목적을 가진다. 기도는 개인적 차원에서 치러지는 것으로 공공적 의식이 아니다. 산제사를 통해 산신의 존재를 파악한 것과 산신기도를 올리는 것을 직접 연결하기는 무리가 있다.

민속학적으로 산신기도와 관련이 있는 것은 백일기도, 칠성신앙, 조왕신기도, 산치성, 천지신명기도 등이다. 이런 류의 기도는 모두 민간신앙의 테두리 안에 있지만 모두 무속과 관련이 있다. 무당은 신이 접하여 초능력적인 업무를 수행하는 과거의 전문 사제다. 이들은 그들의 영험함을 보존하고 강화하기 위하여 또는 자기 몸주신과의 소통을 위하여 정기적 혹은 부정기적인 산기도를 치른다. 자신의 신당에서 정기적으로 치성을 드리는 것은 물론 이 외에 별도의 소위 하선 동선과 같이 따로 날과 장소를 정해 영험이 있다는 명산을 찾아다니며 한 달씩 혹은 몇 달씩 기도를 올리는 고행을 한다. 소년 진섭이 도입한 기도법은 전통적인 무속식 산치성법과 무관하지 않을 것이다. 직접적이든 간접적이든 그 기도법을 수용했을 가능성이 크다고 할 수 있다.

당시의 민속을 살필 때 산신과 관련해서는 특히 산신기도의 경우는 당골내를 생각하지 않을 수 없다. 오늘도 그렇지만 당골들은 마을의 안녕을 위해 정자나무 즉 당산나무가 있는 산제당에 와서 제를 올리고 정기적인

---

47) 장철수, 『한국 전통사회의 관혼상제』, 한국정신문화연구원, 1984.

치성을 드리곤 한다. 이런 모습들을 소년은 직간접으로 접하면서 성장했을 것이다. 설령 당골내가 이 영촌 마을에 상주하지는 않았다 하더라도 담당 당골은 있기 마련이다.

또한 기도와 관련해서는 가정신앙의 민속을 또한 살필 필요도 있다. 집안의 곳곳에 상주하는 신을 모시는 신앙형태를 말한다. 성주, 조왕, 철융, 터주신, 용단지 등등 일 년에 한 두 차례 동제와 맞물려 지내는 것이 보통이다. 이 중 조왕신앙은 여성들 간에 산신신앙과 함께 집안에서 정성을 드리는 기도의 형식이다. 소위 조석심고의 고형이다. 이런 민간신앙의 자연스런 분위기가 가운데 소년의 의구심이 연결되어 나타난 것이 산신기도로 이어진 것은 아닐까 한다.

5. 삼밭재 삼령기도의 민속학적 이해

앞서 살핀 설명에 근거할 때 진섭이 산신기도를 실행한 것은 여러 요인이 작용하여 결정된 것이었다. 이를 이해하기 위해서는 몇 가지 민속학적 정리가 필요했다. 당시 서학이 들어오고 시국이 어수선한 가운데, 또 동학난이 일어나고 도꾼들의 쇄도가 풍문으로 들려오던 역사적 배경도 중요 요인이었다. 즉 말세적 분위기가 고조되어 있던 시기였다. 그러나 그 전에 존재했던 민속적 분위기는 주류를 이루고 있었고, 산신신앙과 동제 및 가정신앙과 당골네의 제의를 영촌에 살던 사람들은 일상적으로 접했던 시기다. 수 천 년을 지내며 육화되었다 해도 과언이 아니다. 그러나 진섭은 이것을 예사로 보지 않았다. 새로운 시각으로 바라보고 생각하고 또한 새로운 방법을 창출하였다.[48] 7 세시 우주관측의 발심이 있은 후로 지

---

48) 최준식, 앞의 책, 2009, 191~2쪽.

속적으로 그 방면의 관심을 키워오던 상황이었기 때문에 가능했다.

10세 시기까지의 성장과정에서 익힌 민속적 분위기에서 훈장과의 불화와 동네에서의 소외감 자존적 의구심 미해결 등의 풀어지지 않는 우주와 인간사에의 근원적 물음 즉 결핍을 해결하기 위한 탈출구는 자연히 산신제로 귀착이 되었을 것이다. 여기에는 자연현상에 대한 의구심 즉 종교적 발심이 25세 대각 해결되기까지 18년 동안 진행된 구도역정의 원동력과 근간이 되었던 점이 고려되어야 한다. 그 연장선에서 훈장과의 갈등 방황기에 기도의 방향을 택했던 점이 이해될 수 있게 된다.

자신이 처한 환경에서 자신의 문제를 해결하기 위해 창조적인 자세와 능력을 보여준 지혜로운 처사였음이 재인식되어야 한다. 기존의 민속 문화와 사상을 자신의 문제해결을 위한 수단으로 도입하여 끈질긴 정성을 들인 것은 예사 사람으로는 분명히 시행하기 어려운 일이다.

한편 산신기도 동기유발이 시제와 산신제로 압축되어 교사에 기술되어 나타나지만, 앞서 보았듯이 사실 그것은 산신신앙과 무속신앙을 함유한 내용이다. 즉 민간신앙 전체의 압축적 설명이었다. 이 민간신앙의 사상적 방법론적 훈련과 교육이 이 시기에 이루어진 것이다. 만법귀일과 통합사상으로 정리할 수 있는 원불교법은 이미 이때 인류사가 밟아온 과정을 두루 압축하여 5년의 기간 동안 소화해낸 여정으로도 해석할 수 있겠다. 이후 이루어지는 구사고행 역시 인류가 일궈온 지혜와 문화, 영웅과 초능력을 소화하는 수업기간으로 승화된 구도여정으로 해석된다. 또 우두커니 병으로 일컬어지는 입정은 이를 모두 총섭한 후 새 기 틀은 마련하는 과정의 숙성기에 해당된다. 이와 관련해서 유병덕의 '삼단전입의 논리'를 도입 설명할 수 있다.

유구한 세월을 거치며 산신은 이 땅의 민중과 그 고락을 함께 해왔다. 긴 역사를 거쳐 온 한국의 산신신앙은 단순한 미신이거나 저급한 신앙이 아니었다. 산신신앙은 타종교와 사상을 함께 함유하는 열린 체계였다. 고대의 수렵기에 태동된 단순한 동물자연신과의 상호호혜 관계는 인간의 꿈을 꾸게 하고 꿈을 실현시켜 주기도 하며, 참된 인간의 길을 걷게 하는 교화적 기능도 덧붙여져 있었다. 이런 산신신앙과 사상은 초기교단은 물론 진섭의 구도역정에도 절대적인 영향을 가한다. 나아가 이후 교리를 체계화하고 수행법을 공고히 하는데 중요한 역할을 한 것으로 판단된다. 이런 관점에서 추후 산신사상을 좀 더 면밀하게 재조명할 필요가 있다.

위의 분석과 연계하여 다음의 사항들이 궁금해지는데 주로 교학적 설명이 요구되는 부분이라 하겠다. 진섭의 산신기도는 어떻게 이루어졌나 하는 점이다. 하루에 언제 그리고 몇 시간, 어떤 형식으로..등등.[49] 구체적으로 어떤 소원이나 바람이 있었던 것일까. 그 5년간의 기도의 성과는 어떤 정도였던가, 또 그의 심경변화는 어떠했는지 모호하기만 하다. 산신이 나타나지 않아 실망했다고 처리하기에 5년의 세월이 너무도 가볍게 처리한 것은 아닌가 한다. 일천정성을 들이면 이루어지지 않는 것이 없다는 말[50]과도 모순이 된다. 한국의 산신계통 설화에 보면 사무치는 정성으로 이적을 이루어낸 사건이 많다. 둘은 서로 다르지 않다. 소년이 산신을 만나지 못한 것은 정성이 부족해서인지 아니면 처음부터 무모한 일이었는지, 아니면 또 다른 의미가 있는지 모두 설명이 필요하다. 산치성을 드리는 형식이든 동제를 지내던 형식이든 뭔가를 진설하고 소원을 빌고 만날 수 있기를 간절히 기도했다. 이때의 기도는 어떤 종류의 것일까 하는 점 또한 살필 필요가 있다. 좌선식이나 불공식이나 명상식등을 상상할 수 있으나 그렇게 한 것은 아니었을 것이다. 과연 그 기도의 방법과 내용과 효

---

49) 이에 대해서도 박용덕의 설명이 있으나(앞의 책, 1993) 좀 더 체계적이며 상세한 정리가 필요하다.

50) 정성을 드리면 시일의 차이는 있으나 이루어지지 않는 것이 없다 하였다(예 대종경 16~17장).

과는 무엇인지 교학적 연구가 필요하다. 기도를 드리면서 부친이나 모친과의 대화와 교육이 있었을 것이다. 그것은 어떤 것이었을까. 무조건 산신을 만난다고 했을 때 과연 그렇게 해보라고 했었을까. 아니면 부모도 산신설화의 이적을 내심 기대하고 있었던 것은 아닐까.

이런 모두는 전통 민간신앙의 노하우를 이어 활용한 것임이 분명하다. 진섭의 산신기원은 기존의 민간신앙의 내용과 방법 및 효능의 연장선에서 가능한 것이었고 이후 교리의 완성에 필히 중요한 요소로 작용했을 것이다. 이에 대한 연구도 지면을 달리하여 살필 필요가 있다.[51]

---

51) 대각이 사은의 은덕을 입어 이루진 것과 관련해 다음의 시각도 유념할 필요가 있다. 즉 인류의 유구한 역사와 전통, 지혜와 문화가 동포은으로 함께 작용했음도 포함되는 점이다.

II. 실화와 설화의 경계와 소통
― 금사망보 실화 중심 ―

1. 머리말

설화를 흔히 꾸며낸 이야기로 간주하거나 재미있는 소일거리로만 이
해하는 단계는 이미 지났다. 주로 민중들이 그 담당자인 설화는 단순한
것으로 보이는 이야기의 이면에 그들의 진실을 담고 있다는 연구결과가
이어지다가 이제는 기록된 역사와 대등한 위치와 가치를 확보하여, 이제
는 중요한 자료로 인정되고 활용되고 있는 수준이다.

설화와 역사는 진실과 거짓, 사실과 왜곡, 지배층과 피지배층 및 상층
과 하층의 이해관계, 정치적 지배 이념과 민중의 저항 수단 등으로 서로
대치적 관계이면서 또한 상보적 관계에 있었음은 이미 학계의 상식이 되
었다. 둘의 관계는 역사과정을 거치면서 지속적인 긴장관계를 조성하며
역사의 발전과 진보를 꾀했었다는 점에서 그 의의를 부여받는다. 역사는
설화를 의도적으로 혹은 필연적으로 수용하기도 했고 설화 또한 역사적
사실을 수용하여 그들의 입장을 다른 방식으로 녹여냈다. 이 둘은 서로를
자신의 입장과 관점에 따라 취하고 빼고 하며 재편집 재가공의 과정을 거
친다. 이제 어느 하나만을 들어 논의를 전개하는 것은 편협한 결과를 낳
을 우려가 커지고 있다. 둘을 아울러 검토해야 진정한 사실 확인에 진입
할 수 있는 것은 이미 국문학에서는 상식이 되었다. 본 연구는 그 연장선

에 놓여있는 작은 문제를 들어 위의 관점을 재확인하며 새로운 해석방법의 틀을 마련하는데 초점을 맞춘다.

이야기 중에는 실화 같은 설화가 있고 설화 같은 실화가 있다. 도저히 있을 수 없는 사실을 근거로 전해지는 이야기는 설화 같은 실화에 해당한다. 사실로 이야기가 전하지만 과학적으로는 도저히 불가능한 종류의 것들을 이른다. 여기서는 그중 하나인 금사방보이야기를 들어 믿을 수 없는 이야기의 한 해석의 틀을 설화적으로 풀어보고자 한다. 오랜 불교적 전통을 가진 설화가 풍부한 점에 착안하여 그와 관련이 있는 금사망보 실화를 살펴보는 작업이다.

설화의 과학적 해석은 앞서 언급했듯이 그 내면에 숨겨진 진실을 추론해내는 것이 관건이다. 반면 그 이야기 내용의 과학적 사실을 문제 삼지는 않는다. 그러나 설화 같은 실화는 그 이야기가 가지는 의미는 물론 내용의 과학적 사실을 확인해야 하는 절차가 병행되어야 한다. 과학적으로 믿을 수 없는 내용이 실화로 전해진다면 이를 간과할 수 없는 노릇이다. 어떻게 접근하고 해석해야 하는가를 고민해야 한다. 학문적 해석은 상식적인 과학적 지식에 기반을 두고 있기 때문이다.

구한말이 끝나고 근대화로 치닫던 시기는 그야말로 중세와 근대가 교차하는 과도기적 시기다. 일상사와 생활상의 과도기는 물론 한국인의 가치관과 세계관에 있어서도 혼재된 과도기적 경험의 흔적이 산재한다. 불교적 가치관이 오랜 유교적 이념과 제도에 눌려오다 구한말의 혼동된 시기를 당해 새로운 도약을 준비한다. 금사망보 이야기는 그 과정의 한 예로 선택되기에 적당하며 아울러 당시 과도기적 시대사상의 보편성이 확보되는 이점을 가진다. 학문의 과학적 엄정성을 바탕으로 한 이해 가능한 해석의 시도가 요구되어야 한다.

2. 금사망보 박씨 여인 실화의 설화적 접근

본 고에서 다루는 이야기는 1920년대에 있었던 실화를 대상으로 한다. 이야기의 전모를 옮겨 소개한다. 이야기 주인공의 성을 따서 "금사망보 박씨 여인"이라 제목을 붙여본다.

이와 유사한 이야기가 더 있다. 법성포에서 음식점을 하던 나씨 여자의 곰소 구렁이 여인 현신이야기나 선진포에서의 구렁이 여인 현신이야기 등이 그것이다.[1]

여기서는 그 기억된 전승이 가장 확실한 박씨 여자 구렁이 금사망보 이야기를 주 대상으로 하였다.

자료 1; 금사망보 박씨 여인

"일산, 팔산을 대동하고 변산으로 가다가 있었던 이야기다. 수풀로 난 샛길을 가다가 대종사가 일산에게 붓과 종이를 챙기라 일렀다.[2]

참나무정에 이르렀는데 전에 아무 것고 없던 냇가에 오두막집과 흰 옷을 입은 젊은 여인이 나타났다. 소복여인은 머리를 숙이고 두 손을 모우고 있다가 바닥에 엎디어 슬피 울었다. 대종사 잠깐 보시더니 일어나라고 하였다. 일어난 여인을 보니 절세의 미인이었다. '울지 마라'하시며 대종사는 일산에게 '붓과 종이를 내놔라' 몇 자 적어 접어서 여인에게 주었다.

'내 잘 알았으니, 이 편지 갖고 속히 가라. 목적지에 가서 이것을

---

1) 박용덕, 원불교초기교단사 2권—돌이 서서 물소리를 듣는다.(원불교출판사, 2003)
2) 대종사는 원불교의 창시자인 소태산(1891~1943)을 가리킨다. 그의 속명이 박중빈으로 1896년 봄 전남 영광군 길룡리에서 탄생하여 홀로 수행을 한 후 만 26세에 대각을 한 후 원불교를 창교한 인물이다. 원불교는 오늘날 건실한 교세를 이루어 국내의 단단한 기반을 바탕으로 세계종교로 발돋음 하고 있는 종교로 한국종교학회의 큰 화두로 무게 있는 연구가 진행 중이다. 일산과 팔산은 법명이 각각 이재철, 김성섭인 소태산의 제자이다.

펴봐라'

여인은 거듭 절하고 오두막집 안으로 들어갔다. 그러더니 순식간에 집도 여인도 간데없이 사라졌다. 논두렁 사이로 난 개울로 물결치듯 지나가는 것이 있었는데 눈짐작으로도 큰 짐승으로 보였다. 일산과 팔산은 느닷없이 일어난 일이라 궁금하기 이를 데 없었다. 팔산이 참다못하여 꾸중들을 폭 잡고 물었다.

'저 여인이 누굽니까?'

"그려 물을 말 물었구만"

팔산은 기운이 났다. 평소 대종사 따라다니며 말씀을 듣노라 고된 줄 모르고 살았다.

'몇 해 전 귀영바위 살 때, 탈이로 돈 벌러 갈 때 적수공권으로 갔다 와서 빚 갚은 일이 있지. 저이가 그때 탈이섬 주막 밀양박씨 부인인데 특히 그 주인보다 날 더욱 위했제. 몇 해 전에 죽었단 소식 들었더니 저렇게 나타났구면.'

'어떻게 됐길래 저렇게 나타났습니까?'

'주막을 하면서 정당하게 돈 번 것이 아니라, 얼굴 이쁜 것을 기화로 권모술수로 돈 벌어 그 과보로 금사망보 받은 거여. 다행히 강가에 섬 지기를 하고 있다가 수렁으로 옮겨가는 중 우리가 가는 걸 보고 온 것이제'

'글씨 써 준 것이 무엇입니까?'

'음부로 보내는 소식이지'

'갖고 가서 어떻게 하는 겁니까?'

'목적지에 가서 자기가 수문에 머리를 찧어서 이 세상을 청산할 것이다. 저 여자가 큰 죄도 지었지만 큰 복을 지었어. 저 몸 받으면 3천년을 가는데 내가 이 죄를 하나 없이 멸도시켜 이 회상에 와서 일꾼이 될 것이네'"[3]

---

3) 선진법회 추모담(원불교학과 주최, 1975년 12 밤, 대각전): 박용덕 소장 녹음자료 1번 B면 TC: 322~354: 박용덕, 초기교단사2권 24쪽 재인용.

이야기의 단초를 구렁이부터 풀어갈 필요가 있다. 구렁이는 우리에게 잘 알려진 동물로 대부분 민속 혹은 구비문학과의 상관성에서 비롯된 것이다. 죽은 사람이 구렁이로 변했다거나, 그 구렁이가 소복을 한 처녀로 둔갑을 하여 나타났다거나, 혹은 그것이 금방 사라지고 또 다시 구렁이로 화하여 사라져갔다거나 하는 모티브는 한국 구렁이 설화에 주로 등장하는 이야기 요소들이다.

한국의 설화 중에 구렁이에 관한 것은 수를 헤아릴 수 없이 많이 전해진다. 그에 상응한 연구도 많은 진척이 이루어졌다. 구렁이설화에 관한 연구는 부분적이고 산발적으로 이루어졌으나 전체적으로 이루어진 연구는 아직 드문 상황이라 아쉬운 면이 있다. 위의 박씨 구렁이 이야기는 사실에 근거했으나 설화와 유사한 점이 많다. 설화 연구의 방법을 동원해 이해의 지평을 넓혀보기로 한다.

한편 설화가 모두 근거 없는 허황된 것만은 아니다. 특이한 사실에 근거한 역사적 사실로 만든 이야기들도 너무 많기 때문이다. 즉 설화란 사실과 허구의 융합을 지향하고, 재미있는 구성을 통해 일종의 지혜와 지식을 후세에 전달하는 기능을 한다고 볼 수 있다. 위의 이야기는 우리에게 어떤 가르침을 주고 있나도 분석을 통해 추후 살필 필요가 있다. 이를 위해 구렁이와 뱀에 대한 생태적 문화적 이해를 살피고 뱀설화 연구 경향과 해석의 분석틀을 마련한 후 박씨 구렁이이야기의 분석과 이해를 순서에 따라 서술하기로 한다.

3. 구렁이의 문화생태적 이해

구렁이는 뱀과에 속하는 파충류로 몸집이 비교적 큰 특징을 가진다. 뱀 중에서는 가장 크고 굵은 것으로 2m가 넘는 것도 있다. 즉 큰 뱀이라 보면 될 것이다. 구렁이가 가지는 이미지는 특별한 종이나 다른 종으로 알기 쉬운데 그냥 뱀이라 보아 다르지 않다. 구렁이가 가지는 특별한 이미지는 민속적인 배경에 근거한 것으로 특히 민간신앙이나 민간설화 또 불교적 인과설의 영향이 있었던 것이라 생각된다.

우선 용어 구렁이의 어원은 큰 뱀의 의미를 가진다. 굵은 뱀에 인격조사가 붙어 신적존재감이 부여된 굵은 이가 되고 이어 '굵근이—굴근이 /굴건이/글그이——굴렁이——굴이/구리/구렁이'의 과정을 거쳐 오늘의 구렁이, 구렝이, 구레이, 구러이, 구리 등으로 변이되어 오늘에 이른 것이다.

구렁이는 뱀과에 속하는 것으로 파충류의 하나. 사전적으로는 다음과 같이 정리하고 있다. 학명은 Elaphe schrenckii Strauch이다. 구렁이는 구북구계에 속하며 만주, 중국 북부시베리아에 분포한다. 특징은 몸의 비늘이 목 부분에서 25줄, 몸통부분에서 23줄이고..... 몸의 색은 개체변이가 대단히 심한 편인데, 보통 등쪽은 올리브색을 띤 갈색 바탕으로 흙색의 가로무늬가 몸통에 25~32개, 꼬리부분에 8~11개가 있다. 배 쪽은 담황색에서 담암 색의 반문이 있다. 서식지는 인가의 돌담, 방축, 밭뚝의 돌틈, 사찰의 돌담, 옛 화전민이 살았던 묵정밭이나 늙은 고사목 등이며 성질이 온순하고 동작이 느리다. 그래선지 사람들의 보호를 받으며 살았다. 농가의 퇴비 속에서 산란하는데 그 발효열로 부화된다. 1960년대 이후 남획으로 인해 멸종 위기에 있으며 현재 천연기념물로 지정된 상태다.

구렁이는 11월경에 겨울잠에 들어간다. 겨울잠은 집쥐의 굴이나 남쪽을 향한 돌담, 폐가 혹은 산속의 숯 가마터 등에서 잔다. 교미는 대개 5~6월 상순경에 이루어지며, 산란수는 12~25개의 타원형 백색 알이다. 크기는 계란보다 작고 메추리알보다 크다. 알들은 점액이 있어 서로 연결되어 있다. 부화일 수는 53~60일 정도이고 알에서 부화된 새끼는 30~40cm 전후다. 최소 1m 이상 되는 구렁이는 4월에서 11월 까지 활동을 하는데 그동안 100여 마리의 쥐를 잡아먹는다. 구렁이는 보통 자기 머리의 네 배 정도 되는 크기의 먹이를 삼킨다.[4]

구렁이의 생태적 특징이 이처럼 친 인간적인 점이 있어서인지 구렁이는 예로부터 인간의 보호를 받았다. 그 대표적인 것이 업신앙이다. 가정의 수호신으로 구렁이는 업의 기능을 하였다. 업은 이를 위하고 믿는 사람에게만 눈에 띄고, 가운이 막힐 때는 집을 떠난다고 알려져 있다. 또 구렁이가 집 주변에 나타나면 큰 비가 온다고 믿었고, 예기치 못한 큰 변이 닥친다고 생각하기도 했다.

한편 구렁이는 음흉하거나 능글맞은 동물로 인식되었다. 이것도 그의 생태적 특징에서 비롯된다. 일을 처리하는데 남이 눈치 채지 못하게 슬그머니 해치울 때 '구렁이 담 넘어가듯 한다'라고 하고, 본심을 드러내지 않고 은근히 일을 수행하는 사람을 '능구렁이'라고 한기도 한다. 호남지역에서는 여인이 임신 중에 용이 되어 하늘로 올라가는 꿈을 꾸면 낙태한다는 속신이 있다.

구렁이가 용이 되어 하늘로 올라가는 이야기는 한국의 설화 중에 널리 알려진 이야기다. 설화적 측면에서 볼 때 구렁이는 인기 있는 이야기 소재에 해당된다. 가장 많은 동물설화는 호랑이이지만 구렁이도 많은 수의 통계를 가지고 있는 것으로 알고 있다. 뱀 이야기의 가장 오랜 기록은 삼국유사의 거타지 설화를 들 수 있다. 중국으로 항해를 하던 중 어느 섬에서 용 인간을 헤치는 여우를 거타지가 처치를 해 안전한 항해와 좋은 배필을 맞이하게 되는 일화를 그린 것으로 이외에 처용설화도 용신의 등장을 그린 것이 있고 또 기록으로 전하지 않고 구전되었던 역사적으로는 더 오래되었을 가능성이 있는 제주도의 뱀신화와 뱀신앙은 풍부한 설화들을

---

4) 자연보호중앙협의회, 한반도에서 사라져가는 동물들, 가람기획, 1999. "구렁이", 민족문화대백과사전, 한국정신문화연구원.

갖추고 있어 구렁이의 오랜 설화적 신앙적 전통을 말해준다. 또한 후백제의 견훤은 구렁이의 자식으로 설정되어 호남지역의 오랜 뱀숭배사상의 전통을 단적으로 드러낸다. 이는 다시 그 지역의 용신숭배사상과 줄다리기 민속이 풍요를 기원하는 민속으로 전승되고, 이후 조선대를 지나 오늘날까지도 용은 왕의 상징이었고 풍요와 보호의 상징으로 인식되고 있다.

한국의 구렁이와 뱀의 차이는 용어에서 보이는 큰 차이만큼 차별성을 가지지는 않는다. 뱀과 구렁이는 각각 긍정적 부정적 인식을 같이 가지고 있으며 그 내용이 서로 유사하다. 구렁이나 뱀이 인간에게 신격으로 인정되며 부의 축적과 초복의 능력을 가지고 있는 존재이면서, 한편으로는 인간에게 해를 주는 사악하고 부정적인 존재로 인식되거나 재수 없는 동물로 인식되는 점에서는 서로 일치한다. 단지 구렁이는 일반 뱀과 달리 몸집이 큰 것을 이르는 것으로 일반 뱀보다 더 신성성을 부여 받는 동물로 인식되는 것 같다. 여기서 구렁이는 다시 이시미, 용으로 연결되어 많은 민속과 신화들을 형성하였다. 여기 사용하는 두 용어는 근본적으로 차이를 두지 않고 원 자료에서 사용된 용어를 그대로 차용한 것임을 밝힌다.

4. 한국 뱀/구렁이설화 연구와 분석틀

용과 관련된 설화가 그 양과 다양성의 풍부함이 충분히 예상되듯이, 뱀과 구렁이 설화도 구전전승의 전통도 마찬가지다. 그동안 이루어진 연구 성과를 살펴 개괄을 하되 본 고에서 제기한 문제의식과 관련되는 것을 더욱 강조하는 방식으로 서술하기로 한다.

한국의 동물담 연구 중 호랑이와 용에 대해서는 비교적 많은 연구가 있다.[5] 그중 용 설화 연구는 뱀과 연결되어 중첩되어 연구된 경우가 있을 수밖에 없는데, 내용상 용, 이무기, 구렁이 뱀은 서로 상관성을 가지기 때문이다. 이것을 묶은 개념으로 용사(龍蛇)설화, 사신(蛇神)설화, 용신신화, 용뱀설화 등의 용어를 사용했다. 본격적으로 구렁이와 뱀에 관한 연구가 시작된 것은 훨씬 뒤의 일로 그것도 고대 신화 관련 연구를 하면서 언급된 구렁이의 존재가 부각되면서이다. 왜 뱀설화 연구에 미진했던가는 알 수 없으나 근래에 형성된 혐오감에 기인한 것이 아닌가 하는 생각을 해본다.6)

에서 김녕뱀굴전설을 소개하며 뱀설화와 뱀신앙에 대해 그 의미와 역사적 배경과 과정을 고찰했다. 이어 장덕순은 한국의 야래자 전설을 일본의 전설과 비교하며 구렁이를 언급했다. 야래자의 정체가 뱀과 지렁이로 나타나는데 그는 뱀을 신성성이 있는 구렁이로 보고 논지를 전개했다.7)

야래자를 구렁이로 본 연구는 이외에 문학사적 관점으로 살핀 김석배의 연구도 있다.8)

이후 야래자 전설은 서대석에 의해 본격적으로 연구가 되어 사라진 백제의 신화를 재구하는 시도9)로까지 이어지게 되어 구렁이 혹은 뱀신과 뱀신앙에 대한 관심이 더해지게 된다. 그러나 아직도 구렁이와 뱀을 포함한 용설화 연구는 물론 뱀설화에 대한 전체적인 분석과 연구는 아직 이루지고 있지 못한 실정에 있다. 제한적이지만 뱀설화 전반에 걸쳐 연구를

---

5) 용에 대한 선편을 잡은 이는 다음과 같다. 손진태, "대사(大蛇) 퇴치전설", 조선민담집, 동경, 향토연구사,1930. 유승선, "용신사상과 설화문학", 어문학 11호, 한국어문학회, 1964, 71~89쪽., 정혜원, "설화를 통해본 용의 신격", 서울대문리대학보 14권, 1968, 38~44쪽, 김열규, "용녀전설과 재생(再生)주지(主旨)", 단국국문학논집4집, 단국국어국문학과, 1970, 47~60쪽, 장덕순, "용전설과 '용가'의 용", 서울대학교출판부, 1970, 107~120쪽. 최근에 이룩된 성과로는 이동철, 『한국 용설화의 역사적 전개』(민속원, 2005)을 들 수 있어 그 짜임새 있는 연구의 일단을 잘 보여준다.
6) 현길언은 "사신전설의 고찰" 현길언, "사신전설의 고찰", 『난기 석우선 박사 고희기념 민속학논총2』, 1982.
7) 장덕순, "한국의 야래자전설과 일본의 삼륜산 전설과의 비교연구", 『한국문화3』, 서울대학교 한국문화연구소, 1982.
8) 김석배, "야래자형 설화와 혼사장애의 문학사적 전개", 문학과 언어연구회, 1983.
9) 서대석, "야래자설화 연구", 백제연구소.

한 논문은 임갑낭, "뱀 설화 연구"가 먼저 발견된다.10)

이후 하성혜의 뱀설화 연구11)나 원성학의 "뱀변신설화연구"12) 등이 있을 그간의 업적을 총괄한 연구는 아직 나오고 있지 않은 상태다. 이 중 임갑낭의 연구는 가장 충실한 것으로 그의 뱀설화분류는 유의미하여 언급할 필요가 있다. 그는 다음과 같은 구분을 하였다. 즉 신격화한 이야기, 인격화한 이야기, 신인격화 복합 이야기, 동물 그대로의 이야기 등 네 부분으로 나누고 다시 각각 두 분야로 구분하여 기술했다. 즉 수복형/수화형, 보은형/보복형, 인격 및 식격화 수복형/수화형, 긍정형/부정형 등의 구분이 그것이다.

일반적인 뱀설화연구는 특히 제주지역을 대상으로 한 것이 많다. 제주지역은 한반도에서 아직도 가장 많은 뱀설화와 뱀신앙이 남아있는 곳이다.13)

아직 한국의 뱀설화에 대한 분류가 이루어지지 않은 상태에서 뱀설화의 종류를 구분하여 그 특징을 나열하기는 어렵다. 그러나 그간의 연구 경향을 참고할 때 그 특징을 다음의 몇 가지로 구분할 수 있다. 즉 사신설화 연구군, 상사뱀설화 연구군, 변신설화 연구군, 승천설화 연구군 등이다. 사신설화 연구군에는 구렁덩덩신선비와 야래자전설 군을 포함시킬 수 있다.14) 이 둘은 각각 독자적인 서사구조를 가진 것으로 따로 분류를

---

10) 임갑낭, "뱀 설화 연구", 계명대 대학원 석사, 1984.

11) 하성혜, "뱀설화 연구", 동아대 대학원 석사, 1990.

12) 원성학, "뱀변신설화연구", 전남대 대학원 석사, 1992.

13) 양현숙, "제주도 뱀신화 연구", 백록어문. 제23집, 2007년, 103~161쪽, 백록어문학회. 열상고전연구회. 양현숙, "제주도 뱀신화 연구 : <칠성본풀이>, <토산 여드렛당본풀이>에 대한 문화기호학적 해석", 서강대 교육대학원 석사, 2006. 현용준 ;현승환 공저, "제주도 뱀신화와 신앙 연구", 탐라문화 15, 제주대학교탐라문화연구소, 1995, 1~74쪽.

14) 길태숙, "<구렁덩덩신선비>, <세경본풀이>, <발매기노래>에 나타난 '남편찾기'와 '결합'의 의미", 열상고전연구 제16집 (2002. 12) 281~312쪽 열상고전연구회. 김경희, "'구렁덩덩신선비' 설화 연구", 한국교원대 대학원 석사, 1997. 강형선,

할 수 있기도 하다. 특히 구렁덩덩신선비는 그가 가진 구렁이의 신성성과 신화적 면모가 특이해 인기가 있던 연구 주제가 되었다. 또 연구의 양이 가장 방대한 점이 그렇다고 할 수 있다.

사신설화는 뱀을 숭배하는 것을 다룬 설화를 연구한 것으로 대개 뱀을 신봉하였더니 도움을 얻었다는 이야기를 주로 한다.[15] 앞서 언급한 뱀설화 전체 대상연구 논문도 뱀을 신격으로 분류하였으므로 여기에 일부 포함된다 하겠다. 또한 뱀을 퇴치하는 뱀퇴치 설화군도 여기에 포함되어 뱀을 신성시하는 관념이 내재된 설화를 대상으로 한 연구들이 포함된다.[16] 또한 어느 마을이나 섬에 뱀이 어떤 과정을 거쳐 당신에 마을로부터 모셔지게 되었으며 어떤 제의를 행하게 되었나를 설명하는 신화들이 다수 포

"인신희생 설화의 양상과 기독교적 의미", 강릉대 교육대학원 석사, 2007. 곽의숙, "<구렁덩덩신선비>의 상징성 고찰", 국어국문학 25('88.3) 223~234쪽 부산대학교국어국문학과. 김용국, "구렁덩덩신선비 변이 양상에 대한 소고", 인문과학연구. 제12집 [Ⅱ] (2004년 12월), 151~168쪽 안양대학교 인문과학연구소. 박종성, "<구렁이와 꾀많은 신부>의 구조와 의미", 관악어문연구 18('93.12) .229~249쪽 서울대학교국어국문학과. 서대석, "「구렁덩덩신선비」의 신화적 성격", 고전문학연구. 제3집 (1986. 12), 172~205쪽 한국고전문학연구회. 신해진, "「구렁덩덩 신선비」의 상징성;여성 의식세계를 중심으로", 한국민속학 27 ('95.12) 203~230쪽, 민속학회. 신혜영, "신화의 전승과 변이 양상 : <구렁덩덩 신선비>설화와 <무왕>설화를 중심으로", 고려대 교육대학원 석사, 2002. 이태문, "「구렁덩덩 신선비」와 「두꺼비 신랑」의 비교", 연민학지 5('97.4) 411~455쪽 연민학회. 황명숙, "『구렁덩덩신선비』의 수신 신화적 성격 분석", 경기대 교육대학원 석사, 2002. 조성훈, "야래자 설화의 신화성과 용신앙", 대전대 대학원 석사논문, 2003. 최교연, "<구렁덩덩신선비>의 전승 양상 연구", 충북대 교육대학원 석사, 2007. 최래옥, "설화 구술상의 제문제에 대한 고찰 :사랑담 "구렁덩덩신선비"의 채록을 중심으로", 한국민속학. 제4집 (1971. 6), 67~92쪽, 민속학회.
15) 박민호, "용사신 설화 연구", 동아대 교육대학원 석사, 2001. 박종성, "사신설화의 형성과 변이", 서울대 대학원 석사, 1991. 강철, "제주도 사신설화의 특성", 영주어문 제6집 (2003. 8) 277~302쪽 영주어문학회.
16) 유달선, "한국사신퇴치설화연구: 사신퇴치전설의 형성과 민담화에 대한 고찰", 대구대. 김준기, "神母神話 연구", 경희대 대학원 박사, 1995.

함이 된다. 일종의 '뱀의 섬 지킴이 혹은 섬지기 신앙'이라 할 수 있다.17)

상사뱀설화 연구는 두 번째로 많은 양을 차지하는 연구라 할 수 있겠
다. 역대 유명한 장군이나 도학자들과 관련이 있는 것으로 특정한 화소와
구성을 가진 상당히 정형화된 설화군이다. 서경덕, 이순신, 임경업, 이황,
이이, 남명 조식, 정진홍 등등 주인공들이 한 여인에 의해 사랑을 받는
다.18) 둘이 인연을 맺게 되지만 과거 준비나 국가임무를 띄고 있어 후일
을 기약하고 헤어지나, 약속을 지키지 못하자 혹은 인연 맺기를 거절하
자, 그 여자가 후에 구렁이로 변하여 주인공에 나타나 괴롭히거나 천도를
받게 되는 등의 서사구성을 가진다.

변신설화 연구군19)은 그 수가 적을뿐더러 이미 앞서 살핀 설화군에서

---

17) 임근혜, "성주신 연구 : 안동 수동마을신앙의 사례를 중심으로", 한양대 대학원 석
사, 2003 대학원 석사, 1986. 안미옥, "업구렁이 설화 연구", 한국교원대 대학원 석
사, 2000.

18) 김서영, "상사뱀 설화 연구", 경성대 교육대학원 석사, 2007. 우원제, "<상사뱀 설
화> 연구", 한국교원대 교육대학원 석사, 2004. 김용덕, "<相思 뱀說話>의 구조
분석과 의미연구", 한국언어문화 제18집 (2000. 12) 351~381쪽 한국언어문화학
회. 김용덕, "청평사연기설화고", 한양어문연구 6('88.12) 5~32쪽 한양대학교 한양
어문연구회. 윤주필, "설화에 나타난 도학자상" :남명 조식 전승을 중심으로, 남명
학연구. 제7집 (1997), 169~199쪽, 경상대학교 남명학연구소. 이경선, "임경업의
인물·유적·전설의 조사연구", 1979, 논문집. 13, 13~35쪽 한양대학교. 임재해, "민
속 문화에 갈무리된 성과 사랑의 갈래별 인식", 실천민속학연구. 제8호 (2006년 6
월), 7~89쪽, 실천민속학회. 전국문화원련합회 전라남도지회 편, "앙암바위에 얽
힌 슬픈 사랑이야기 「구렁이와 사랑한 처녀」", 전남문화 통권 제15호 (2002. 12)
147~147쪽 전국문화원련합회 전라남도지회. 곽정식, "정인홍 설화에서 살펴본
세계 인식의 문제", 새국어교육. 통권70호 (2005. 8), 239~261쪽, 한국국어교육학
회. 권도경, "내암의 상사구렁이 퇴치 유형'의 형성 과정", 남명학연구. 제24집
(2007년 12월), 249~294쪽 경상대학교 경남문화연구원 남명학연구소. 권도경,
"내암의 남명 상사(想思)구렁이 퇴치 유형' 전설에 나타난 인물 형상화의 체계와 부
정적 서술시각의 역사적 맥락", 열상고전연구. 제26집 (2007년 12월), 559~598쪽,
기시모토 다카네, "한일 뱀 설화 비교연구 : 제주도와 오키나와 지역을 중심으로",
한남대 대학원석사, 2005.

19) 원성학, "뱀변신설화연구", 전남대 대학원 석사, 1992. 이원영, "변신설화의 원형적

전제된 화소다. 변신만을 따로 떼어 다루었다는 의미를 가진다고 할 수 있겠다. 이외에 승천을 다룬 연구가 있는데,[20] 이도 또한 앞의 사신설화나 상사 설화에 모두 포함되는 설화군이다. 승천이라는 모티브를 따로 떼어 다룰 수 있다는 가능성을 제시한 의미를 가진다.

이외에 뱀설화가 가지는 의미를 현대적 상황과 연결하여 이룩한 연구가 더러 있다.[21]

이를 종합할 때 한국의 뱀설화는 사신설화 계통(구렁덩덩신선비 계통과 야래자설화 계통 포함), 상사뱀 계통, 변신 계통, 승천 계통, 일반적 뱀설화 연구 등으로 나눌 수 있고 이를 다시 모티브군으로 구분하여 나눌 수 있다. 즉 사신모티브, 상사모티브, 변신모티브, 승천모티브가 그것이고 내용 또한 앞서 설명한 것과 같다. 유형별 구분에 속하는 설화들이 다양한 모티브를 수용하고 있기 때문에 어느 하나의 모티브로 단순화하기는 어려우나 주요 핵심서사의 골격의 관점에서 볼 때는 또한 불가한 것도 아니다. 해석의 여지가 충분히 있음을 전제한 구분임은 당연하나 여기서는 이 구분을 분석의 틀로 사용하기로 한다.

위에서 나눈 다섯 부류의 구분은 뱀설화를 대상으로 한 분류로 채택하기에는 각각의 범위가 모호한 점이 있기는 하나 큰 틀에는 어긋나지 않는다. 특히 사신설화 계통에 포함시킨 구렁덩덩신선비 계통과 야래자설화 계통은 따로 떼어 분류할 수 있을 정도의 분명한 특징을 가지고 있고, 또

의미구조와 그 현대적 변용 : 구렁이 변신담에 담긴 수성·인성·신성의 요소를 중심으로", 건국대 대학원 석사, 2010. 강진옥, "상사뱀 설화의 '몸 바꾸기'를 통해본 욕망과 규범의 문제", 고전문학연구. 제18집 (2000. 12), 115~148쪽.

20) 이지영, "용사신(龍蛇神) 승천담의 측면에서 본 <꿩과 구렁이> :'꿩'의 의미 해명을 겸하여", 고전문학연구. 제32집 (2007년 12월), 185~225쪽.

21) 강미정, "우울증 서사로 보는 <콩쥐팥쥐>·<상사뱀>·<고분지통>", 한국고전연구. 통권16집 (2007. 12), 265~292쪽 한국고전연구학회. 홍용희, "두마리의 상사뱀과 그 혼령들", 현대시 11,8(2000.8) 31~41쪽 한국문연.

한 이 부분에는 변신 계통의 설화와도 내용상 분명한 구분을 하기 어렵거나 서로 중첩이 되는 설화군이 포함된다. 위의 구분은 어디까지나 연구의 경향에 따른 구분이고 이를 극복한 보다 완벽한 분류안이 나와야 되는데 이 점은 아직 이루어지지 않은 상태로 알고 있다. 다만 임갑량의 논문을 언급할 필요는 있다.

연구경향이 보인 상기의 분류와 달리 임갑량은 "뱀설화 연구"에서 다음과 같은 구분을 하였다. 즉 신격화한 이야기, 인격화한 이야기, 신인격화 복합 이야기, 동물 그대로의 이야기 등 네 부분으로 나누고 다시 각각 두 분야의 세부 구분을 하여 기술했다. 즉 수복형/수화형, 보은형/보복형, 인격 및 식격화 수복형/수화형, 긍정형/부정형 등의 구분이 그것이다. 그는 이런 구분의 분석을 통해 얻은 결과를 "4장 뱀설화에 나타난 한국인의 세계관"에서 복과 화의 공존이 보인다는 점과 신, 인간, 동물 간의 층위적 인식이 규정되어있다고 하였다. 그가 사용한 분석 자료는 그동안 뱀관련 연구에서 가장 방대한 것으로[22] 이후 그에 상응하는 연구가 없었던 것으로 알고 있다. 방대한 자료를 대상으로 분류를 가한 장점이 있지만 임갑량의 분류는 우리의 논의와 관계된 주제별 모티브별 분류와는 차이점을 가진다. 아울러 그동안의 뱀 연구 전반에서 보인 아쉬운 점은 뱀과 구렁이 설화의 문화사적 중요도에 비해 그 종합적인 연구가 미진하게 이루어진 경향을 들 수 있겠다. 추후 전체적이고 심도 있는 연구를 기대 해본다.

---

22) 178개의 뱀 관련 자료를 대상으로 구분한 것이다. 단 구렁덩덩 신선비와 야래자설화 계통은 제외한 통계다(임갑량, 앞의 논문, 97쪽).

5. 금사망보 실화의 모티브 분석

연구의 결과를 수용한 모티브구분이 다음과 같이 일치된다. 사신모티브, 상사뱀 모티브, 변신 모티브, 승천 모티브 여기에는 '구렁이 처녀의 초막 등장과 사라짐'을 더할 필요가 있다. 이는 임갑량이 구분한 분류를 참조한 결과이다. 즉 그가 분류한 "2.2.3.(1) 신, 인격화 복합 이야기 중 인격 및 신격화 수복형"이 그것이다. 이 분류는 사실 논문주제에 따른 구분인 '구렁이 승천 모티브'와 같이 연결되는 경우가 많다.23)

위의 각 분류들은 이후 다루게 될 금사망보 실화 즉 박씨 구렁이 여인 일화를 이해하는데 도움을 줄 수 있는 근거가 된다. 박씨의 이야기의 서사구조와 모티브를 추출하고, 앞서 살핀 연구 경향과 설화 분류를 비교해 보기로 한다.

> 자료 2; 금사망보 실화의 모티브
> − 인간의 구렁이 변신(금사망보)
> − 구렁이의 섬지기 역할
> − 구렁이 여인 초막과 같이 현신(구렁이의 인간 변신)
> − 구렁이의 소태산과 재회(소태산과의 인연관계 원인)
> − 구렁이의 참회(과거의 뉘우침, 즉 환생과 제도의 구원)
> − 음부로의 편지(주문, 주술적 방법)
> − 구렁이 여인과 초막의 사라짐(인간의 구렁이 변신)
> − 수문에서 죽음과 동시에 제도(인간으로의 환생)
> − 구렁이 몸으로 삼천년

이를 다시 줄이면 '인간 구렁이 상호 변신모티브 즉 인간이 잘못하여

---

23) 임갑량, 앞의 논문, 41쪽 이후.

구렁이가 되고, 그 구렁이가 어떤 노력과 방법을 통해 제도를 받는다는 것'이 이야기의 뼈대이다. 인간이 잘못하여 구렁이가 되는 점과 섬지기를 한 점은 대체로 알려진 이야기다. 구렁이가 다시 인간으로 제도 받는 점도 널리 알려진 구성 중 하나다. 인간이나 용으로 변신해 환생하거나 하늘로 승천하는 것과 같은 동일 맥락이다. 이런 구성은 한국의 구비문학에 등장하는 많은 이야기가 같은 종류이다. 그러나 다른 점도 있다. 특히 제도의 과정이 그렇다. 음부로 보내는 편지를 적어 준다거나, 구렁이가 수문에 머리를 찧어 죽는 이야기는 특별한 내용이다.

앞서 살핀 한국 뱀/구렁이 설화 연구 개괄을 통해 구분한 주제별 모티브 분석틀을 다시 위의 박씨 이야기와 비교하면 다음과 같은 상관성이 있음을 알 수 있다.

즉 인간의 구렁이 변신(금사망보)과 '변신모티브', 구렁이의 섬지기 역할과 '사신신앙 모티브', 소복한 구렁이 여인의 초막 현신(구렁이의 인간변신)과 사라짐(인간의 구렁이 변신)은 '구렁이 처녀의 현신과 상사뱀 모티브' 그리고 일부 '구렁이 승천의 한 모티브'로 각각 연결된다.

구렁이의 소태산과 재회(소태산과의 인연관계 원인), 구렁이의 참회(과거의 뉘우침, 즉 환생과 제도의 구원), 음부로의 편지(주문, 주술적 방법), 수문에서 죽음과 동시에 제도(인간으로의 환생) 등은 구렁이의 승천과 연결하여 비교 가능하다(일부 상사뱀 모티브 해당). 승천의 방법과 과정은 설화에 따라 서로 다른 양상을 보인다. 불교설화에서는 대체로 중이나 스님의 독경과 염불 등으로 뱀을 제도하여 승천의 의미를 부여하고 있는데 박씨 구렁이 실화와 유사한 방법을 사용했다. 종교적 교리와 고정화되어 있는 천도와 제도의 방식이 적용된 결과이다. 이야기 주체의 관점에 따라 다양한 변수를 보일 수 있는 부분이다. 단 여기에는 여기서 다루지 않은 저승의 세계 즉 음부세계에 대한 세계관이 더 설명이 되어야 할 부분으로

저승세계를 다룬 설화군의 분석과 연구를 더 필요로 한다. 소태산과의 만남을 통한 제도는 '구렁이의 승천 모티브'와 그 구조가 유사하여 비교 가능하다. 그러나 이 부분은 좀 더 세밀한 검토가 필요하므로 추후의 연구를 기대하기로 한다.

이상에서 검토한 바와 같이 금사망보 박씨 여인의 실화는 기존에 있었던 한국의 구렁이 설화의 구성 요소와 무관하지 않음을 보았고 나아가 그 구체적인 모티브들 간의 유사성이 일관되게 펼쳐지는 것을 보았다. 어떤 이야기가 실화라고 하지만 그 문화를 구성하는 문화소들과 세계관은 이야기 속에 용해되어 있기 마련이다. 이는 이야기를 듣는 청취자들의 세계관이나 언어관이 동일하거나 공감대를 가져야 한다는 점이 전제된 것이다. 즉 상호 소통 가능한 담론적 관계가 전제되어 있지 않고는 이야기가 형성되기 어렵다는 점을 일깨운다. 실화가 설화적 방법을 동원한 것은 그런 필연적 조건이 작용한 결과이다. 구렁이가 인간으로 변한다거나 사람이 구렁이로 변하는 비과학적 혹은 초월적 사건 역시 그런 맥락에서 일차적으로 이해를 할 수 있을 것이다. 불교의 인과설에 따르면 영혼의 오고감이 육도윤회를 따라 분명하다고 한다. 그러나 이는 윤회의 극단적 표현이다. 육도윤회는 하루에도 여러 번 혹은 현생에서도 그 오고감이 다수 있다고도 한다. 윤회의 개념은 다분히 상대적이고 유연한 개념이다. 육도윤회란 마음의 움직임과 상태에 따라 규정되는 것임을 먼저 말하고 있다. 윤회의 극단적 결과의 표현은 종교적 사실성의 수용 외에 인과적 교리를 강조하고 중생을 교화하기 위한 한 수단이라고 보는 관점도 가능하고 타당하다.

또한 이 부분은 한국의 뱀설화와 큰 차이점을 보여주는 부분이기도 하다. 이 부분이 있으므로 이야기의 설화적 전통이 약화되고 실화의 가능성에 무게가 실린다. 단지 큰 틀에서는 즉 구렁이의 참회와 제도 받음은 기존 설화의 승천모티브와 맥을 같이 하고 있음을 상기할 필요가 있다. 그 방법이 특이한 점은 전혀 설화적이지 않은 구체성을 띄고 있다.

6. 마무리

금사망보 이야기가 사실이냐 거짓이냐 라는 흑백논리의 접근은 자연과학적 발상이다. 인문학은 그 표현의 이면에 있는 의미가 무엇인가를 더욱 중요시한다. 역사와 설화의 관계가 이미 그런 관계에 놓여있다는 점은 증명이 되었다. 실화와 설화는 서로 상보적 관계를 이루면서 각자의 관점에서 각각의 목적을 지향한다. 실화를 구성할 때 설화적 방식과 그 세계관과의 소통이 전제된다. 상기의 서술에서 이미 그런 관점이 입증되었다. 그 방법을 위해 필자는 그간의 구렁이 뱀설화 연구를 총체적으로 검토하였고, 그 결과 모티브 구분이 크게 네 가지로 압축되고 있음을 정리했다. 이 네 가지의 모티브군 즉 '사신신앙 모티브, 상사뱀 모티브, 변신 모티브, 승천 모티브' 등은 금사망보 실화를 분석하는 틀로 적용되었다. 분석 결과 실화의 구성에 사용된 소재와 모티브 및 의미까지 모두 기존의 구렁이 설화군에 속하고 있음을 확인하였다. 이를 통해 얻을 수 있는 것은 실화에 채택된 내용의 진실성 여부를 논하는 것보다 이야기가 전하려 하는 진실이 무엇인가를 간과하는 것이 더욱 중요하다는 점을 알 수 있었다는 점이다. 즉 설화의 역사화는 왜곡이나 거짓의 부분을 들어 표면적 내용외의 이면적 의미에 주목을 해야 함을 다시 확인하게 한다.

인간의 구렁이로의 변신과 그 반대로의 변신들이 과학적으로 과연 가능한 것인가의 문제는 여기서 다룰 부분은 아니다. 오늘의 과학이 자연현상의 모두를 설명할 수 있는 상황은 아니란 점은 알려진 것이나, 과학적 설명과 증명의 과정을 거치지 않은 것은 인정되지도 않고 다루지도 못하는 것이 학문적 현실이다. 인문학은 인간의 정신적 영역을 다루고 인간의 문화를 다루는 것이기 때문에 자연과학적 방법과 인식과는 다른 접근을 가능하게 한다. 인간과 인류가 이룩한 성과를 근거로 가능한 인간 이해와 문화 이해 그리고 이를 통한 삶의 현상을 설명하고 인간의 존재에 대한 가치를 추적하는 일련의 연구는 태생적으로 자연과학적 방법과 차원을 달리한다. 그러나 연구의 방법이 엄정하지 않으면 아니 될 것이다. 이해 가능한 논리와 논증 그리고 상식적인 증명을 통한 이해는 충분히 확장될 수 있다. 이상의 인문학적 분석과 추론은 사실과 설화의 차이를 좁히려는 시도이고 둘의 진실을 소통케 하는 과정이다. 이러한 시도를 통해 인간이 요구하고 의도하는 것이 무엇인가를 간파하는 것은 인간을 이해하고 서로 소통을 가능하게 하며 나아가 불필요한 오해나 왜곡을 방지하는 역할을 하게 된다.

Ⅲ. 탈이섬 구렁이여인의 제도과정 연구

1. 머리말

소태산이 대각을 한 후 회상을 건설하며 활동하던 시절 지금은 이해할 수 없는 많은 일화들이 전해온다. 예를 들어 바다 위를 걸었다든지, 폭풍을 가로질러 무사히 배를 정박시켰다든지, 깜깜한 밤중에 불을 켠 듯이 앞길을 훤하게 비춰졌다든지, 하늘의 별자리를 보고 사람의 오고감을 알아냈다든지, 또 삼밭재나 연화봉에서는 신선들이 하늘에서 풍악을 울렸다든지, 호랑이가 기도를 하는데 보호 해줬다든지, 눈길이 가기만 하면 불길이나 물길이 하늘로 치솟는다든지 등등 크고 작은 초자연적 경험의 일화들이 수없이 전해온다. 그중 금사망보를 받은 구렁이 여인을 제도하는 일화는 그 구성이 구체적이고 많은 교훈을 남기는 일이기도 하여 학술적으로 살펴볼 가치가 있는 자료이다.

이런 일화를 이해하는 데는 취할 수 있는 몇 가지 가능성을 상정할 수 있다. ① 소태산이라는 성현의 행적이니 의례 그럴만하다. 즉 초자연적 현상이 동 반된 것은 당연하다는 입장 ② 소태산의 방편에 의해 꾸며진 이야기라는 입장 ③ 일정의 사실에 많은 각색을 가했다는 입장 ④ 제자들의 스승을 드러내기 위해 꾸며낸 이야기라는 입장 등등이다.

①은 무조건적인 신앙심과 믿음의 조건에서 가능한 입장으로 다분히 주관적이다. ②는 가능한 일이나 종교철학이나 심리학의 관점에서 재고

할 부분이다. 주관적 객관적 입장에 서있는 관점이다. ①과 ② 모두 현재의 과학적 상식으로는 설명할 수 없다. ③은 있었던 사건을 전제하는 것이어서 그 내역을 꼼꼼히 살필 필요가 있다. 이것은 객관이 주를 이루나 주관이 배제되어 있는 것은 아니다. 이것은 ④의 무조건적인 꾸미기의 이야기라는 단정과는 거리가 있다. 이는 일체의 일화를 허구로 보는 입장으로 제 삼자의 입장이다.

세상에는 다양한 입장을 가진 사람이 공존한다. 위에든 압축된 구분이 모두 유효하다. 서로의 입장은 각각에게 절대적이다. 그렇지만 서로 다른 입장을 소통시키는 가능한의 수렴책은 없는 것일까? 논리와 이성과 합리적인 사고와 설명으로 일반적이고 보편적인 가치와 의미를 끌어낼 수 없을까 고민할 필요가 있다. 성현의 일이라 하여 사실관계를 논하는 것이 불경스럽다고 평가절하를 한다거나, 현재의 과학적 지식에만 의존하여 터무니없는 일이라 판단하여 일고의 가치도 없다는 식의 자세를 취하는 것은 바람직하지 못할 것이다.

설화는 순수한 허구를 바탕으로 재미와 교훈을 목적으로 만들어진 것이지만, 여기서 다루는 일화는 단순한 설화라 볼 수 없는 구체성과 사실적 자료들이 뒷받침되기 때문에 확인 가능한 사실은 가능한 밝힐 필요가 있다. 일화의 사실관계와 내용과 의미를 모두 알아낼 수는 없을지라도 어느 정도의 사실 확인과 그 내용이 전하는 의미와 뜻을 알아낼 수 있다면 나름대로의 의미를 가진다고 생각한다. 나 아가 이에 근거한 해석과 또 다른 인간이해의 관점을 얻을 수 있다면 더 바랄 수 없는 일이기도 하다. 그러나 이런 작업이 원불교 교학 내지 종교학과 관련이 없지 않아 조심스럽지 않을 수 없다. 이 모든 요건을 충족시킬 수는 없는 한계를 인식하며 가능한의 인문학적 특히 민속학적, 구비문학적 분석을 시도하고자 한 것이다.

한편으로 생각하면 서로 다른 학문 간의 소통을 가능케 할 수 있는 여지를 마련하고, 나아가 교학과 종교학의 지평을 열 수 있는 단서를 마련할 수도 있을 것이란 기대를 해본다. 특히 교학은 교조주의나 신비주의 혹은 초월주의로 치우치기 쉬운 분야이다. 이를 보완하는 방법으로 타 학문과의 가능한 많은 교섭이 보장되어야 할 것이다. 교학의 이런 학문적 보편성을 확보하는 문제는 추후 연구자와 일반인에게도 더 많은 공감대를 형성할 수 있는 가능성 을 열 수 있을 것이다.

필자는 이 일화를 금사망보의 인문학적 이해의 입장에서 한 차례 다룬 적이 있다(이정재, 2011, 207~231). 설화 같은 실화를 어떻게 이해할 수 있을까를 고민하였다. 이 글이 인문학적 관점에서 접근한 것이라면 여기서는 일화를 실화로 간주하고 가능한의 과학적 근거를 찾아보고 또 그에 근거한 종교사상적 해석을 시도해 본 글이다. 다각적인 접근은 일화를 이해하는데 충분한 재료를 제공하는 이 점이 있다. 앞 논문에서 다루었던 구렁이의 변신 부분을 제외한 나머지 부분에 즉 섬지기 모티브와 상사뱀 모티브에 대해 살펴보는 기회를 다시 마련하여 이야기의 실제성을 확인하고자 했다. 일행의 여정과 구렁이의 여정이 참나무정과 개천 그리고 수문이라는 구체적인 장소가 언급되어있기에 그 사실관계를 알아보는 것이 일차 목적이다. 그 과정에서 야기되는 종교사상적 해석의 필요성도 요구되었다. 이에 대한 분석을 아울러야 여정의 합리적 이해가 가능하다. 하여 일화 안에 나타난 구성요소들의 사실의 확인을 지리적, 설화적, 교리적으로 풀어보는 순을 마련한다.

2. 소태산일행의 여정

일화 소개;

일산, 팔산을 대동하고 변산으로 가다가 있었던 이야기다.[1] 수풀로 난 샛길을 가다가 대종사가 일산에게 붓과 종이를 챙기라 일렀다. 참나무정에 이르렀는데 전에 아무것도 없던 냇가에 오두막집과 흰옷을 입은 젊은 여인이 나타났다. 소복여인은 머리를 숙이고 두 손을 모으고 있다가 바닥에 엎디어 슬 피 울었다. 대종사 잠깐 보시더니 일어나라고 하였다. 일어난 여인을 보니 절세의 미인이었다. '울지 마라'하시며 대종사는 일산에게'붓과 종이를 내놔라' 몇 자 적어 접어서 여인에게 주었다.

'내 잘 알았으니, 이 편지 갖고 속히 가라. 목적지에 가서 이것을 펴봐라'

여인은 거듭 절하고 오두막집 안으로 들어갔다. 그러더니 순식간에 집도 여인도 간데없이 사라졌다. 논두렁 사이로 난 개울로 물결치듯 지나가는 것이 있었는데 눈짐작으로도 큰 짐승으로 보였다. 일산과 팔산은 느닷없이 일어난 일이라 궁금하기 이를 데 없었다. 팔산이 참다못하여 꾸중들을 폭 잡고 물었다.

'저 여인이 누굽니까?' "그려, 물을 말 물었구만"

팔산은 기운이 났다. 평소 대종사 따라다니며 말씀을 듣노라 고된 줄 모르고 살았다.

'몇 해 전 귀영바위 살 때, 탈이로 돈 벌러 갈 때 적수공권으로 갔다 와서 빚 갚은 일이 있지. 저이가 그때 탈이섬 주막 밀양박씨 부인인데 특히 그 주인보다 날 더욱 위했제. 몇 해 전에 죽었단 소식 들었더니 저렇게 나타났구먼.'

'어떻게 됐길래 저렇게 나타났습니까?'

'주막을 하면서 정당하게 돈 번 것이 아니라, 얼굴 이쁜 것을 기화로 권모술수로 돈벌어 그 과보로 금사망보 받은 거여. 다행히 강가에 섬지기를 하고 있다가 수령으로 옮겨가는 중 우리가 가는 걸 보

---

1) 소태산이 정관평 방언공사를 마치고 변산 실상사로 들어가 법을 짜며 제자들을 만나던 시기로 일산과 팔산은 각각 김성수와 김광선을 이른다. 소태산은 처음 중앙과 일산에서 팔산까지 아홉 제자를 두었는데 순차적으로 각각 다음과 같다 즉 중앙에 송규, 이재철, 이순순, 김기천, 오창건, 박세철, 박동국, 유건, 김광선 등이다(대종 경 1. 서품 6장).

고 온 것이제'

'글씨 써 준 것이 무엇입니까요?' '음부로 보내는 소식이지'

'갖고가서 어떻게 하는 겁니까?'

'목적지에 가서 자기가 수문에 머리를 찧어서 이 세상을 청산할 것이다. 저 여자가 큰 죄도 지었지만 큰 복을 지었어. 저 몸 받으면 3천 년을 가는데 내가 이 죄를 하나 없이 멸도시켜 이 회상에 와서 일꾼이 될 것이네'[2]

일화가 갖는 내용 중 구렁이의 출현 대목이 주요 관건일뿐더러 이야기의 주제와도 맞닿아 있다. 한편 사건의 현장이 이야기에 구체적으로 드러나고 있고, 구렁이의 행적도 수문이라는 구체적인 목표물이 설정되어있는 점은 이야기의 실제성을 더욱 두드러지게 한다. 구렁이 변신의 내용을 뒤로하고도 살펴볼 부분이 있다. 이를 통해 일화를 조금이나 마 이해할 수 있다면 다행한 일이 아닐 수 없다. 필자는 이미 일화의 설화적 분석을 통해 그 상관성을 연구한바 있다고 했다(이정재, 2011, 207~231). 이어 이 이야기는 설화적 접근만으로는 풀기 어려운 실제의 구체적 장소와 방법들이 명시되어 있어 그 부분을 검토할 필요가 있다고 생각된다. 결코 설화적이지는 않으면서 실화적 전제를 강하게 드러낸 점을 간과할 수는 없는 상황이다. 특히 제도의 과정은 음부로 보내는 편지라는 단서를 명시하고 있고 그 순서를 구체적으로 암시하고 있어 더욱 그렇다. 제도의 과정에서 한 가지 놓칠 수 없는 부분이 있다. 소위 상사뱀설화와의 연관성 검토이다. 다음의 부분과 밀접한 관련이 있는 대목이다.

---

2) 선진법회 추모담(원불교학과 주최, 1975년 12 밤, 대각 전): 박용덕 소장 녹음자료 1번 B면 TC: 322~354: 박용 덕, 초기교단사2권(원광대 출판국, 2003('97)) 24쪽 재인용.

'몇 해 전 귀영바위 살 때, 탈이로 돈 벌러 갈 때 적수공권으로 갔
다 와서 빚 갚은 일이 있지. 저이가 그때 탈이섬 주막 밀양박씨 부인
인데 특히 그 주인보다 날 더욱 위했제. 몇 해 전에 죽었단 소식 들었
더니 저렇게 나타났구면.'

　박씨 여인이 '주인보다 날 위했제'라고 한 부분이다. 구렁이설화에서
주로 나타나는 우연한 만남과 는 다르다. 둘은 냇가에서 우연히 만난 사
이가 아니다. 만날 수밖에 없는 필연적인 관계에 있었던 것이다. 또한 구
렁이는 섬지기를 하다가 일행을 만난다. 이 점은 한국의 설화세계에서 자
주 등장하는 섬지기 구렁이설화와 상사뱀설화와의 비교를 점검할 필요가
있는 부분이다. 이야기의 실화성은 일행의 행적과 사건의 전모를 살펴보
는 과정에서 드러날 것이다. 그럼에도 구렁이여인의 변신과 제도의 과정
은 여전히 설화적 모티브를 담고 있어 그 상관성을 살필 필요가 있다. 이
는 앞서 연구한 논문의 미진한 점을 보완하는 의미가 있으며, 동시에 이
야기의 실제성을 구체적으로 살펴 이해를 보다 정확히 하는데 기여하게
될 것이다. 상사뱀설화군은 다음 장에서 살피기로 하고 소태산 일행의 실
제 여정을 먼저 살펴본다.

　이야기의 진위는 우선 내용에 나오는 지형과 지역을 실증하는 것에서
시작된다. 내용 중 가장 중요한 지역은 구렁이가 현신했던 공음정 근처
냇가가 될 것이다. 소태산일행의 여정에 과연 냇가라 칭할 수 있는 작은
천이 존재하는가를 알아보는 것이 우선이다. 현재의 지형은 도로건설과
각종 개발로 옛 모습을 간직하지 못한다. 그러나 자연적으로 있던 산이나
언덕 그 사이로 흐르는 하천 등은 거의 옛 모습을 갖기 마련이다. 변했다
면 중간에 저수지를 만든다거나 혹은 수로를 확장하거나 다리 등을 새로
건설한 정도일 것이다. 소태산이 영광에서 변산에 이르는 동안 어떤 하천
이 적어도 하나 이상은 나 와야 한다. 특히 공음정 근처에서는 그렇다.

현재 영광에서 변산으로 이르는 길을 걸어서 다니는 사람은 없을 것이다. 지금부터 8, 90년 전 소태 산이 영광에서 변산으로 다녔던 길은 크게 육로와 뱃길이 있었다. 뱃길이야 선진포나 법성에서 타고 한 번에 곰소나 줄포에 도달하면 된다. 여기서는 육로와 관련된 것이니 그것을 구체적으로 살핀다. 변 산으로 가던 옛길을 박용덕은 70년대 일일이 동네 사람들에게 물어 재현했다. 그가 재현한 영광—변산 길은 다음과 같다. 연화봉에서 내변산까지는 두 갈래 길이 있다. 뱃길과 육로를 1, 2로 표시했다.

선진포—지아닐—여술—선동—용성리 새터—장복으로 하여 구암—용덕리 발막—(공음정)—개갑(장터)—회룡—한사동—석교—장동—두암(현 저수지)—형제동—작고개—송정—송곡저수지—월곡—소메—안산—궁산(현 저수지)—개매기—쪽박뫼—지석묘군—도원 저수지—연화봉(심원)—1. 줄포만 뱃길—곰소만—내변 산 / 2. 홍덕—줄포—내변산3)

여정은 신새벽에 나서도 일박을 중간에 자고 가야 하는 약 130리 길(약 52km)로 계산된다. 박용덕은 영광— 변산 옛 길이 두 갈래 길이 있다고 했다. 하나는 선운산의 좌측으로 난 길을 따라가는 길과, 박용덕이 지름길이라 칭했던 선운산 우측으로 통한 길이다. 우변의 지름길은 지도상으로 볼 때 지름길이라 칭하기 어려울 정도로 큰 차이는 없는 거리다. 상황에 따라 길을 선택하였던 것 같다. 그 갈림길이 공음근처의 발막에서 비롯된다. 박용덕은 지름길이 아닌 선운산 좌변의 길을 추적하였었다.

지아닐은 지도상으로는 지안일로 표기된다. 선동도 신산동의 오기가 아닌가 한다. 두암과 궁산은 당시 저수지가 아니었던 곳이다. 지금은 그

---

3) 박용덕의 『원불교초기교단사』2(원광대 출판국, 2003) 23쪽을 참조하여 재구성하였다.

곳을 돌아가는 둘레길이 생겼다. 박용덕은 "발막에서 들판의 개울을 하나 건너면 전라북도 도계로 접어들고, 회룡리 산모롱이를 지나 나지막한 등성이를 타고 가면 한사동 마을이 나온다(박용덕, 2003, 28)."고 적고 있는데 여기 들판의 개울이 장곡교 혹은 회룡교다. 소메는 지도상으로는 우산으로 표기되어있고, 도원저수지도 도천저수지로 되어있다.

선진포에서 지아닐로 가려면 꼭 배를 타고 건너가야 한다. 건너가는 참에 아예 지아닐까지 타고 와탄천 물길을 거슬러 올라갔다고 한다. 지아닐은 와탄진에서 내려 바로 근처에 위치한다. 와탄진의 자리는 현재 와탄교가 크게 만들어졌고 22번 준고속 도로가 영광과 법성을 잇고 있다. 길룡리 영촌에서 와탄진까지는 직선거리 3.5km이고 와탄진에서 발막까지는 직선거리로 약 5.5km에 이른다. 실제 거리는 그 배 정도가 되지 않았나 추정된다. 발막은 소태산 누이의 시가집이 있는 곳이라서 종종 쉬었다 가곤 했다(박용덕, 2003, 23). 여기서 길은 두 갈래로 나뉜다. 즉 일행은 선운산의 좌변 길과 우변길을 여기서 선택해야 한다.

소태산이 영광에서 변산을 내왕한 것은 적어도 수십 차례에 이를 것이다. 익히 다녔던 길이기 때문에 일행은 길목을 잘 알고 지리도 훤하게 밝았을 것이다. 어디에 무엇이 있고 없고, 또 어떤 장 주막에 가서 장을 보고 식사를 해야 하나도 모두 정해 놓았을 것이다. 그리고 일행은 이 지역 본토박이들이기 때문에 어렵지 않은 설계를 하였을 것이다. 우리가 살펴볼 소위 냇가는 어느 곳에 위치해 있을까. 너무도 절묘하게 일행이 걸었던 행적 중 현재 남아있는 냇가는 공음정 근처에 있는 것이 유일하다. 지금은 저수지가 된 두암과 궁산에 실개천이 있었을 터인데 지금은 확인할 길이 없고 공음정과 큰 거리 차가 있어 배제된다.

이 냇가는 현재 칠암천이라 불린다. 칠암천은 서북으로 흘러 삼당리 내덕사가 있는 부근에서 구암천과 합류하여 폭이 넓은 강과 같은 큰 천을 이루며 서남으로 방향을 바꿔 법성에 이르러 서해바다로 흘러 들어간다. 약 10여 km의 길지 않은 천을 이룬다. 칠암천 줄기를 따라 올라가면 공음의 동편에 있는 칠암리 마을을 지나 산정 마을에 위치한 칠암제가 있는데 이 물은 이 작은 저수지에서 발원한다. 칠암천으로 흘러드는 물은 칠암제 외에 촛불산 북단에 널린 수많은 저수지의 물들로도 흘러 들어간다. 즉 산정제, 신상제, 원동제, 장곡제, 양동제, 내대제, 덕산제 등등 이 근처에는 재들이 두루 산재해있어 농사짓기에 풍부한 수원이 좋은 곳이다. 사시사철 물이 냇가로 흘러드는 곳이다. 소태산 일행이 접어든 냇가가 바로 이곳 저수지의 물들이 산재해있는 칠암천을 가로지르는 길에 위치해 있었던 것이다.

칠암천과 구암천은 낮은 평야지대를 가로질러 넓은 지역에 물길을 대주고 있다. 그런데 물길의 마지막에는 커다란 수문이 설치되어있다. 이수문은 법성포 앞 바다가 만조될 때 바닷물의 역행을 막아주고 또 물을 보존하여 필요할 때 물을 사용하려는 목적으로 만들어진 것이다. 수문의 설치는 일제 시대인 1910년대쯤으로 알고 있다. 앞서 언급한 여러 제에서 내려오는 물들도 수위조절을 위해 현재 자그마한 수문들을 칠암천 주변 여러 곳에 설치한 것을 볼 수 있다.

공음정 근처에서 칠암천은 두 개의 길과 만난다. 하나는 위에서 보았던 일정에 나와 있는 발막에서 개갑으로 넘어가는 길목이고, 다른 하나는 지름길이라 칭했던 길로 발막에서 우측에 있는 공음정 쪽으로 가는 길로 선운산의 우변길이다. 이 일화는 바로 이 두 곳 중 한 곳에서 일어난 일이다. 이 지역의 사진과 지리를 <그림 1>과 <그림 2>, <그림 3>에서 확인할 수 있다.

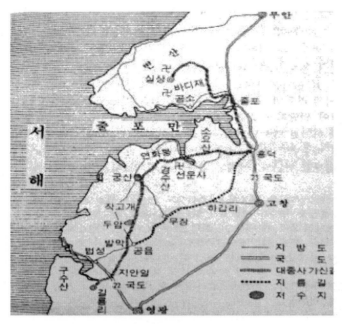

<그림 1> 길용리에서 변산까지 노선(박용덕, 위의 책 20쪽 인용)

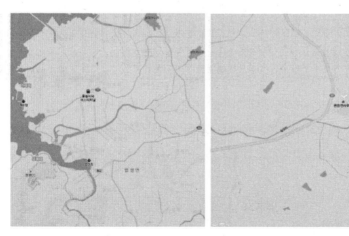

<그림 2> 구암천과 칠암천   <그림3> 발막에서 개갑으로 건너가는
                                                        장곡교와 회룡교

<그림 1>은 박용덕이 그린 것으로 <그림 2>와 < 그림 3>의 실측 지도와는 차이가 있다. <그림 1>의 경로는 북쪽으로 향한 직선노선으로 그려졌지만 실제는 북동으로 휘어 올라간다. 그러나 현재의 22번 도로와는 전혀 다르다. 그러나 발막에서 개갑장터로 건너가는 칠암천과 만나는 현재의 장곡교와 회룡교는 동일지역에 있다. 소위 지름길 노선은 공음 읍내 전에 이 천을 건너 개갑장터 쪽으로 북향한다. 이곳에 과거에 집이 있었는지는 모르나 현재는 모두 논이 되어있다. 이야기에서처럼 과거에도 초가가 없었을 가능성이 커 보인다. 촌락이 형성된 곳도 아니고 지대도 낮아 주거지로 적당하지 않아 보인다.

3. 섬지기 구렁이 모티브

한국의 뱀설화 연구를 종합하면 크게 다섯 부류의 유형이 나온다.

> "이를 종합할 때 필자는 다음과 같은 연구의 주제별 분야별 구분이 가능하다고 생각한다. 사신설화 계통 (구렁덩덩신선비 계통과 야래자설화 계통 포함), 상사뱀 계통, 변신 계통, 승천 계통, 일반적 뱀설화 연구 등으로 나눌 수 있다."[4]

그리고 이들의 특징은 다음과 같다. 즉 사신설화는 뱀을 숭배하는 것을 다룬 설화를 연구한 것으로 대개 뱀을 신봉하였더니 도움을 얻었다는 이야기가 주 내용이다(박민호, 2001, 1~64; 박종성, 1991, 29~39; 강철, 2003, 277~302). 뱀을 퇴치하는 뱀퇴치 설화군도 여기에 포함되어 뱀을 신성시하는 관념이 내재된 설화를 대상으로 한 연구들이 포함된다(유달

---

4) 이정재, 앞의 논문, 2011.

선, 1986, 39~64; 김준기, 1995, 20~150). 또한 어느 마을이나 섬에서 뱀이 당신으로 모셔지고 제의를 행하게 된 과정을 설명하는 신화들이 다수 포함이 된다. 일종의 '뱀의 섬지기 신앙'이라 할 수 있다(임근혜, 2003, 22~96; 안미옥, 2000, 19~90). 상사뱀설화 연구는 역대 유명한 장군이나 도학자들과 관련이 있는 것으로 특정한 화소와 구성을 가진 상당히 정형화된 설화군이다. 서경덕, 이순신, 임경업, 이황, 이이, 남명 조식, 정진홍 등등 주인공들이 한 여인에 의해 사랑을 받는다. 둘이 인연을 맺게 되지만 헤어지거나, 약속을 지키지 못하자 그 여자가 후에 구렁이로 변하여 주인공에게 나타나 괴롭히거나 천도를 받게 되는 등의 서사구성을 가진다.

변신설화 연구군은 이미 앞서 살핀 설화군에서 전제된 화소다. 둔갑의 변신만을 따로 떼어 다루었다는 의미를 가진다고 할 수 있겠다. 이외에 승천을 다룬 연구가 있는데(이지영, 2007, 185~225쪽), 이 도 또한 앞의 사신설화나 상사설화에 모두 포함되는 설화군이다. 승천이라는 모티브를 따로 떼어 다룰 수 있다는 가능성을 제시한 의미를 가진다. 이 중 여기서 다루는 모티브는 사신설화 계통과 밀접한 관련이 있고, 박씨 여인의 소태산과의 인연은 상사뱀유형에 해당되어 다음 장에서 다룰 부분이다.

섬지기는 섬지킴이를 말하는 것으로 섬지킴의 다른 말이다. '지킴'은 '한 집안 어떤 장소 등을 지키고 있다고 생각하는 신령한 동물이나 물건'을 이른다(허웅, 우리토박이말 사전, 2002). 또한 섬지기의 '지기'란 '어떤 이름씨에 붙어 그 사물을 지키는 사람을 나타낸다.[5]

구렁이가 어느 마을이나 섬을 지킨다는 설화는 전국에 널리 퍼져있다. 일화에서도 그랬듯이 "죽은 박씨 부인이 죽어 섬지기를 하다가...."의 문구를 볼 때 지킴이의 의미를 담고 있음을 알 수 있다. 일화에 나온 '섬지

---

5) 예) 문지기, 산지기, 청지기 등. 지기와 지킴이는 같은 의미를 가진 말로 지방에 따른 방언의 차이로 볼 수 있다.

기'라는 용어는 '섬을 지키는 신성한 구렁이'로 이해할 수 있다.

'다행히 강가에 섬지기를 하고 있다가 수렁으로 옮겨가는 중 우리가 가는 걸 보고 온 것이제' 여기서 '강가에서 섬지기를 하고 있다'의 부분은 내용상 모순이 된다. 섬지기란 말 그대로 섬을 지키는 이 다. 강가에서 섬지기를 했다는 말은 앞뒤가 맞지 않는 표현이다. 이에 대한 설명이 필요하다.

구암천이 법성포를 벗어나면 칠산 바다에 이른다. 법성포 앞바다에는 자그마한 섬들이 많다. 박씨 구렁이는 이들 섬에서 섬지기를 하였을 것이다. 박씨는 원래 길룡리에서 떨어진 임자도 옆 탈이섬 근처 하우리란 마을이지만 구렁이가 된 뒤 칠산 바다에 자리를 잡은 것은 길룡리와 거리가 가깝기 때문이었을 것이다. 길룡리 옆에 자리를 잡은 것은 소태산에 끌려서는 아니었을까. '우리가 가는 것을 보고 왔다' 말에서 보듯이 구렁이의 영험함을 미루어 볼 때 충분히 가능하다. 강가라 함은 강이 바다로 흘러 들어가는 길목을 말한 것은 아니었을까. 즉 강에 맞닿은 바다의 다른 표현이 아닌가 추정된다. 이를 뒷받침하는 것이 수렁이다. 수렁은 진흙과 개흙이 물과 범벅이 된 상태를 이르는 것으로 논과 천이 섞여있는 상태를 이른다고 할 수 있다. 즉 칠암천을 이른다. 앞서 우리는 칠암천 줄기가 구암천과 합류하여 강과도 같은 큰 천을 이룬다고 했다. 구암천은 강이라 이를만하다. 구렁이는 칠산 바다가 만조 시에 구암천 수문을 통해 내륙으로 들어왔을 것이다. 강가에 와서 기다리고 있다가 일행이 움직이는 것을 보고 칠암천을 거슬러 올라 공음정 길목에서 소태산 앞에 현신을 한 것이다.

이런 섬지기 모티브는 대부분 사신 설화 연구와 관련을 가진다. 즉 한 구렁이가 어느 섬의 주인 행세를 하는 것인데 주민들의 신앙적 중심에 있는 경향을 보인다. 뱀설화 연구 중에 가장 많은 분량을 차지하며 설화의 양과 종류도 가장 다양하게 존재한다. 다음과 같은 연구를 들 수 있다.

이것을 모두 소개할 수는 없고 가장 역사가 오래 되고 또한 다른 섬지기 관련 사신설화의 전형적인 구조를 가진 거타지 설화를 소개한다. 이 설화는 섬지기가 사신으로 등장하여 악신을 퇴치하는 내용을 가진다. 두 층위의 대립관계를 보여주는 사례라 할 수 있다. 종교간, 세력간, 종족간 혹은 문화간의 대립을 보여주는 것이다. 섬지기 사신신앙의 흔적을 잘 보여주는 사례이다.

> "진덕여왕의 막내아들인 양패(良貝)가 당나라에 사신으로 갈 때, 후백제의 해적들이 진도에서 길을 막는다는 말을 듣고, 궁수(弓手) 50명을 뽑아서 호위하게 했다. 배가 해골섬을 지나려는데 갑자기 풍랑이 세차게 일어났으므로 10여 일 동안이나 그 무시무시한 섬에서 묵게 되었다. 양패가 걱정되어 방도를 물었더니 한 신하가 답변했다.
> "이 섬에 신지(神池)가 있으니 그곳에 제를 올리는 것이 좋겠습니다."
> "치성을 드려 나쁠 것이 있겠는가."
> 그들이 못 위에서 제물을 차려 놓고 제를 올리니 못 물이 한 길 남짓하게 높이 솟아올랐다. 그날 밤 꿈에 한 노인이 나타나서 양패에게 말했다.
> "활을 잘 쏘는 한 사람을 이 섬 안에 남겨 두면 순풍을 얻어 떠날 수 있을 것이오."
> 꿈에서 깨어난 양패가 그들과 함께 의논했다.
> "도대체 누구를 남겨 두면 좋겠는가?"
> "나무조각에 각자 이름을 써서 물에 띄웁시다. 그 중에 가라앉는 사람이 남도록 합시다."
> "좋은 방법이로다. 신이 필요한 사람을 골라 그 명패를 가라앉히리라."
> 쉰 명의 군사들 중에 거타지(居陀知)라는 사람이 있었는데, 그의 명패가 물속으로 가라앉았다. "운명이라면 제가 남겠습니다. 어서 출항을 하십시오."

꿈속의 말대로 순풍이 불어 배는 순조롭게 출항을 하고 거타지만 남아 우뚝 서 있었다. 그때 한 노인이 물속에서 솟아 나와 말했다.

"나는 서쪽 바다의 신이오. 매양 한 중이 해뜰 무렵이면 하늘에서 내려와 다라니 주문을 외우며 이 못을 세 번 돌면, 우리 부부와 자손들이 모두 물위에 떠오르게 되는데, 중은 내 자손의 간장을 빼어 먹어 버리오. 이젠 우리 부부와 딸 하나만 남았소이다. 내일 아침에 반드시 올 것이니 그대는 활을 당겨 중을 죽여 주시오."

"활 쏘는 일이라면 자신 있으니 염려하지 마십시오."

"고맙소."

노인이 물속으로 들어간 뒤 거타지는 숨어서 기다렸다. 이튿날 해가 떠오르자 과연 중이 와서 그전처럼 주문을 외우면서 늙은 용의 간을 꺼내려고 했다. 이때 그는 활을 쏘아 중을 맞히니, 그 순간 늙은 여우로 변하여 땅에 떨어져 죽었다. 그러자 물속에서 그 노인이 나왔다.

"공의 덕을 입어 내 생명을 보전하게 되었으니 그 은혜로 내 딸을 공에게 아내로 드리겠소이다."

"고맙습니다."

노인은 그 딸을 한 가지 꽃으로 변하게 하여 그의 품 속에 넣어 주었다.

"자, 어서 떠나시오. 동행을 따라갈 수 있을 것이오."

두 용이 거타지를 태우고 달려가 사신이 배에 오르게 하고, 끝까지 호위하여 당나라에 이르게 되었다. 당나라 사람들은 신라의 뱃머리에 두 용이 받들고 있음을 보고 황제에게 아뢰어 융숭한 대접을 받게 되었다. 고국에 돌아온 거타지는 꽃가지를 꺼내어 여자로 변신시켜 함께 살았다."[6]

---

6) ≪삼국유사(三國遺事)≫권2 <기이제이(紀異第二)>의 진성여왕(眞聖女王) 거타지 조(居陀知條).

여기 등장하는 노인은 섬을 지키는 용이자 서해의 해신이다. 즉 섬지기이자 해신으로 등장하여 거타지와 신라 일행의 항해를 도와준 내용의 설화다. 여기서 사람의 간을 빼어먹는 요괴는 부정적 이미지의 여우로 등장한다. 거타지는 이 여우를 퇴치하여 영웅이 되고 구해준 용의 딸을 선물받는다. 이런 서사는 전형적인 용퇴치 설화와 구조가 유사한데 그 주인공이 서로 바뀐 것으로 이 유형의 한 변이형이 아닌가 한다.

거타지 설화보다 역사가 더 오래되어 보이는 것을 제주의 신화를 드는 것이 상식이다. 뱀이 어떤 과정을 거쳐 섬지기가 되는 가를 실감나게 보여주고 있다. 그것도 한 가지가 아닌 여러 종류의 신화 군을 형성하고 있다. 그리고 이것은 제주의 당제 및 무속과 밀접한 관련을 맺고 있다. 제주 뱀신화와 뱀 신앙을 소개하는 데 가장 적합한 자료는 "제주의 뱀 신화와 뱀신앙(현용준·현승환, 1995, 1~74)"이다. 현용준은 여기서 가장 심도 있는 논의를 전개했고 풍부한 자료를 다루었다. 현용준보다 앞서 탁명환 이 쓴 논문도 뱀신화와 신앙을 다루었으나(탁명환, 1978, 71~78쪽), 일부 지역에 한정한 점이 현용준의 제주 전체 지역 대상으로 한 점이 많이 다르다. 그 일단을 소개하고 관련 설화를 제시한다. 이외에 도 이기욱(1989, 181~212쪽)과 문무병(1993, 22~298쪽)의 사 신 연구가 더 있다.

탁명환은 토산당의 사신신앙의 형태를 토산본당, 안칠성, 밖칠성 등 셋으로 나누어 설명하며 그 분석을 성적인 결핍의 연장선에서 이해할 필요가 있다고 했다(1978, 77쪽). 또한 "토산당 뱀신앙은 뱀 그 자체를 신앙한다는 신앙보다는 뱀을 상징화시켜 뱀 신을 섬기는 것이고……, 뱀을 꺼리기는 하지만 잘 섬기면 재화의 복을 받고 못 섬기면 재앙, 앙화를 입는다는 신앙이 강하여 뱀을 절대 죽이지 않고 '물 할망'이라 하여 위해준다"고 했다.

현용준은 '이제는 제주도의 사신신앙을 전체적 종합적으로 다루면서 이를 그 연원으로부터 현재의 상황에 이르기까지 일관된 논리로 설명하는 연구가 요청되고 있다.'고 하면서 그동안의 연구를 기반으로 한 진일보한 연구를 하였다. 그는 뱀신화는 일반신적, 당신적 그리고 조상신적 구분이 가능하다고 보았고 각각의 신화가 다양하게 존재한다고 했다. 여기서는 공동체 신이자 섭지기로의 뱀신의 기원을 설명하는 당신 뱀신화를 찾아 소개한다.

앞서 탁명환도 언급했던 토산당 기원신화의 내용은 다음과 같다. 원래 이 이야기는 매우 긴 서사를 가진다. 그 골격만을 추려 정리한다.

"나주에 부임하는 목사마다 얼마 못가 파직을 당한다. 점차 갈 사람이 없는데 어느 목사가 지원하여 간다. 목사가 금성산을 지나가려 하니 부하가 이 산엔 영기가 있으니 말에서 내리라 한다. 그대로 지나가려 했으나 말이 발을 절어 수가 없으므로 올라가 보니 큰 기와집에 미녀가 머리를 빗고 있다. 사람이 귀신일리 없다하니 큰 뱀으로 변하여 나타난다. 뱀에게 불을 놓으니 바둑돌로 변하여 종로 네거리에 가 떨어져 있다. 한편 제주에 사는 강씨, 한씨, 오씨가 진상을 하러 서울에 갔다가 이 바둑돌을 주워 진상일이 잘된다. 바둑돌 덕에 제주에 무사 도착하는데 온평리에 도착하자 바둑돌이 여인으로 변하여 온평리 당신에게 인사를 드렸더니 차지한 신이 없는 토산리로 가라고 가르쳐준다. 토산에 와 좌정한 뒤 영험함을 보여 마을 사람들이 당신으로 위하고, 집안에 들어서면 일월 조상으로 위하게 되었다. 이 신은 청명이 되면 구멍구멍에서 나오고 상강일이 되면 구멍구멍으로 들어가며, 나돌아 다니다가 무지한 사람에게 타살되면 직성이 약한 사람한테 가서 굿을 하게 하여 풀림을 받는다. 이 신은 강씨를 상단골로, 오씨를 중단골로, 한씨를 하단골로 하여 11월 7, 8날짜 각 일과 6월 7, 8 날짜 각 일을 제일로 하여 숭앙을 받는다."(탁명환, 1978, 73~75쪽; 현 용준, 1995. 13~14쪽).

현용준은 이외에도 다수의 당신기원신화를 제시하고 있다. 이 신화는 어떤 과정을 거쳐 한 마을의 마을지기를 하게 되었는가를 설명하고 있다. 박씨 구렁이가 어느 섬에서 섬지기 역할을 한다는 것은 그 섬마을의 주민들로부터 당신으로 인정되어 제의를 받고 있다는 것이 되는데 그 좌정 내력을 이 신화의 예를 들어 가늠해볼 수 있게 된다.

제주의 경우 공동체적 신격인 뱀의 당신적 성격 이외에 조상신적 성격이 있다고 했다. 이는 업구렁이 신앙과 같은 것이다. 또한 탁명환이 언급했던 밖 칠성에 해당되는 것이다. 한 집안에서 뱀을 집을 지키는 지킴이 기능으로 인식한 것이다. 이는 섬 이외에 내륙에서도 널리 퍼져있는 가정신앙의 형태다. 업신앙에 대한 설명을 더하여 같이 이해하기로 한다.

섬지기 구렁이나 뱀이나 용은 어느 한 개인의 신격이 아니라 마을이나 동네의 공동체가 그 신격 대상이지만, 그 연장선에서 개인적 혹은 한 가정의 집 지킴이 역할을 하는 구렁이로 업구렁이를 들어야 한다. 업구렁이는 구렁이가 섬지기로서의 역할을 그대로 한 가정이나 개인에게 역할한다. 이를 '업신앙'이라 하여 아직도 민간에 그 잔영을 남기고 있는데 도서지역이나 외진 마을에 현존한다.

업에 대해서 이능화는 "업왕은 재신을 말하며 민간에서 신봉하는 종류로는 인업·사업·유업들이 있다."고 했다. 업왕가리는 언제나 곡물을 쌓는 곳으로 여기에서는 구렁이와 족제비를 자주 볼 수 있어 사람들이 이를 곡신이라 했으며 이것이 전해져 업왕이라 일컫게 된 것 같다(이능화, 1991, 56). 업구렁이는 업신앙 중에 한 부류다. 대체로 가정의 업은 여러 부류로 나뉜다. 인업, 구렁이업, 족제 비업, 두꺼비업 등이 그것이다. 업은 재신(財神)이다. 그리고 형태는 대개 뒤꼍에 모신다. 문화공보부 에서 주관한 『한국민속종합조사보고서』 전남편·경 북편·경기편을 보면 업신앙에 대한 자료가 소개되어 있다(문화공보부, 1969, 1~787쪽; 1974, 1~819쪽).

그러나 이 조사를 실시하던 때는 이미 쇠퇴한 신앙형태로 기억으로나 전해지고 있는 경우가 더 많이 조사되었다. 당시에 제주의 경우는 유난히 달랐던 것으로 조사되었다. 이는 앞서 언급한 탁명환과 현용준의 글에서도 확인된 것이다. 사신과 재신의 관념은 지금도 제주에 민간에서 유지되고 있고, 무속에 서도 큰 비중을 차지한다.

본풀이 외에 밖칠성과 안칠성이 뱀신앙과 밀접한 관련을 가진다. 서사무가 칠성본풀이에 의하면 절에 불공을 드려서 낳은 귀한 집의 외동딸이 중의 자식을 잉태했기 때문에 돌함에 담겨 버려진 것이 제주에 표착한다. 그 딸은 뱀으로 변신해 일곱 딸을 낳고 막내딸은 뒤껼 주저리 밑의 기왓장 아래로 들어가 부군칠성이 되고, 어머니는 고광의 쌀독으로 들어가서 곡물을 지켜 부자가 되게 하는 안칠성이 되었다고 하는 것이다. 이 칠성을 모신 집은 매년 철길이라는 의례를 하고 기제사 때에도 제물을 올린다.

이상 섬지기의 어원과 그 내력의 일단을 제주의 당신화와 일반신화를 통해 살폈다. 또한 그 연장선에 있는 업신앙을 살펴 집지킴이인 업구렁이에 대해서도 알아봤다. 섬지기 모티브는 엄밀한 의미에서 민속학적인 이해를 구한 측면이 강하고 설화적 모티브만으로 규정하기는 어려운 측면이 있다. 아무튼 일화에 등장한 박씨 구렁이의 행적 중 섬지기를 했던 상황을 이해하기 위한 설명은 충분하리라 생각된다. 섬지기를 한 구렁이는 설화적 주인공 이지만 가정신앙의 업신앙과도 밀접한 연관이 있다.

박씨 구렁이는 민간에 실제한 존재였음을 염두에 둘 필요가 있다. 구렁이는 가정과 마을 혹은 섬에서 신성한 동물로 간주되어 신앙의 대상이 되었지만 이들의 이상은 설화에서 보듯이 승천에 있었다. 박씨 구렁이는 이런 한반도 과거의 전통에 맞닿아 있어 민속을 살피지 않고는 이 일화를 이해하기 어려움을 알 수 있다.

4. 상사뱀 모티브

구렁이가 인간으로(주로 미모의 처녀)변신하여 외딴 초막에 홀로 살고 있다가 우연히 지나던 한 남성(과거 유생, 사냥꾼, 가난한 사람, 사냥꾼 등등)과 인연을 맺는 구성의 설화는 전국에 널리 퍼진 광포 전설이다. 어떠한 인연 관계가 특별히 설정되지 않고 우연한 것과는 달리 각자는 필연적인 우여곡절을 가진다. 대체로 구렁이는 하늘에서 쫓겨난 뒤 다시 등천을 하기 위한 준비과정의 필연과 남성의 경우 그들이 가진 고민 해결의 필연이 만난다. 즉 가난의 극복, 부의 축적, 과거의 합격 등이다. 그리고 구렁이를 만나는 남성들은 착한 성품의 소유자, 혹은 사 회적 능력을 갖춘 자, 도력을 갖춘 자들로 구성된다는 점도 특징이다.

위와는 달리 특정의 인연관계만이 전제되어 구렁이를 만나게 되는 경우가 있다. 여기 해당되는 설화는 상대적으로 다수의 연구가 있었고, 자료도 명확하여 유형적 분류를 가능하게 하였다. 앞서 살폈던 소위 '상사뱀' 설화 연구가 그것이다. 이 유형에 해당되는 설화는 대체로 일정한 구성을 하고 있다. 남녀 간의 사랑이 이루어지지 못해 발생한 비극적 사건의 전개가 주류를 이룬다. 이 유형에서 뱀이나 구렁이가 되는 대상은 남녀의 구분이 없다. 연모의 꿈을 이루지 못한 대상은 누구든 변신을 하여 일종의 복수를 하게 되는 구성을 하고 있는데, 그 복수가 원혼적인 것으로 잔인하거나 비참한 정도의 것은 아니다. 때로는 원혼이 된 구렁이와 동거를 하거나, 달래거나 혹은 천도를 하는 경우도 많다.

이 유형 중에서도 많은 분포를 보인 이야기는 남명 조식, 서경덕, 이황, 이이 등을 비롯한 도학자들이 주인공으로 등장한 설화를 들 수 있다. 과거나 도를 위해 젊은 시절 전력투구 공부를 하는 중에 그를 사모하게 된 옆집이나 이웃집 여인 혹은 우연한 만남으로 인한 여인의 소원을 들어주지 못해 발생한 이야기다. 이 과정에서 어떤 처녀는 공부인으로부터 혼쭐

이 나거나 회초리로 종아리를 맞게 되는 질책과 거부의 과정이 이야기화되고 있다. 이 점은 소태산이 연화봉에서 소위 연화아가씨의 연모를 물리칠 때 있었던 일화와도 유사한 구조를 가지고[7]

구렁이가 변산 행로 중 공음 개천변에서 우연히 초막과 한 여인을 만나게 된 모티브는 우선 상사뱀의 구조와 차별이 있다. 우연히 초막과 미모의 소복 한 여인을 만나게 된 장면은 앞서 소개한 구렁이 만남의 상황과 일치한다. 길을 가다가 우연히 전에 없던 초막이 나타나고 일이 끝나자 초막과 연인이 사라질뿐더러 그 여인이 다시 구렁이로 화했던 점은 민간의 구렁이 설화가 가지고 있는 전형적인 서사구조다. 단 소태산의 경우는 홀로 길을 나선 것이 아니고 또 길을 헤매거나 하는 과정이 없는 점이 다르다. 두 제자들과 동행했을 뿐더러 목적지도 변 산 실상사로 정해져 있는 점이 그렇다. 구렁이와의 우연한 만남은 외면적 모습이고 내면적으로는 양자가 필연에 가까운 인연이 있음을 간과할 수 없다. 이는 상사뱀 설화가 보여준 필연적 인연과는 거리가 있다. 한국 상사뱀설화의 경우 우선 여인의 연모가 분명히 드러났고 그 과정이 전적으로 남녀의 사랑을 조건으로 형성된 이야기 구조인 점에 반해서 소태산과 박씨 구렁이 여자는 남녀의 연모가 주가 된 것이 아니라 서로 도움을 주고받는 친분적 관계가 주가 된 점을 차이로 들 수 있다. 즉 탈이섬 민어파시에 장사를 간 소태산은 오로지 돈을 벌어 부친이 남긴 빚을 청산하기 위함이었고 이 과정에서 박씨 부인은 소태산에게 많은 도움을 주게 되었다. 박씨 부인이 가진 소태산의 풍모에 대한 감탄은 인간관계에서 표현할 수 있는 정도의 것으

---

7) 박용덕,『원불교 초기교단사』2권, 연화봉 기도 편. 소태 산은 당시 심원면 김준상의 원이 소유한 초막 혹은 피막으로 치료차 혹은 기도차 5개월 여를 묵게 된다. 봄이 되자 김준상의 딸이 소태산의 풍모에 이끌려 연화봉에 있는 초막을 방문하게 된다. 여기서 벌어진 일화는 두 종류로 구전되는데 위의 남명 조식 도학자의 수도과정의 여인 관계와 관련성이 있다. 추후 자세한 분석이 필요한 부분이다.

로 소태산의 인품과 위력에 감동한 바로 보아야지 연모의 관계로 단정하기 어려운 일면이 있다. 파시가 끝나고 탈이섬을 떠나올 때 박씨 가족이 소태산 일행에 대한 섭섭하고 따뜻한 감정을 언급한 부분을 보면 더욱 확신이 가는 대목이다. 이는 상사뱀 설화에서 대체로 보여지는 원한의 관계로 설정되지 않기 때문이다. 그러나 박씨의 입장에서는 소태산의 연모는 기정사실로 볼 수 있다.

'저이가 그때 탈이섬 주막 밀양박씨 부인인데 특히 그 주인보다 날 더욱 위했제.'라고 한 부분에서 이를 감지할 수 있다. 사모의 깊은 인연이 초막에서 현신을 하게 한 결과를 낳은 것이다.

그러나 법성포 나씨 여인의 경우는 이와 좀 다르다고 할 수 있다. 나씨 여인의 소태산 연모는 상사 뱀 설화군과 무관하지 않은 듯하다. 박씨의 경우와 달리 구체적인 다른 인연 관계가 언급이 되지 않기 때문이다. 나씨 여인이 소태산의 신발을 감추고 집에 가게 한 점은 분명 연모의 대상으로 보았다는 징표가 된다.

한편 박씨의 입장에서 보면 소태산과의 만남은 필연성이 전제되었음이 감지된다. 그가 진 일생의 과정이 잘못되어 구렁이가 되었음을 참회하던 중 소태산과의 해후를 통해 그 멸도의 기회를 갖게 된 점이다. 일화에서 전해지듯 구렁이는 신령스러워 큰 사람이 지나가는 것을 안다고 했는데 이 부분이 그 필연적 인연성을 암시한 부분이다. 즉 구렁이는 자신이 지은 나름대로의 복[8] 의 덕택으로 소태산으로부터 업을 소멸 받고 제도를 받게 되고 나아가 원불교 회상에서 일꾼으로 일을 할 것이라는 가정은 그 필연성을 다시 지지한다.

박씨 금사망보 여인 일화 중 '구렁이의 초막 현신 모티브'의 경우 외면적

---

8) 예를 들어 소태산에게 지은 빚을 갚을 수 있도록 도움을 준 복, 그래서 결국 득도에 이르는데 큰 일조를 하게 된 복 있음을 알게 된다.

으로 볼 때는 우연한 것으로 보이지만 내면적으로는 만날 수밖에 없는 필연적 관계가 있었다고 할 수 있다. 한국 뱀설화 가운데 이런 필연적 인연관계를 주제화한 설화로는 상사뱀 설화군이 있었다. 그러나 그 필연은 상사뱀 설화가 보여준 남녀 간의 사랑과 연모의 결과였다. 박씨 구렁이의 경우는 가족 같은 인간적 친분관계와 도움을 주고받았던 사회적 관계가 그 주를 이루고 있다. 또한 박씨의 입장에서 보면 자신의 참회에 이은 제도의 해법을 찾는 과정에서 이전에 맺었던 인간적 인연이 활용되었다. 자신에게 요구되었던 필연적 요인을 소태산을 통해 해결한 셈이다. 서로 주고받은 인과적 필연을 내면에 깔고 있는 구조를 보인 점을 확인할 수 있다.

이렇게 볼 때 소태산이 만난 금사망보 여인 이야기는 민간신앙의 업구렁이와 인과의 필연성이 적절히 조화를 이룬 구조를 갖추고 있다고 할 수 있다. 돌이켜 보건데 섬지기 구렁이 모티브의 우연한 만남이건 필연적 상사뱀의 이야기건 모두 인과적 필연성을 내재하고 있음을 확인 할 수 있다. 표현과 서술의 방법은 다르지만 그 추구하는 내면적 구조 의미는 인과적 원리를 모두 함유하고 있음을 알게 된다. 전자의 유형에서 구렁이의 승천과 상대자의 결핍 해소는 서로 상보적 순행적 인과관계에 있고, 후자의 상사뱀 유형에서는 연모와 사랑의 거부와 그로 인한 해꼬지의 인과 즉 상해적 역행적 인과관계를 그려내고 있다. 이렇게 보면 박씨 금사망보 여인의 경우는 전자의 특징을 잘 간직하고 있으면서 구렁이 상대자의 초월적 면모를 통한 초월적 인과 관계 모습을 보인다고 할 수 있을 것이다.

한편 박씨 금사망보 여인의 소태산에 의한 제도 받음을 한국 뱀설화와 비교할 여지가 있는데 그것은 구렁이 혹은 뱀의 등천 혹은 승천 관련의 모티브. 보통 용이 되어 하늘로 승천하는 것을 주 내용으로 하고 있는 이 설화군은 박씨 금사망보 여인이 제도를 받는 것과 두세 가지 점에서 비교된다. 우선 두 설화는 서로 그 이야기의 서사에서 구조적 일치를 보인다는 점이다. 또 구렁이의 초월적 변신에서 일치한다. 승천을 하는 것과 업의 멸도를 받아 그 죄업을 면하게 된 점은 서로 초월적 신분 격상이란 점에서 맥락을 같이 한다. 이런 구렁이의 변신은 반드시 이를 가능하게 하는 도우미의 존재 필요로 한다. 도움을 주는 보조자의 존재는 그 능력의 여하와 관계없이 기능적으로 동일 역할을 한다. 즉 구렁이로의 변신(결핍)을 도와주는 조력자(나뭇꾼 등 혹은 소태산 일행)를 만나 일정의 금기나 방법을 통해(통과의례) 승천을 하거나 제도를 받게 되어(난관 해결) 승천을 하거나 제도를 받게 되는(결핍 해소)의 동일 구조를 보여준다. 이런 서사와 모티브의 동질성은 그 배경에 우선 전제된 구렁이의 신성성 내재 그것은 한국의 전통 신앙적 동일 배경을 전제하고 있다는 점을 언급할 필요가 있다. 이 부분에 대해서는 보다 상세한 논의와 검증이 필요하다. 추후의 검토를 기대해 본다.

　3장과 4장을 살펴볼 때 설화와 실화의 경계가 모호하다는 점을 알게 된다. 분명한 것은 상화 연관성이 있다는 점이다. 특히 이야기의 구성과 모티브 및 신앙관과 세계관이 동일배경을 가지고 있다는 점에 서 그렇다. 이상을 종합할 때 다음의 추정이 가능하다. ① 설화를 끌어다 실화화 했다. ② 설화는 실화를 바탕하여 이루어진 것이다. ③ 설화와 실화는 서로 넘나듦을 자유로이 하며 이야기를 생성한다. 여기서 특히 ③번은 각각 소귀의 목적을 가지고 편집 각색되는 특징을 가진다. 여기서는 2장에서 살폈듯 이 일화를 실화로 간주하고 접근한 것이었다. 여기 설화와의 비교를 통한 결과를 볼 때 여기서는 ②와 ③이 모두 가능하다 하겠다. 어느 곳에 무게가 실릴지는 가늠하기 어려우나 현하의 학문적 입장에서는 ③의 입장까지는 허용될 수 있을 것이다. 그 넘나듦이 어느 정도였는지 어디까지였는지는 역시 추후의 연구가 기대된다. 물론 ②에 대한 관심과 연구도 빼놓을 수 없는 부분이다. 이에 근거하여 결핍해소의 방법 과정은 어떠했는지 살펴보자. 즉 음부로 보낸 편지의 내용과 구렁이 여인의 제도과정을 알아보자.

5. 음부로 보낸 편지와 제도

음부로 보내는 편지가 나오는 장면은 일화의 다음 부분이다.

> '글씨 써 준 것이 무엇입니까요?' '음부로 보내는 소식이지'
> '갖고 가서 어떻게 하는 겁니까?'
> '목적지에 가서 자기가 수문에 머리를 찧어서 이 세상을 청산할
> 것이다. 저 여자가 큰 죄도 지었지만 큰 복을 지었어. 저 몸 받으면 3
> 천 년을 가는데 내가 이 죄를 하나 없이 멸도 시켜 이 회상에 와서 일
> 꾼이 될 것이네'

구렁이는 목적지에 가서 수문에 스스로 머리를 찧어 죽는 것으로 되어 있다. 여기서 우선 관심이 되는 것은 수문에 머리를 찧는 장면이다. 앞서 살폈듯 이 수문은 바다와 연결되는 곳에 있다. 즉 구렁이 머리를 찧어 죽게 된 장소는 바로 이 수문이 되는 것이다. 소태산은 이것을 미리 알고 있었다. 수문의 건립 연대가 1910년대이니 처화가 20세쯤 경이다. 거대한 수문을 만드는 과정을 처화는 법성포를 오가며 지켜봤다. 그 후 광활한 갯벌이 농지로 변하는 것도 확인한다. 기존에 흘러가던 구암천의 물길이 당시 건립된 양 뚝에 막혀 가다 이 수문에 도달하는 것도 알고 있었을 것이다.

내용상으로만 보면 수문에 가서 머리를 찧어 세상을 청산한 것 밖에 없다. 그러나 그럴 리는 없다. 전하는 내용을 봐도 더 많은 내용이 있어야 한

다. 즉 '내가 죄를 하나 없이 멸도 시켜...'의 부분이 그렇다. 이는 천도에 관한 법문이 관련되어있음을 알 수 있다. 현재 원불교에서 사용되는 천도 법문은 천도 품에 자세히 전한다. 그리고 천도제를 지낼 때 사용되는 참회게9)와 성주10)와 청정주 등이 그 주 내용이다. 소태산이 음부에 보내는 편지는 이런 내용의 이상 이 아니었을 것이다. 그 중에서도 구렁이 천도 와 관련된 것을 찾으면 아래 인용문의 앞부분이 될 가능성이 있다. 긴 여 정의 길가에서 잠시 붓을 준비해 쓴 글은 장문일 가능성이 낮다. 간략한 성주의 형식 을 갖추었을 가능성이 있다. 그렇다면 소태산이 음부로 보낸 편지의 멸도법은 아래 인용문의 성주일 가능성이 있다.

이렇게 적었을 가능성을 상정할 수 있겠다.11)

汝歸還島 讀此靈呪
途中必有 金門障碍
唯誦靈呪 能突破嶙
若越障碍 罪業滅度

永天永地 永寶長生
萬歲滅度 常篤露
去來覺道 無窮花
步步一體 大聖經12)

---

9) 汝歸還島 讀此靈呪 途中必有 金門障碍 唯誦靈呪 能突破 若越障碍 罪業滅度
10) 聖呪; 永天永地 永寶長生 萬歲滅度 常篤露 去來覺道 無窮花 步步一體 大聖經
11) 한문으로 적지는 않았을 수도 있다. 비록 한자일지라도 영물인 박씨 여인은 영통으로 읽을 수 있을지도 모른다.
12) "그대는 섬으로 돌아가라. 가는 길에 큰 쇠문이 있을 것이다. 오로지 성주를 일심으로 외우며 돌파하라 / 빠져 나가라. 쇠문을 넘기만 하면 그대의 죄가 모두 멸도되리라. 성주; ....." 대종경 천도품 4장 인용.

목적지에 가서 편지를 펴보아라 한 점은 이야기의 내용상 모순되는 부분이다. 앞에서 목적지에 가서 펴보아라 했으면서 목적지를 언급하지는 않았다. '일어난 여인을 보니 절세의 미인이었다. '울지 마라' 하시며 대종사는 일산에게 '붓과 종이를 내놔라' 몇 자 적어 접어서 여인에게 주었다.

'내 잘 알았으니, 이 편지 갖고 속히 가라. 목적지에 가서 이것을 펴봐라'

여인은 거듭 절하고 오두막집 안으로 들어갔다. 그러더니 순식간에 집도 여인도 간데없이 사라졌다.

뒷부분을 보면 그 목적지가 다름 아닌 수문이 됨을 알 수 있다.

'음부로 보내는 소식이지'

'갖고 가서 어떻게 하는 겁니까?'

'목적지에 가서 자기가 수문에 머리를 찧어서 이 세상을 청산할 것이다. 저 여자가 큰 죄도 지었지만 큰 복을 지었어.'

목적지는 음부의 세계가 아닌 수문이 되는 것이고 구렁이는 그곳에서 생을 마감한다. 음부는 다름 아닌 생을 마감하는 장소가 되는 것이다. 음부의 세계란 현세를 초월한 어느 일정 장소를 논하는 것이 아님을 알 수 있는 대목이다. 음부인 목적지는 수문이 되고 그곳은 즉 생을 마감하는 장소를 가리키고 있다. 천도품 18장을 상기하게 하는 대목이다.[13]

그런데 '거기서 편지를 펴 보아라'고 한 점은 무엇일까. 편지를 펴본 시

---

13) 원불교 대종경, 천도품 18장: 대종사 선원 대중에게 말씀하시기를『그대들은 염라국(閻羅國)과 명부사자(冥府使者)를 아는가. 염라국이 다른 데가 아니라 곧 자기 집 울타리 안이며 명부 사자가 다른 이가 아니라 곧 자기의 권속이니, 어찌하여 그런고 하면 보통 사람은 이생에 얽힌 권속의 정애(情愛)로 인하여 몸이 죽는 날에 영이 멀리 뜨지 못하고 도로 자기 집 울안에 떨어져서 인도 수생의 기회가 없으면 혹은 그 집의 가축도 되며 혹은 그 집 안에 곤충류의 몸을 받기도 하나니, 그러므로 예로부터 제불 조사가 다 착 없이 가며 착 없이 행하라고 권장하신 것은 그리하여야 능히 악도에 떨어지는 것을 면할 수 있기 때문이니라.』

점은 생을 마감하기 전 일이다. 수문에 당도하여 어떻게 하라는 지시가 있었다는 말이 된다. 편지의 내용이 구렁이에게 생을 마감하라고만 하지는 않았을 것이다. 우리가 생각하는 상식적인 천도방식이 아니기 때문이다. 편지의 내용은 자연히 생을 마감하게 하는 길로 유도를 했을 것이다. 구렁이에게는 그 자리가 음부이어야 하기 때문이다. 또한 소태산이 수로를 미리 알고 지정하였던 바이기 때문이다. 과연 어떤 행위를 하라고 했을까.

우선 천도법문의 요지를 살펴볼 필요가 있다. 천도품 35장에 이렇게 적혀있다. "대종사 말씀하시기를『그러므로 모든 불조들이 최후 일념을 청정하게 가지라고 경계하셨나니, 이생에서 그 마음은 악하나 부귀를 누리는 사람은 전생에 초년에는 선행을 하여 복을 지었으나 말년에는 선 지을 것이 없다고 타락하여 악한 일념으로 명을 마친 사람이며, 이생에 마음은 선하나 일생에 비참한 생활을 하는 사람은 전생에 초년에는 부지중 악을 지었으나 말년에는 참회 개과하여 회향(回向)을 잘한 사람이니, 이와 같이 이생의 최후 일념은 내생의 최초 일념이 되나니라.』"

최후의 일념을 참회의 자세로 하여 생을 마감하는 방법이 박씨를 제도할 수 있는 유일한 방법임을 알게 하는 법문이다.

섬으로 돌아가는 길에는 유일한 장애물 수문이 있다. 구렁이는 자연 이곳을 통과하려고 무진 애를 썼을 것이다. 그러면서도 구렁이는 성주를 외우고 있었을 것이다. 일심으로 외우면서 섬으로 돌아가는 길에 맞이하는 것은 힘에 부쳐 생을 마감하는 일밖에 남는 것이 없다. 이것을 소태산은 '수문에 머리를 찧어 세상을 청산할 것이다.'고 했다.

죽음을 당할 때 제일 중요한 것이 최후의 일념이라 했다. 구렁이가 죽는 순간 오로지 다른 생각하나 없이 천도의 성주에만 매달려 있었다면 '죄를 하나 없이 멸도 시켜..'가 가능한 것이다. 남은 것은 죽는 방법이다.

혹은 구렁이가 승천하는 방법이다. 머리를 찧어서 죽는다고 되어있는 데서 힌트를 얻을 수 있다. 여기서 찧어 세상을 청산한다고 되어있는데 용어 '찧어'를 어떻게 해석해야 할지가 관건이다. 보통 찧다는 '어디에 부딪치다'를 의미하나 전남의 방언 중에는 '어딘가 틈새에 끼워진다'의 의미로도 사용된다. 좀 더 조사를 해봐야 하겠으나 문맥으로 볼 때는 후자의 것이 타당하다고 생각된다. 물속이 아닌 대기 중의 투신이 아닌 이상 충격이 미미하기 때문이다.

편지는 스스로 자살하라고 적지 않았다. 구렁이는 편지 내용대로 천도법문을 일심으로 외우면서 무언가를 했을 것이다. 여기서 우리는 수문이 내정되어 있었고 그것이 목적지이어야 함을 상기할 필요가 있다. 한편 문은 어디론가 통하는 역할을 한다. 이미 수문은 이생과 내생의 상징적 의미를 담고 있다. 통과의례의 의미를 끌어낼 수 있다. 어느 한 단계에서 다른 차원의 단계로 이동을 하려면 반드시 한 관문을 통과해야 한다. 구렁이는 이 문을 넘어서야 한다. 넘지 않고는 환골탈태 할 수 없다. 구렁이는 높은 쇠로 된 수문을 넘어설 수 없다. 편지는 그러나 이 문을 넘어서라고 적었을 것이다. 못 넘을 것을 알면서 그러다 지쳐 죽어갈 것을 알면서 넘으라고 주문한 것은 또 다른 목적이 있었기 때문이다. 넘기를 시도하는 중 일념으로 천도법문을 외워라 했던 점이 그것이다. 구렁이는 성주를 일심으로 외우면서 문을 넘어서려 안간힘을 썼을 것이다. 그 시간이 얼마인지는 모르나 힘이 다 소진될 때까지 구렁이는 노력을 했을 것이다. 그리고 이때 적어도 최후 일념은 천도법에 따랐을 것이란 점이다.

최후의 일념은 너무도 중요한 천도공식이다. 소태산은 넘을 수 없는 벽을 넘게 하며 그런 고행을 감내하게 하면서, 한편으로는 고행을 통한 업을 소멸시키고, 다른 한편으로는 성주를 외우게 하여 청정일념의 정신을 갖게 했던 것이다. 그렇게 죽은 구렁이의 영혼은 천도의 공식에 따라 죄를 멸도 받게 되어 인간계로 올 수 있었을 것이다.

최후 일념의 방식을 모르고서는 구렁이는 절대 탈바꿈을 할 수 없는 것이다. 그래서 "저 몸 받으면 3천년을 가는데 내가 이 죄를 하나 없이 멸도 시켜 이 회상에 와서 일꾼이 될 것이네"라고 하였던 것이다. 3천년은 상징적 숫자에 불과하다. 그 정도로 어려운 일이라는 것이다. 어느 조력자를 만나 그 방법을 알 수 있을 것인가. 박씨 부인은 한편 일정의 복을 지었다고 언급한 대목을 여기서 놓칠 수 없다.

아무리 악행을 하였다 하더라도 지어놓은 선행은 그 선과를 받게 된다는 것을 또한 전제하고 있다. 그리고 그 지어놓은 복이 상대에 따라서도 받는 내력이 큰 차이가 있음도 알 수 있는 대목이다(대종경 인과품 29장). '내가 이 죄를 멸도 시켜' 놓는 것은 다시금 '이 회상에 와서 일꾼'이 될 것이란 언급에서는 인간의 인연이 계속 이어지고 만다는 공식을 다시 확인시킨 내용이다. '다시 인연을 맺지 아니 하려면 미워하는 마음도 사랑하는 마음도 다 두지 말고 오직 무심으로 대하라'고 했다(대종경 인과품 11장). 탈이파시에서 장사를 할 때 박씨 여인은 소 태산을 몹시 동경하기도 했고 도움을 주기도 했다. 그 인연의 끈은 자연스레 연결되어 같은 회상에서 만날 수밖에 없는 것이라 내다본 것이다.

뱀의 용으로의 변신 설화군을 보면 용이 되기 위해 꼭 치러야 할 하나의 규칙이 나온다. 그것은 타부 즉 금기다. '소리가 나도 뒤를 돌아보지 말라', '여우가 불러내도 속지 말라', '음식을 먹지 말라' 등등 일정의 금기를 부여하고 이것이 달성될 때야 비로소 뱀은 용으로 승천할 수 있는 것이다. 한국의 설화가 보여준 용의 승천과 금기는 여기 박씨 구렁이의 제도와 음부편지의 천도와 같은 구조를 가지고 있다.

여기서 상기할 점은 공식화된 천도의 공식이다. 이 천도공식은 일상에서도 활용된다. 소태산은 그 공식을 알아내어 이를 활용한 것이다. 공식만 알아내면 음부로 보내는 편지가 그리 어려울 일이 아니다. 이를 혹자는 알 수 없는 기이한 행적을 나툰다고도 이야기하며, 혹은 허망한 일을 부황스럽게 행한다고도 할 수 있다. 이렇게 보면 설화는 천도의 공식과 구조를 이미 암시하고 있었던 것은 아닐까 하는 조심스런 가정을 해본다.

6. 마무리

하나의 초월적인 내용을 담고 있는 일화가 특히 종교가에서 전해질 때 보통은 알 수 없는 일이나 이해할 수 없는 일 혹은 믿을 수 없는 일로 간주해버리고 만다. 즉 있을 수 없는 일로 치부하거나 일종의 거짓이나 기적과 같은 것 초월적인 신비한 것으로만 돌리는 경향이 있다. 소태산과 그의 제자들은 20세기 초반을 산 극히 최근의 근대인이다. 이런 실화를 종교가 미지의 일로만 미루기에는 시대가 너무 가까이에 위치한다. 학문적 접근이 이에 대한 이해를 돕는데 조금이라도 일조를 한다면 더없이 의미로운 일이 아닌가 생각했다. 박씨 구렁이 여인에 대한 이야기를 실제상황으로 보고 살펴보아 그 실제적 사건의 가능성을 살펴보는 것을 목적으로 하였다. 필자는 이미 이 이야기의 설화적 접근을 한 적이 있었으나 그것만으로는 부족한 면이 있어 관점을 달리하여 살펴본 것이다. 원불교 교학과 종교학에 무지한 한계에도 불구하고 나선 것은 학문간 소통이 중요하다고 보았기 때문이다. 또 연구의 경향이 자칫 한쪽으로 기울기 쉬운 점을 서로 미리 예방할 수 있는 장점도 있을 것이다. 아울러 본 연구가 그런 연구의 동기를 유발할 수 있기를 기대해 본다.

소태산 일행의 행적을 살펴 이야기의 내용에 나 오는 공음정 근처 냇가의 실제 장소를 규명하였다. 또한 길룡리—변산 간의 길목에서 만나는 개천이 칠암천이고 이는 구암천과 만나 칠산 바다 쪽으로 흘러간다는 것을 알았다. 구렁이는 섬지기를 하면서 이 수로를 따라 길과 내가 교차하는 공음정 근처에 나타나 소태산의 제도를 받게 된다.

섬지기인 구렁이에 대한 신앙적, 설화적 자료를 검토하여 그 실제의 가능성을 타진하였다. 또한 박씨 여인과의 인연에서 비롯된 구렁이의 연모는 상사 뱀설화의 필연적 사실(혹은 종교적 사실)에 비교하여 그 합리적 이해의 기반을 마련했다. 구렁이는 섬을 떠나 구암천을 거슬러 소태산 일행이 늘상 다니던 칠암천으로 거슬러 올라 천과 만나는 길목에 기다리고 있다가 소태산의 가르침을 받고 다시 역방향으로 거슬러 섬으로 돌아가던 중 구암천 수문에 도달하여 세상을 하직하고 제도를 받게 되는 순서를 밟는다. 섬지기를 하던 박씨 구렁이는 수로를 따라 들어와 상사설화에서 살핀대로 연모적 인연의 필연으로 소태산을 재회하게 되었고, 박씨가 지은 복을 근거로 제도를 받게 된다.

제도를 받는 과정도 자세히 살폈다. 음부로 보내는 편지는 또 하나의 실화적 증거다. 그 내용이 어떠했는가를 역추정한 결과 어렵지 않게 풀어낼 수 있는 내용이었다. 소위 천도공식이라 일컬어지는 최후일념을 소태산은 주문하였고 이를 실행하는 방법은 구렁이를 수문으로 유도하여 그를 극복하게 하는 유인책을 썼던 것이다. 구렁이가 들어올 때와는 달리 썰물이 되어 수문이 굳게 닫혀지자 자기가 있던 섬으로 돌아가란 소태산의 명을 수행하기 위해 무진 애를 쓰는 과정에서 생을 마감한다. 그곳이 목적지이고 음부가 되었던 것이다. 그 과정에서 일념으로 외운 성주는 최후의 일념이 되어 구렁이의 제도를 가능케 하여 회상에 와서 일꾼이 되게 한다는 순으로 정리했다. 한국의 설화에서 흔히 보이는 구렁이 승천의 구조와 동일한 형식을 갖추고 있던 점을 확인하였고 그 해석을 양방향으로 하여 초월적 이야기의 실제성에 대한 가능성도 언급할 수 있었다.

실화로 간주하고 출발한 논문의 구성이 전통신앙과 설화의 모티브를 차용하지 않을 수 없던 점이 피할 수 없는 수순이었다. 이를 통해 얻은 실제성의 가능성에 해석을 위한 교리적 접근은 다른 차원의 접근 방식이었다. 신앙과 설화 및 종교가 모두 허황하거나 허위의 것만은 아니다. 오히려 많은 부분 삶과 자연의 본래 모습을 보여주기도 한다. 음부로 보내는 편지의 경우 그 실체를 가늠하기가 난해한 듯하나 정황을 살필 때 사필귀정의 내용 구성이 가능한 상식적 결과의 연속이라 생각할 수 있을 것이다. 또한 설화의 전개와 구성방식이 현실의 문제 해결 과 그 궤를 같이하고 있는 점을 알게 되었다. 좀 더 치밀한 연구 및 분석이 요구되는 부분이다. 추후 좀 더 진전이 있는 연구가 나올 수 있기를 기대해 본다.

제3부

—

고전과 일화

I. 소태산 일화 "걸인에 둘리신 일"의 민속학적 고찰

1. 머리말

일화로 전하는 "걸인(乞人)에게 돌니신 일"은 처화가 도사를 구하는 과정에서 나온 일화중 하나로, 십상[1] 중 구사와 연관된 유일한 자료이기도 하다. 처화는 '장항 대각'을 하기 전에 기존 사상이나 종교와의 접촉이 있었는데, 이를 전하는 다른 일화들이 있어 그 대강을 알 수 있다. '사찰 방문 부처상 시험', '교회방문 하나님 시험', '처사를 시험하신 일' 등이 그것이다.[2] 이렇게 보면 구사고행상에는 걸인도사상의 "걸인(乞人)에게 돌니신 일" 이외에 모든 과정을 함께 포함시켜야 할 것이다.

전하는 네 가지 일화는 전통적인 불교, 도교 및 무속신앙 외에도 당시

---

1) 원불교 교조 소태산의 아명은 처화·진섭이고 호적명은 희섭이다. 중빈은 법명이다. 송규는 자신의 스승인 소태산의 일대기를 십상으로 정리하였다. 십상은 다음과 같다; 첫째 하늘보고 의문내신 상(觀天起疑相), 둘째 삼밭재에서 기원하신 상(蔘嶺祈願相), 셋째 스승 찾아 고행하신 상(求師苦行相), 넷째 강변에서 입정하신상(江邊入定相), 다섯째 노루목에서 대각하신 상(獐項大覺相), 여섯째 영산 앞에 방언하신 상(靈山防堰相), 일곱째 혈인으로 법인 받은 상(血印法認相), 여덟째 봉래산에서 제법하신 상(蓬萊制法相), 아홉째 신룡리에서 전법하신 상(新龍轉法相), 열째 계미년에 열반하신 상(癸未涅槃相)(≪정산종사법어≫ 기연편18)

2) 앞의 두 일화는 불법연구회 회보에 실린 전음광의 기록에 근거하여 박용덕 교무가 초기교단사를 정리하면서 편입시켰고(박용덕, 『초기교단사』 1권, 2003('97), 144쪽), 처사시험과 걸인 도사 일화는 교단의 공식적인 기록 '불법연구회 창건사'에서 찾을 수 있다.

새로 들어온 기독교에 관한 것도 포함된다. 그 전체적인 요지는 기존신앙의 폐해를 지적하고 이를 극복하고자 했다는 주인공 처화의 역량을 드러내려 한 것들이다. 여기서 재미있는 점은 민속신앙을 언급한 점이다. 산신을 만나 소원을 풀고자 했는데 뜻을 이루지 못한 적이 있는 처화는 그 뜻을 아예 단념하지 않았던 것 같다. 이는 신장을 만나기 위해 처사를 시험하기 일화로 되어있으나 기실은 좌경무의 무당인 법사를 시험했다는 내용으로 분석되었다.[3] 이는 처화가 삼교 외에도 민속신앙에 대해서도 깊은 관심을 가지고 있었음이 확인된다. 처화가 성장한 길룡리는 조선시대 전형적인 민속적인 마을의 모습이었으니, 관련이 있을 수밖에 없었으며 또한 일정의 영향을 받지 않을 수 없었다. 그의 구사과정에 등장하는 이런 민속적인 것과 도교적인 것이 미흡한 연구로 머물고 있는데 이에 대한 보완이 필요한 시점이다.

여기서 다루게 되는 "걸인(乞人)에게 돌니신 일"은 그가 찾던 도사상과도 관련이 있지만 당시의 민속적인 전통 안에서 봐야 이해가 간다. 특히 조선의 도교는 수입된 후 제도화되지 못하고 민속으로 스며들어 가버렸기 때문에 더욱 그렇다. 소태산의 사상적 배경에는 삼교만이 아니라 더 광범위한 시공간으로 확대되어있음을 인식케 한다.

걸인도사 일화는 송규가 작성한 『불법연구회 창건사』에 기록되어있다.[4] 초기교단사를 작성하면서 삽입된 일화는 그 전후의 배경이 있어 이를 검토해야 올바른 자료의 이해에 도달할 수 있겠지만 별고에서 다룰 일이며, 여기서 다루는 논지의 전개에는 큰 영향이 없다.

---

3) 이에 대한 자세한 내용은 이정재, 「구사고행 일화의 의미연구 —민속 문화론적 분석—」, 『원불교사상과 종교문화』, 원광대학교 원불교사상연구원, 2015/ 이정재, 「소태산 구도과정의 민간신앙 상관성」, 『신종교연구』, 한국신종교학회 2016 등을 참조
4) 송규, 『불법연구회창건사』, 소태산의 출생 1891년부터 1927년대까지의 연대기적 기록이나 1937년에 발표가 되었으니 그 직전에 작성된 것으로 보이고, 어떤 계기가 있었을 것이라 여겨진다.

2. 자료정리

앞서 언급했듯이 일화 "걸인(乞人)에게 돌니신 일"는 회소하게 전하는 몇 안되는 자료 중 하나다. 아주 짧은 내용이지만 백년이 넘는 옛 일이기도 하고, 경험한 상황이나 내용이 평이하지 않기 때문에 내용을 온전히 이해하기는 쉽지않다. 우선 전문을 옮겨본다. 글은 초기교단사에 실린 내용을 그대로 옮긴다. 한자어들이 다수 있고 맞춤법이 옛것이지만 이해하는데 크게 어려운 부분은 없으나 현대어로 옮겨놓은 것을 각주에서 인용하였다.

> "걸인(乞人)에게 돌니신 일"
>
> "대종사께서 어느 때에 근촌(近村) 주점을 지나시더니 어떠한 걸인 하나이 주점 벽상(壁上)에 써있난 제갈공명(諸葛孔明)의 시 "대몽(大夢)을 수(誰)선각(先覺)고 평생(平生)아(我)자지(自知)라"는 글귀를 고성(高聲)낭독(朗讀)하는지라 대종사께서 크게 이상히 역이사 그 걸인의 용태를 살펴보시니 의복이 백결(百結; 누더기옷)되고 전신에 종창(腫瘡; 종기와 고름)이 농만(濃滿; 부풀어 오름)하야 누구든지 서로 갓가이 안끼를 싫어할 만치 되었난지라 대종사께서 내심(內心)에 생각하시기를 고래(古來)에도 도인(道人)이 혹 험상(險狀)한 형모(形貌)를 낱우어 가지고 인간을 순시(巡視)한다는 말이 있으니 이 걸인이 시를 유심히 외운 것이라든지 형용(形容)의 험상(險狀)한 것이라든지 그 모든 것이 범상(凡常)한 사람의 태도(態度)는 안인 듯 하다 하시고 나아가 인사(人事)를 한 후 곳 술과 밥을 사 먹이시고 인(因)해 본택(本宅)으로 다리고 오서서 수일간(數日間) 식사(食事)를 공궤(供饋; 음식을 대접함)하고 대우(待遇)를 극진(極盡)히 하셨더니 후에 그 내용을 알고보니 아모 료량없는 바보인 것이 판명(判明)되였다 한다."[5]

---

5) 송규, 「불법연구회 창건사」는 『회보』37호(1937년 8월호)부터 『회보』 49호(1938년 11월호)까지 실렸으며 그중 『회보』 38호(1937년 9-10월호))에 두 일화(처사시험,

창건사는 송규가 1937년도에 작성하여 발표한 것이다. 이 시기는 일제의 유사종교철폐를 강행하던 시기여서 시대적 배경에 따른 작성자의 의도가 스며든 글로 추정되나 여기서는 살피지 않는다. 논지 전개와 큰 상관이 없기 때문이다. 다만 한 가지 언급해야 할 점은 모든 일화들이 대체로 해학적으로 표현되었다는 점이다. "걸인(乞人)에게 돌리신 일"도 마찬가지로 거지를 도사로 오인한 일이니 우습기까지 할 정도로 바보스러운 일이 아닌가. 다른 일화들도 이런 형식을 갖추었는데 이 점은 일제의 압제와 이를 비켜 가려했던 의도와 무관치는 않아 보인다.

제목은 주인공이 걸인에게 당한 것으로 적어놓았는데 내용은 그렇지 않다. 주인공이 스스로 오인을 하여 스스로 당한 것, 즉 스스로 돌려진 것이지 걸인은 아무런 의도가 없었다. 그래서 내용과 부합한 제목은 '걸인을 도사로 오인한 일' 정도가 되어야 한다.

윗글을 다시 객관적으로 정리하면 이렇다.

> ― 처화는 고소설 조웅전을 듣고 도사를 구하는 중이었다
> ― 어느 걸인이 주막의 벽에 씌여진 한시를 유창하게 읽는다.
> ― 이 광경을 본 처화는 혹시 도사가 아닐까 의심한다.

걸인 도사 일화)가 실려 있다. '일화―걸인에게 둘리신 일'을 현대어로 해독하면 다음과 같다.

'걸인에게 둘리신 일 ; 처화가 어느 근동의 주막집을 지나가다가 한 걸인이 술집 벽상에 써 놓은 제갈공명의 시 '대몽(大夢)을 수(誰)선각(先覺)고 평생(平生)아(我)자지(自知)'라'는 글귀를 큰 소리로 낭독하는 것을 보았다. 처화는 이상하게 여기고 그 걸인의 행색을 살펴보니 누덕누덕 누더기 옷에다 온몸은 종기와 고름으로 부어올라 있었다. 처화는 속으로 생각하였다. '고래로 도인이 혹 험상한 형모를 나투어 가지고 인간을 순시한다는 말이 있으니 이 걸인이 시를 유심히 외운 것이라든지 형용이 험상한 것이라든지 그 모든 것이 범상한 사람의 태도는 아닌 듯하다' 처화는 걸인에게 다가가 인사를 한 후 곧 술과 밥을 사 먹이고 집으로 모셨다. 며칠간 식사를 대접하고 극진히 모셨으나 알고 보니 아무 요량도 없는 바보인 것이 판명되었다. (박용덕, 『원불교 초기교단사』 1권, 2003('97))

－ 의심했던 근거는 '도인(道人)이 혹 험상(險狀)한 형모(形貌)로
　　 인간을 순시(巡視)한다.'는 말을 들었기 때문이다.
　－ 거지를 집으로 모셔와서 대접하며 도사에 대해 물었으나 자신
　　 의 오인이었음을 알게 된다.

　이를 다시 압축하면 '처화는 걸인을 도사로 오인하여 대접하다 낭패를
보았다'는 단순한 내용이다. 구사에 대한 간절함이 있었다는 점을 강조하
고자 했던 것이고, 한편으론 구도와 구사를 위해 처화는 별짓을 다 하였
다는 암시를 남겨놓았다. 이야기는 약간 우스꽝스럽게 전개되었지만 구
체적인 내용은 다른 면모를 보여준다. 그것은 제갈량의 싯구에 대한 정확
한 기억, 인간 순시의 도교신에 대한 지식, 그리고 도사상의 존재와 그 특
징 등으로 본고에서 다루게 될 사안이 된다.

　처화는 과연 삼국지를 알고 있었나, 알았다면 어떤 과정을 거쳤던 것일
까, 또 인간순시에 대한 도교적 지식은 어디서 들어 알고 있었던 것일까.
이에 대한 지식은 단순한 것이 아니다. 관심이 없다면 그리고 이에 대한
일정의 지식과 확신이 없었다면 걸인을 초청할 정도의 결단을 내리기 어
려운 일이다. 그리고 그가 알고 있던 고소설 상의 도사상은 어느 정도의
위상을 갖추었던 인물상일까. 마지막으로 더 중요한 점은 도교신과 도사
상과의 연관성에 대한 지식은 어디에서 연유했던 것일까... 등등 이런 문
제들은 사소한 것 같지만 이 방면의 전문지식이 아니면 그냥 간과하기 쉬
운 것들이다.

　중요한 대목이 더 있다. 제갈량의 특정 싯구가 하필 주막의 벽에 적혀
있었다는 점이다. 이글은 누가 적었던 것일까, 그리고 과연 그 의미는 무
엇일까, 또 글귀가 적혀야만 했던 당대의 분위기는 어떠했는 가 등이 설
명되어야 처화의 걸인 도사 오인이 온전히 이해가 된다. 비록 짧은 내용
이지만 담겨있는 내용의 풀이는 간단치 않은 것들이다.

3. 걸인(乞人) 도사상과 사과신(司過神)

처화가 처가에서 『조응전』을 듣고 도사를 구하면서 구도의 방향은 도교적인 무대로 진입하게 된다. 그러나 앞서 언급한 바 도교의 민속화 혹은 무속화는 이미 전제되어있는 상황이다. 이와 관련된 주요 대목은 인간을 순시한다는 부분이다. 즉

"대종사께서 내심(內心)에 생각하시기를 고래(古來)에도 도인(道人)이 혹 험상(險狀)한 형모(形貌)를 낳우어 가지고 인간을 순시(巡視)한다는 말이 있으니..."의 대목이다.

어린 시절 누구나 한번은 들어보았을 만한 내용이나 그 민속적 출처는 모호하다. 처화가 접한 이러한 민속지식은 어디서 연유하는 것일까. 이를 확인하는 것이 일화를 이해하는 데 하나의 쟁점이 된다.

모든 종교는 독자적인 윤리관을 가진다. 도교 역시 예외가 아니다. 3~4세기부터 비롯되었던 도사(道士)윤리관은 후대에 확정되는데, 『태상감응편』, 『공과격(功過格)』같은 권선서가 그것이고, 이는 12세기에 완성되고 14세기 이후 일반에게도 널리 통용되었던 책이다. 그런데 이 공과격은 그 목적과 방식이 독특하며 도교답게 불노장생을 겨냥하고 있다. 정해진 공과의 항목에 따라 각자가 행한 평생의 공덕과 과오를 종합하여 낸 점수차에 의해 수명이 연장되기도 줄어들기도 한다는 것이다. 그 자세한 공과의 내용을 보면 지금 시대와 격차를 보이는 것들이 많다. 예를 들어 첩을 귀여워하여 본 처를 울리면 과오 100점, 어버이의 이름을 드러내면 공덕 100점 등으로 큰 점수를 잃거나 얻는 것이다. 반면 밤에 발가벗고 일어나 있으면 1과, 하루 밤낮 동안 음란한 마음을 일으키지 않으면 1공 등의 낮은 점수까지 세세히 정해놓고 있다.

그런데 이런 점수는 누가 매기고 평가를 하며, 그 최종 판결은 과연 믿을만한 것일까. 원래 이는 도교사원 내에서 엄격히 시행되던 제도였는데,

차츰 일반에 널리 통용되면서는 그 통제의 기능을 상실한다. 그래서 이와 관련된 일련의 신들이 등장하는데 그 중 하나가 사과신(司過神)이다. 사과신에는 삼태, 북두성(北斗星), 현천상제(玄天上帝) 등이 해당된다. 사과신은 날마다 인간이 행한 일을 감시하는 신이다. 인간이 행한 것을 하나하나 자세하게 기록하고, 그 죄과의 기록에 따라 인간의 생명을 줄이거나 늘이거나 한다. 이들은 하늘이나 공중에만 있는 것이 아니라, 때로 지상에 내려와 자신의 눈으로 인간들의 행동을 살핀다고 한다. 북두칠성은 3일과 7일 해당하는 날과 경신(庚申)과 갑자(甲子)의 날에 지상에 내려오고, 현천상제는 매월 3일과 27일에 지상에 내려온다고 한다. 한편 이런 류의 사과신은 천상에만 있다고 볼 수 없다. 특히 집안에 있는 부뚜막신이나 몸 안의 삼시(三尸)등이 유사한 기능을 하기 때문이다. 소위 조왕신은 매월 그믐이면 하늘에 올라가 인간의 죄상을 사뢰고, 삼시는 경신(庚申)의 날에 인간의 내면에 살고 있다가 잠든 틈을 타서 그가 행한 바를 고하러 간다고 한다.6)

일화 "걸인에게 둘리신 일"에서 처화가 알고 있던 지식 '인간을 순시하는 도인'은 이런 도교적 사상에서 유래한 것으로 보여진다. 그렇다면 처화는 이 지식을 구체적으로 어디서 취했던 것일까. 그리고 도사는 험상한 형모의 걸인으로 인식된다고 했다. 그러나 이것은 정확한 민속지식으로 보기 어렵다. 도교신은 도인으로 변화되거나, 걸인의 형상으로 나타나지도 않을 뿐더러 도교신이 도인으로 중첩되어 나타나지도 않는다. 처화는 이들을 모두 혼용해서 이해하고 있었다. 이는 대체로 민간신앙화 한 도교 계통의 속신에 근거한 지식이었을 가능성이 있으나 좀 더 면밀히 살필 필요가 있다.

---

6) 앞서 살핀 공과격, 사과신에 대한 내용은 『포박자』 6권에 있는 내용이다(갈홍, 석원태(옮긴이), 『포박자』 내편1, 2, 서림문화사, 1995).

처화가 당시 인간을 순시하는 존재에 대한 지식을 책에서 취했다면 그것은 갈홍이 지은 『포박자(抱朴子)』나 『신선전(神仙傳)』 등을 읽었어야 한다. 또 도가의 윤리서인 『태상감응편(太上感應篇)』이란 책에도 알아냈을 가능성이 있다. 그런데 『태상감응편』은 교사에도 기록으로 전하고 교리를 짜는 과정에서 참고하였던 것으로 알려져 있다. 이 책은 남송(南宋)의 이창령(李昌齡)이 정리하여 세상에 소개하였던 것으로 권선서(勸善書)이며 도덕의 모범서로서 조선대에 사대부에서 서민에 이르기까지 널리 알려진 책이다. 그 요점은 악을 짓지 말고 선행과 덕을 베풀라는 내용을 주로 하고 있다. 그러나 그 사상적 원류는 이미 4세기 초에 나온 『포박자』에서 찾을 수 있으며, 고래(古來)의 금기 사항을 민중윤리서로 종합한 것이다.

이 책은 소태산이 각 후에 부인 양하운에게 전해주었던 책이기도 하고, 유무념 대조법인 태조사법의 아이디어를 얻은 출처이기도 하다. 이를 미루어볼 때 관련 지식을 여기서 얻었을 가능성이 있다. 그러나 문제는 시점이다. 이 책의 열람은 대체로 각 후의 행적에 해당되기 때문이다. 김낙필은 이 책은 초기교단부터 행해졌던 '신분검사법'에 영향을 준 것으로 파악했고, 후에 법위사정법과 직결된다고 했다.[7] 이 법이 시행된 때가 시창 12년이니[8] 소태산이 교법을 짜고 각종 훈련법 만드는 과정에서 잠시 참고했을 가능성이 크다. 당시 처화는 도사를 만나는 것이 우선이지 윤리적 공부가 급했던 것은 아니었다. 그러므로 이 책은 각 후에 법을 짜는 과정에 참고했던 자료라는 점을 알 수 있다.

『태상』의 사상적 근원은 갈홍에게로 이어진다. 『포박자』를 지은 갈홍은 중국 동진(東晉)시대(283~343경)의 도사(道士)로 호는 포박자(抱朴子)

---

7) 김낙필, 「초기교단의 도교사상 수용」, 『원불교사상』 10,11집.
8) 『원불교 교고총간』 5권(정화사, 1973년) 47쪽.

이다. 그는 신선도양(神仙導養)의 법을 터득하고 이 책을 저술하였는데 장생술의 비전서로 잘 알려졌다.9) 그의 주 저술인 『포박자』는 <내편> 20편, <외편> 50편으로 이루어져 있다. <내편>에는 고래의 도교사상 이 체계적으로 논술되어 있고, <외편>에는 사회의 이해득실이 논술되 어 있고, 권선징악과 유가의 실천윤리사상을 주로하고 있다. 그는 도를 우주의 본체로 보았고, 이를 닦으면 장수를 누릴 수 있다고 보았다. 신선 이 되려면 선을 쌓고 행실을 바르게 가지며, 정기(精氣)를 보존하여 체내 에 흐르게 하고, 상약(上藥:목숨을 보존하기 위한 약)을 복용하며, 태식(胎 息:복식호흡)을 행하고, 방중술(房中術)을 실천해야 한다고 설파하였다.

『포박자』도 『태상감응편』처럼 조선에 소개되어 있었던 책이다. 그러 나 도교서는 유교이념을 주로 하던 당대에 비주류 서적이었다. 쉽게 구해 볼 수 있었던 책이 아니었다. 『태상』은 수행서로 도를 닦던 도꾼들에게 인기가 있던 책이었으나 『포박자』는 그렇지도 못했다. 처화가 이 책을 구 해보았을 가능성은 낮아 보이고, 인간순시의 모티브는 이런 책을 통해 알 아내지는 않았던 것 같다. 교사의 기록의 어디에서도 관련 내용이 나오지 않고, 당장 일화의 내용을 살펴봐도 알 수 있다.

'… 고래(古來)에도 도인(道人)이 혹 험상(險狀)한 형모(形貌)를 낮우어 가지고 인간을 순시(巡視)한다는 말이 있으니'

사과신은 원래 도사가 아니라 신이다. 도사는 신과 전혀 다른 존재이 다. 도사가 신선이 되는 경우는 있으나 이 또한 신은 아니다. 도교의 공식 적인 신은 도사로 변장하지 않는다. 삼태나 북두 및 현천상제 같은 사과 신은 아주 높은 위상을 가진 도교의 신격이다. 처화가 도가류의 책을 읽 었더라면 이들 신을 도사로 바꾸어 이해하지는 않았을 것이다. 사과신은

---

9) 관직을 사퇴하고, 교지구루(交趾句漏: 베트남 북방 경계)의 나부산(羅浮山)에 들어가 저술과 연단에 전념한다.

고소설이나 설화에 등장하는 도사와 같이 다른 사람의 입신출세를 돕는 존재가 아니다. 오히려 윤리적 도교신으로 인간의 행동을 순시하고 감시를 하며 그들의 죄상을 일일이 기록하고 있다가 평가하고 처단하는 경외스러운 존재인 것이다. 이들의 모습은 처화가 바랐던 소설 속에 등장하는 호풍환우하는 도사상은 아닌 것이다. 사과신은 인간에게 위협적인 존재인 반면 도사는 인간을 돕는 신인 아닌 초월적 능력을 갖춘 인간인 것이다. 처화가 책을 통해 인간 순시모티브를 알았더라면 이런 혼동을 하였을리는 없었다.

'... 도인(道人)이 혹 험상(險狀)한 형모(形貌)를 낳우어...'라고 한 험상한 형모의 도인과 인간순시를 하는 도교신을 혼동한 것은 다른 민속지식에서 그 유래를 찾아야 한다. 아마도 고래로 전해오는 속설이나 전래 이야기를 듣고 얻은 바에 근거하지 않았나 한다. 설화 속에서는 인간을 순시하는 도사로 혹은 신적 존재로 표현이 되었을 가능성이 있기 때문이다. 또 민간의 속신에서는 이들의 혼용이 가능하기 때문이다. 인간순시 관련의 설화와 속신에 대한 분석은 추후 면밀한 검토가 요구되는 부분이다.

한편 한 가지 고려할 부분은 조웅전에 등장하는 도사의 형상에 관한 점이다. 처화가 처가 마을에서 들었던 도사가 거지 형상을 하고 있었기 때문이다. 특히 조웅에게 신검을 전수한 화산 도사를 연상케 하는 대목과 비교된다. 화산도사는 시장통에서 거지 차림을 하고 허구한 날 검의 주인을 기다려왔던 도사다. 우연히 조웅을 만나 이 신검을 전해주고 조웅의 꿈을 이루게 하는 중요 인물이다. 일화 "걸인에게 돌리신 일"의 걸인은 이 화산 도사를 연상했던 것은 아닌 가 추정할 수 있다. 그렇다면 이 일화는 처화 17세 이후 장가를 든 후의 일이 되어야 한다. 그러나 일화의 해학성을 고려하면 장성한 한 가장의 행동으로 보기에는 석연치 않은 구석이 있다. 이런 관점에서만 보면 그 이전의 행적일 수도 있다 하겠는데, 그렇다면 걸인 도사상은 조웅전의 영향이 아닌 설화와 민속의 전승문화에서 였을 것이다. 어쨌든 처화가 일찍이 도교신에 관한 지식을 확실히 인식하고 있었고 그 확신에 따라 이를 실천으로 옮긴 결과로 봐야한다.

이와 관련하여 또 하나의 가능성을 상정할 수 있다. 즉 처화가 모은 지식을 스스로의 필요에 따라 융합하였을 가능성이다. 즉 각각 획득한 지식을 비인간계의 영역으로 묶어 설정하였을 가능성이 그것이다. 처화는 이미 산신을 만나고자 삼밭재 산신기도를 올린 적이 있다. 이미 이때 초월적 존재에 대한 개념 설정은 상당 수준에 이르렀고 수년간 드린 결과인 내공도 단련되었을 것이다. 산신이나 신장은 자연적 초월자라면 도사는 인간으로 내려온 사회적 초월자에의 관심이다. 그러나 이들은 모두 비인간계라는 공통성을 가진다. 도사와 신선 및 도교신을 같은 영역으로 묶어 이해한 융합적 결과일 가능성이 없지 않다. 이런 사고는 실제 각 후에도 지속되어 구인단기도에서 음부의 인가를 받은 백지혈인 이적으로 이어지고 진리불공의 교리로도 계승되고 있는데,[10] 역시 관련 연구가 요구되는 사안이다.

4. 제갈량의 싯구와 판소리 적벽가(赤壁歌)

1) 싯구와 대망의 꿈

처화가 성장했던 길룡리의 분위기로 볼 때, 초기 구사고행시 전통적인 민간신앙과 민속 문화의 영향을 받았을 가능성이 많다. 이는 당연한 것이

---

10) 일화에서는 부처, 하느님, 도사 및 처사를 시험하여 그 우상적이고 기복적인 면모를 비판하여 사실적 도덕에 바탕 한 정법의 모습을 드러내고자 하였고, 그 주체를 주인공의 역량으로 규정짓고 있다. 그러나 초월적 현상에 대한 부정은 아님을 간과해서는 안 될 것이다.

고 이런 관점의 구사과정 연구가 필요하다. 다음 제갈량의 싯귀를 검토하는 과정에서 이런 점이 확인된다.

> "대종사께서 어느 때에 근촌(近村) 주점을 지나시더니 어떠한 걸인 하나이 주점 벽상(壁上)에 써있난 제갈공명(諸葛孔明)의 시 "대몽(大夢)을 수(誰)선각(先覺)고 평생(平生)아(我)자지(自知)라"는 글귀를 고성(高聲)낭독(朗讀)하는지라 대종사께서 크게 이상히 역이사..."11)

여기 소개된 싯귀는 제갈량이 지은 다음의 시 중 한 부분이다.

> "초당춘수족(草堂春睡足)
> 창외일지지(窓外日遲遲)
> 대몽수선각(大夢誰先覺)
> 평생아자지(平生我自知) "

각/족, 지/지의 운자를 잘 맞춘 오언 절구의 전형적인 한시다. 이는 대체로 이렇게 해석되었다.

> "초가집 봄 잠 즐기는데
> 창밖의 봄 볕 어이 이리 더딘고.
> 큰 꿈을 누가 먼저 깨트릴 것인가?
> 나의 길 내가 잘 알건만"

이 외에도 이 싯귀는 그동안 많은 해석이 가해졌고 그 뜻이 달라 서로

---

11) 송규, 『불법연구회 창건사』

큰 간격을 보이고 있다. 필자는 다음과 같이 풀이를 해보았다.

> "초당엔 봄잠(꿈)이 넉넉하지만
> 창밖의 해는 여전히 더디기만 하도다.
> 커다란 꿈을 누가 먼저 깨쳤다냐
> 평생 나 스스로만 알고있을 뿐인데"

이 싯귀는 삼국지에 나오는 한 부분이며 제갈량을 찾아온 현덕의 이야기 삼고초려(三顧草廬) 고사로 널리 알려진 내용의 일부다. 신기에 가까운 책략을 구사했던 제갈량의 행적이 처화가 찾던 도사상과 많이 닮아있어 그 의미를 음미할 필요가 있다.

큰 꿈이란 시대적 사명이며 동시에 제갈량의 꿈이다. 이 꿈을 누가 먼저 알았단 말인가 하고 묻는다. 그것은 자기만 알고 있었다는 의미다. 또한 이 꿈은 유현덕의 대망과 동일한 것이기도 하다. 초당에는 만물이 소생하고 큰 꿈이 가득히 깃든다. 그러나 시간은 느긋한데 왜 그렇게 서두르느냐는 핀잔이다. 그것은 현덕의 장수 익덕이 기다리다 지쳐 공명이 자고 있는 초당에 불을 지르려 했던 것을 두고 한 말이기도 하고, 또한 천하대사를 이루기 위해서는 천리에 순응하여 대처하라는 말이기도 하다. 물론 제갈량이 당장 허락을 하지는 않았지만 삼고초려 후 인연 맺기의 과정은 필연의 상황이었던 것이다. 여러 상징적 의미를 중층적으로 담고 있는 싯귀다. 누군가에 의해 주막에 제갈량의 글귀를 적어놓았던 배경은 무엇이었을까? 몇 가지를 추려보면 이렇다.

(1) 자신의 숨겨진 꿈이 있다는 것
(2) 세상에 나가 출세를 하는 것
(3) 도통을 하여 자유자재하는 것

(4) 세상 변혁을 상정한 꿈(천하통일의 꿈).

다양한 미래적 희망이 의도되어 벽에다 새겨 놓은 것이리라. 불만이 가득하고 살기 어려운 당시의 현세를 극복해야 하는데 어떻게 타개할 것인가? 그 방법을 비범하고 초월적인 것으로 설정하고 있다는 점이 문맥의 요지다. 대망을 도모했던 제갈량을 이 시의 주인공으로 삼았던 점도 그 의미에 상응된다.

당대의 시대적 긴장과 절박함은 처화도 익히 느끼고 있었을 것이다. 자신의 궁금증을 해소하고 시대의 문제도 해결하고자 했던 생각은 누구보다도 간절했다. 도사를 찾았던 이유는 자신의 이런 소망을 이루고자 했던 의지의 소산이었다. 이후 입정을 하던 중 오로지 했던 한 생각 '이 일을 어찌할꼬'는 단지 자신의 문제에만 국한된 것은 아니었을 것이다. 대사를 도모했던 제갈량과 현덕의 처지는 처화의 도사만나기 구조와 의미상 매우 닮아있다. 그런 글귀를 남루한 모습의 거지가 유창하게 읊어낸 것은 단순히 그에 감동을 했던 점을 넘어, 어떤 희망의 메시지로 들렸을 가능성이 있었을 것이다. 즉 처화 당시 간절한 대망의 꿈을 꾸고 있었고 바로 그 내용인 제갈량의 싯귀를 읽은 거지가 도사로 보였을 수도 있다. 그는 즉시 그를 도사로 알고 초대를 하였는데, 이는 오인으로 인한 도사의 초청에 한한 문제가 아니었다. 현실 타개의 높은 이상을 담은 꿈과 연관지어 읽어야 온전한 이해에 도달할 수 있다. 그러나 이는 단지 처화만의 사정은 아니었고 당시의 분위기가 그랬음을 또 함께 고려해야 한다. 고조된 시대적 분위기의 연장선에 처화의 고행이 병진되었고 동지들도 많았으며 동참하여 한 회상의 출발을 가능하게 했던 것이리라.[12]

---

12) 시대사적 접근의 이해가 필요한 부분으로 당대의 신종교운동이 모두 여기에 해당된다 할 것이다. 시대는 사람을 낳고 사람은 그 시대가 요구하는 판을 짜서 제시하

주막의 벽판에 적힌 이 싯귀는 그 출처가 『삼국지』와 『삼국지연의』로 거슬러 올라간다. 이는 사과신의 출처와 또 다른 접근이 요구되는 부분이다. 처화는 이 삼국지의 내용을 또 어떻게 접하여 알고 있었던 것일까.

2) 판소리 적벽가와 걸인 도사

『삼국지』를 읽어본 사람이라면 자연 제갈공명과 적벽대전을 떠올리게 된다. 제갈량의 호풍환우(呼風喚雨)를 자유자제하는 능력과 적의 심리를 예리하게 간파하여 작전을 짜내는 장면들이 생생하다. 말 그대로 천문지리(天文地理)에 능통한 신출귀몰한 신선 도사의 상이 그려진다. 이 모두를 가능케 했던 도원결의(桃園結義)의 지식을 처화는 삼국지를 통하여 접했던 것일까.

통상적으로 삼국지는 14세기에 지어진 소설 『삼국지연의』를 가리킨다.[13] 연의의 모본이 된 역사서 『삼국지』는 후한이 망하자 분열된 세력위, 촉, 오 삼국이 벌인 역사를 진나라의 학사 진수(233~297)가 편찬했던 책이다. 이 책은 사기(史記), 한서(漢書), 후한서(後漢書)와 함께 중국 전사사(前四史)로 불린다. 중국 역사상 후한(後漢)이 멸망한 다음 해부터 수(隋)의 문제(文帝)가 진(陳)을 멸망시키기까지(221~589)의 시대를 위진 남북조 시대라 한다. 삼국지는 그 전반부 초기에 해당한다. 중국은 이후 360여 년간의 분립기를 거쳐 수문제가 통일을 한 뒤 중원은 당, 송, 원, 명, 청으로 이어지는 통일국가기가 이어진다.

이 소설은 조선시대에 국내로 유입되어 읽혀졌던 작품이었다. 조선 초

는 것이다.

13) 『삼국지연의』는 원(元)과 명(明)의 교체기 때의 사람인 나관중(羅貫中, 1330?~1400)이 장회소설(章回小說) 형식으로 재구성한 장편 소설이다. 원래 이름은 『삼국지통속연의(三國志通俗演義)』이며, 『수호전(水滸傳)』, 『서유기(西遊記)』, 『금병매(金瓶梅)』와 함께 중국 4대기서(四大奇書)의 하나로 꼽힌다.

기에는 소설 읽는 것을 금지했기 때문에 극소수가 접했을 뿐이었다. 그러나 임란 후 17세기에 이르러서는 원문은 물론 번역본과 번안본이 널리 유통되었다. 유비 현덕을 중심으로 한 한실(漢室)에 대한 충성이나 공명의 지략, 유비·관우·장비의 결의 등은 유교적 이념을 중시했던 조선시대에 환영 받았던 요소이기도 했다. 더구나 관우의 장한 의기와 절개는 민간신앙으로까지 발전하여 관제교(關帝教)가 생겨나고, 관제묘(關帝廟)가 곳곳에 세워지기까지 하였고 특히 무속에서 관제신앙은 지금도 널리 확산되어 있다.

요즘은 보통 제갈량과 적벽대전은 책을 통해 알게 된다. 그러나 처화의 경우 도원결의의 싯구를 소설책을 통해 읽었던 것은 아니었다. 고소설『삼국지』가 일찍이 조선에 들어왔으나 길룡리 벽촌까지는 흘러들지 못했기 때문이다. 당시 너무도 인기가 있고 누구나 알고 있던『조웅전』을 구수산을 넘어가서야 전해들을 수 있을 정도였으니 말이다.[14]『조웅전』이 그럴진대 다른 소설들은 말할 것도 없었다. 물론 교사의 기록 어디에서도 관련 대목을 찾을 수 없다. 당시 길룡리는 그야말로 구비문학과 구비전승만이 존재하던 신화적이며 설화적인 분위기의 온통 민속적인 마을이었던 것 같다. 이런 흔적은 소태산의 구도역정기에 두루 나타나고 여기서 다루는 "걸인에게 둘리신 일"도 예외가 아니다.

그렇다면 주막에 쓰여진 제갈량의 싯구는 어디서 연유했고 누가 적어 놓은 것일까. 처화의 지식 수용 여하를 살피기 앞서 이 점을 먼저 들여다보아야 한다. 싯구의 의미는 대망의 꿈을 그린 내용으로 당시의 난감한 시대상과 이를 극복하고자 한 민중들의 의도가 서로 상응했기 때문이라고 보여진다. 그렇다면 이 글을 적은 사람은 민중일 가능성이 짙다. 당시

---

14) 고소설 조웅전은 길룡리에 당도하지 못하여 그 이야기를 처가쪽 신행 시에 전해들었기 때문이다.

는 양반층의 몰락으로 인한 신분제도가 유명무실했다. 토지제도의 개혁이 실패한 조선 후기는 극소수의 지주가 거의 모든 땅을 소유하여 빈부의 격차는 지금보다 극심하였다. 그야말로 민중들은 먹고 살 길이 막막하였고 길룡리도 예외가 아니었다. 처화의 부친도 소유하고 있는 땅 없이 남의 땅을 대신 맡아 경작하여 연명을 하였던 것이다. 그렇게라도 했다면 큰 다행이었다. 그렇지 못한 대부분의 민중들은 평생을 노비로 연명할 수밖에 없었던 처지였다. 부친 박성삼이 졸한 후에 급격하게 가세가 기운 것과 처화의 장사길 선택은 이런 연유가 배경에 있었던 것이다.15)

주막 벽에 적힌 한문은 누구나 읽을 수 없었다. 글을 알아야 읽을 수 있었던 한문이었다. 누가 썼는지도 문제지만 그 누군가 이를 알아 읽을 수 있어야 말이 된다. 그러나 제갈량의 싯귀는 글을 아는 사람만이 알았던 것이 아니었다. 당시 이 글귀는 널리 알려졌던 대중적인 것이었을 가능성이 크다. 즉 누군가가 삼국지에서 글을 뽑아 적어놓자 사람들이 그것을 읽게 된 것이 아니라, 이미 알려진 글귀를 사람들이 많이 다니는 벽판에 적어놓고 공유를 한 것이다. "대몽수선각 평생아자지(大夢誰先覺 平生我自知)"를 언문 말로는 알고 있으나 실제 한문으로는 다 알고 있지 않은 사람들을 겨냥해 적어 놓았을 가능성도 있다.

"대몽수선각고 평생아자지"는 당시 널리 알려진 유행어에 해당되었던 듯하다. 그렇기에 벽판에 글이 올라오게 된 것이다. 그 내용도 분명하지만 그 어감 또한 익살스럽고 남성들이 반 농담조로도 즐겨 사용하기에 적합한 음절 구성이다. 짓궂게 해석을 하자면 이렇게도 들린다. "큰 꿈이 어

---

15) 갑자기 닥친 현실적 변화는 처화가 도사와 영웅을 찾아 헤매던 후반부에 일어난다. 17세에 시작된 구사고행은 20세 한일합방과 부친 사망, 경제적 압박이라는 절망적인 상황에 직면하게 되고 이를 수습하기 위해 집안의 살림을 돌보게 된다. 이때 장사는 유일한 생계수단으로 이원화님을 만나 주막을 경영하고 또 탈이섬 파시 장사 길에 오르기도 했다. 구사의 후반부는 외면적으로 볼 때 절망의 상황 그 자체였다.

디에 있는지 누구 아느냐, 평생 내 물건(성기)에 달려 있나니라..." 깊은 뜻과 익살스러움을 동시에 표현한 재미있는 표현이 아닐 수 없다. 그러니 당시에 유행할 만도 하다. 한편 굳이 원문을 옮겨 적은 이유는 그래서 그 랬는지도 모른다는 생각이 든다. 즉 남살스럽고 왜곡된 이런 사태를 바로 잡고자 했던 점잖은 어떤 양반의 처사였을지도 모른다.

그렇다면 이 대목은 어떤 배경이 있어 거쳐 벽촌 시골에까지 유행되었던 것일까. 그건 당시 전라도의 전통을 이은 것으로, 영광을 중심으로 길룡리에까지 울려 퍼진 판소리 적벽가에서 유래된 것으로 판단된다. 당시 판소리는 민족적 예술장르로 높은 인기를 누렸고 많은 유행어와 글귀를 양산해내었다. 싯구는 이런 문화적 배경에서 정착되었던 것이라 판단된다. 소설이 유행되지도 않았던 마을에 하필 꿈에 관한 특별한 내용이 적힌 것은 문화적 연대감이 조성된 상황에서 가능하였던 것이다.

판소리의 기원은 조선 영·정조 대에 생긴 것으로, 일러야 17~18세기를 거슬러 오르지 못한다. 다른 전통에 비해 비교적 짧은 역사를 가진 장르이나 조선 후기 민중들의 높은 인기를 차지했다. 그 발생 경로는 남도의 씻김굿 소리에 근거한다는 연구가 일반화되어 있다. 그리고 보면 그 역사가 짧은 것만도 아니다. 판소리 가락과 전라도 씻김굿의 가락은 매우 유사하다. 씻김의 가락을 빼내어 전문적으로 가다듬었던 것이 판소리가 된 셈이다.[16]

판소리는 지리산 서편의 서편제, 동편의 동편제, 충청일대의 중고제의 갈래를 가진다. 길룡리의 소리는 전형적인 서편제 소리가 된다. 이 소리는 우아하고 섬세하며 긴 진양조를 가진 예술성 높은 가락이다.[17] 소태산

---

16) 이 판소리는 그 전통성과 예술성이 인정되어 현재 유네스코 세계문화유산으로 지정되어 인류문화유산으로 보존을 받고 있다.
17) 임권택이 감독한 영화이기도 한 판소리를 대표하는 제이다. 말하자면 소태산은 이 서편제를 즐겨 들었던 것이다.

이 즐겨들었던 판소리는 심청가, 춘향가, 홍보가 등이라고 기록되어있다. 그러나 이는 각 후의 일이고 각 전에 길룡리에서 자주 듣던 소리에는 적 벽가가 포함되어 있었을 것이다.[18] 특히 영광 지역에 널리 불려지던 것 중 하나가 적벽가였기 때문이다. 영광 일대를 중심으로 적벽가가 널리 유 행되고 인기를 얻게 되면서, 결국 제갈량의 싯귀는 주막에 적히게 되는 배경으로 작용하게 된다. 이는 역시 당대 동학운동의 분위기로도 연결시 킬 수 있다. 선천이 가고 후천을 고대하던 민중들의 소망이 깃들어있던 문구이기도 하다. 당대의 시대정신이 얼마나 밀도 있는 긴장감이 조성되 어있던가를 가늠할 수 있다.

3) 판소리와 소태산의 구도과정

언급했듯이 적벽가는 삼국지의 일부를 떼어내어 판소리 대본으로 만 든 것이다. 당시 판소리는 대중예술로 매우 인기가 있었던 것이고, 영광 은 또한 남도 소리의 본향에 해당되기도 하여 대종경에도 이를 연상케 하 는 법문 내용이 있다. 이를 근거할 때 당시 동네에 소리꾼이 존재했었음 을 알게 된다. 소리꾼이 몇 명이었는지는 알 수 없으나 그것은 중요한 일 은 아니다. 동네에서 판소리가 수용되고 시연되었을 가능성이 충분했던 점이 중요하다. 이들 소리꾼은 다양한 대본을 암기하고 있으며 그 내용은 대개 판소리 다섯 마당을 지칭한다. 그들이 불렀을 만한 적벽가 한 대목 을 옮겨본다. 물론 이것은 길룡리에서 처화도 익히 들어봤을 법한 대목이 기도 하다.

---

18) 원래 판소리는 12마당이 전해온다. 이는 고종 때 신채효가 항간의 곡을 모두 모아 정 리했던 데에서 유래한다. 그러나 이중 그 가락이 전해오는 것은 위의 다섯 마당 밖에 없다. 나머지는 그 사설만 전해올 뿐 창법은 맥이 끊겼다. 소태산은 판소리를 유성기 를 통해 들었기 때문에 우선 다섯 마당을 접했을 것이다. 그러나 유년시절에 유행하 던 다른 소리를 들었을 가능성이 없는 것은 아니나 검토가 요구되는 부분이다.

< 아니리 > ...... 수삼삭(數三朔) 지낸 후에 현훈옥백(玄 玉帛)으로 예물을 갖추고 관장과 삼고초려(三顧草廬)찾어갈 제

< 중머리 > 남양융중(南陽隆中) 당도허여 시문을 뚜다리니 동자 나오거늘

"선생님 계옵시냐?"

동자 여짜오되 "초당에 춘수(春睡) 깊어 계시나이다"

현덕이 반기여겨 관공 장비를 문 밖에 세워두고 완완(緩緩)이 들어가니 소슬(蕭瑟)한 송죽성(松竹聲)과 청량(淸亮)한 풍경(風磬)소리 초당이 한적(閑寂)쿠나 계하(階下)에 대시(待侍)허고 기다려 서 있으되 공명은 한와(閑臥)허여 아무 동정이 없는지라

< 아니리 > 공명이 그제야 잠에 깨어 풍월지어 읊으는디

"초당에 춘수족(春睡足)허니 창외(窓外) 일지지(日遲遲)요

대몽(大夢)을 수선각(誰先覺)요 평생을 아자지(我自知)라"

동자 들어와 여짜오되

"전일 두 번 찾어왔던 유황숙이 밖에서 기대린 지가 거운 반일이 넘었나이다"

< 중머리 > 공명이 그제야 놀랜체허고 의관을 정제(整齊)헌다. 머리에는 팔각윤건(八角輪巾) 몸에는 학창의(鶴衣)로다. 백우선(白羽扇) 손에 들고 당하에 내려와 현덕을 인도하야 예필좌정(禮畢坐定)후에 공명이 눈을 들어 현덕의 기상을 보니 수수(秀粹)한 영웅이요 창업지주(創業支主)가 분명허고 현덕도 눈을 들어 공명의 기상을 보니 신장은 팔척이요 얼골은 관옥같고 미재강산정기(美哉江山精氣)하야 담연청기(淡然淸氣)허고 맑은 기운이 미간에 일어나니 만고 영웅 기상이라 현덕이 속으로 칭찬허며 공손히 앉어서 말을 헌다.[19]

판소리 한 대목을 장황히 옮겨온 것은 당시의 실감을 느껴보기 위한 것도 있지만 두 자료의 비교를 위한 것이기도 하다.

---

19) 김현주, 『적벽가』, 박이정, 1998.

앞서 소개한 한시는 판소리에 와서는 현토가 들어간 상태의 풀어쓰기가 되어있다. 일화에 기록했던 글귀는 분명 현토가 붙어있는 것이다. 반면에 오리지널 한시는 그것이 없다. 일화의 기록과 판소리를 비교해 봐도 그것이 한시에서 유래한 것이 아님을 대번에 알 수 있다.

- 일화기록; 대몽(大夢)을 수(誰)선각(先覺)고 평생(平生)아(我)자지(自知)라.
- 판소리; 대몽(大夢)을 수선각(誰先覺)이요 평생을 아자지(我自知)라.
- 삼국지 한시; 대몽수선각(大夢誰先覺) 평생아자지(平生我自知).

처화가 도사를 찾아 헤메일 때 적벽가는 길룡리에도 울려 퍼졌었다. 주막에 적힌 한문을 걸인도 읽을 수 있을 정도로 적벽가는 유명세를 탔었다. 걸인이 이를 거침없이 큰 소리로 읽어내었던 것을 처화는 그냥 간과하지 않았다. 더구나 그 시의 뜻도 원대하고 당시의 분위기에 견줄 때 심상치 않음을 간파했던 것이다. 그렇지 않아도 큰 뜻을 품고 있었던 처화에게 마치 들으라는 듯 큰 소리로 읊어내었으니 거기서 더 감동을 하였던 것이리라.

처화는 수행품 11장에서처럼 소리에 대해 큰 호감을 가진 것 같지는 않아 보인다. 그것은 해석을 달리해야 할 부분이다. 소태산은 '공부인과 비공부인'의 비교라는 법문에서 언급한 것이다. 공부의 길을 선택한 것과 그렇지 않았던 것의 결과가 분명히 다르다는 실례를 들었던 것이지, 어느 것을 폄하하기 위한 것은 아니다. 처화가 벽에 적힌 글을 과연 알고 있었던가는 또 다른 쟁점이 될 수 있겠지만 그 여부는 이 논의에서 큰 장애는 되지 않는다.

민중들은 시대의 뜻이 모여진 글을 판소리 적벽가에서 골랐고, 그를 사람들이 많이 다니는 곳에 적었는데, 이를 한갓 일천한 거지가 당당히 읽어내니, 처화는 마치 자신에게 들려주는 듯한 선언 같은 것이라 여겨졌던 것이다. 처화가 이 싯구를 알고 있었던 지의 여부는 그래서 크게 중요치 않다. 그러나 각 후 소태산은 판소리를 무척 즐겨들었다. 그것은 어린 시절 전통에 근거한다.

"대종사 간혹 대중으로 더불어 조선 고악(古樂)을 감상하신 바 특히 창극 춘향전·심청전·흥부전 등을 들으실 때에는 매양 그 정절과 효우(孝友)의 장함을 칭찬하시며, 공도 생활에 지조와 인화가 더욱 소중함을 자주 강조하시고, 말씀하시기를 『충·열·효·제(忠烈孝梯)가 그 형식은 시대를 따라 서로 다르나, 그 정신만은 어느 시대에나 변함없이 활용되어야 하리라."[20]

실시품에서는 비록 작품의 주제인 충, 효, 열, 제(忠孝烈梯))를 강조하였지만 기실은 판소리 예술성 즉 음악을 감상했던 것이다. 이에 대한 증언을 박용덕 교무가 실지 답사를 하여 기록하기도 했다.

"대종사는 가끔 소창을 하는데 조금도 점잖은 체하지 않고 제자들과 함께 어울리고 장난도 하며 산책을 즐겼다. 특히 축음기를 틀어 춘향전, 심청전, 흥부전 등을 무척 즐겨 들었다.

'춘향전을 듣고 절개를 배우라. 흥부전을 듣고 우애를 배우라'"[21]

소태산은 축음기를 통해서만 창을 즐긴 것이 아니라 직접 판소리 창극을 감상하기도 하셨다.

"(종사님이 초량지부에 계실 때) 춘향전을 두 번이나 가서 보면서 눈물을 흘리기도 하고 웃기도 하였다.

'그 사람은 그렇게 웃겼으니 제도받겠다'"고 하셨단다.[22]

---

20) 대종경 실시품 41장
21) 박용덕,『원불교 초기교단사』4권—금강산의 주인되라. '소태산의 면모' 편.
22) 박용덕, 위의 글.

같은 극을 한 번도 아니고 두 번씩 관람을 하였다는 점은 창을 대단히 좋아하셨다는 증거다. 오늘로 치면 거의 뮤지컬 매니아에 가깝다 하겠다. 소리와 예술을 알았고 즐길 줄도 알았다는 의미다. 소태산은 판소리의 대본을 축음기를 통해서 충분히 숙지하고 익혔다. 현장의 공연은 축음기를 통해 듣던 것과는 또 다른 차원의 감동이 있었음을 시사하는 것이다.

소태산이 소리를 좋아했던 것은 어린 시절 길룡리의 민속 문화적 전통에 근거한다. 오늘날도 여전한 남도의 전통문화는 당시 길룡리에 예외가 아니었다. 당시 유행하던 판소리를 처화는 즐겨 들을 수밖에 없었다. 처화가 서당을 다니며 접했던 경험담은 이를 증명한다.

수행품 11장은 공부인과 비공부인에 대한 법문이다. 도학공부는 우선의 선택이 중요하고 선택한 후에는 간단없는 정성이 중요하다는 내용이다. 한 명창의 경우를 예로 들어 설명하고 있다. 해당 부분만 옮겨본다.

> ".... 내가 어려서 얼맛동안 같이 글 배운 사람 하나가 있는데, 그는 공부에는 뜻이 적고 광대 소리 하기를 즐겨하여 책을 펴 놓고도 그 소리, 길을 가면서도 그 소리이더니 마침내 백발이 성성하도록 그 소리를 놓지 못하고 숨은 명창 노릇하는 것을 연전(年前)에 보았고, ..."

앞서 관련 부분을 풀이했지만 관련하여 다시 부연하면 '숨은 명창 노릇을 하였다'는 표현은 당시의 시대상으로 볼 때 어울리지 않는다. 당시 소리꾼들은 자긍심을 가지고 있었고, 높은 벼슬까지도 얻을 수 있었다. 당당히 드러내놓고 연예활동을 하였던 상황이었고 일제 강점기 오히려 민족의 자긍심을 드러내었던 자존심이기도 했다. '숨은 명창'의 이미지는 달리 해석을 하던지 다른 표현으로 대체되어야 할 것이다. 다른 해석이란 떳떳치 못한 명창이 아니라 크게 유명했던 것은 아니란 의미로 읽혀져야 할 것이다.

인간순시의 민속지식이나 도사의 상에 대한 인식 그리고 당시의 관련된 문화적 배경인 판소리는 처화의 수행에 병행되고 있었다. 특히 적벽가, 조웅전, 박태보전 등은 도사상을 추구함에 있어 깊은 관련을 가진다. 물론 여기에 처사시험하기의 무속관련 민속적 배경도 빼놓을 수 없다. 모두 전통문화 특히 신앙 관련의 전통과 연결되어있음이 확인되는 사안임이 드러났다 하겠다.

5. 마무리

일화 '걸인에게 돌리신 일'은 처화의 구도 특히 도사를 구하는 과정에서 벌어진 일에 대한 기록이다. 주인공 처화의 구도에 대한 열정을 주제로 그린 이야기다. 이야기는 백 여 년 전의 일이라서 당대의 문화상이 고스란히 그려져 있다. 이야기를 전개하는 과정에 드러난 여러 민속신앙과 전통문화를 포착하여 이에 대한 분석을 집중적으로 살폈다.

걸인을 도사로 오인했던 지식적 배경에는 도교신 특히 사과신에 대한 민속이 작용했던 것으로 보았다. 그러나 도교신은 걸인이나 다른 형태의 도인으로 변신하지 않기에 왜곡된 민속지식에 근거했던 행위였음을 지적할 수 있었다.

주막에 적힌 싯구는 판소리 적벽가 중 삼고초려와 도원결의의 고사가 얽혀있는 글이다. 이 글귀는 당시 영광 일대에 인기를 끌었던 적벽가 판소리 문화의 결과로 규정하였다. 한편 유창하게 읊어냈던 싯구의 내용이 당시 처화가 당면한 심정과 동일하기에 더 큰 감명을 받아 걸인을 집으로 초대하기에 이르렀다고 보았다.

소태산은 학동기 동학 중 하나가 소리에 열심이었던 점을 예로 들어 법문을 하기도 하였는데, 당시의 영광군 길룡리의 판소리 문화를 엿볼 수 있게 했다. 이런 문화적 배경은 훗날 소태산이 판소리를 즐겨듣는 상황을 넘어 매니아에 가까울 정도의 친 예술적 소양에 이르게 하였다는 점도 지적하였다. 당시 판소리는 조선 후기의 예술 문화이기도 했지만 일제 강점기 민족의 구심점 역할을 하였던 기능도 있었다. 소태산이 보여준 판소리에 대한 관심과 애정이 단지 예술적인 것만이 아닌 점도 놓칠 수 없는 요소다. 판소리에 대한 자료는 이외에도 더욱 풍부하게 교단에 남아있다고 보여지는데 더욱 정치한 연구가 요구되는 사안이다.

걸인의 초빙은 당시의 전통적 문화의 결과로 일어난 일이다. 즉 신앙에 대한 민속지식과 민속예술이 바탕을 이루어 전개된 것이었다. 이때 민속지식은 도교의 민속화 과정을 겪은 결과물로 도교적인 것이라 규정할 수 없다. 특히 도교와 도교적 사상 및 신앙은 무속과 결합을 이루고 있어, 처화가 접했던 민속적인 것은 무속적인 것이라고도 볼 수 있다. 전통 상관성은 이외에도 고소설과도 관련이 있다. 처가집 신행 방문 시 들었던 조웅전의 도사상과의 관련성이 그것이다. 일화는 구도과정을 조망할 수 있는 귀한 자료다. 그러나 이를 온전히 이해하기 위해서는 당대의 민속적 상황을 같이 고려해야 한다. 이는 달리 말해 소태산의 구도내용도 민속적인 전통의 영향관계들 속에서 이해될 수 있는 것임을 알아야 한다.

Ⅱ. 고소설의 도사(道士) 문학론
― 처화의 도사 상(象)과 박태보전 중심* ―

1. 머리말

고소설에서 도사의 형상은 서사구조상 중요요소다. 특히 영웅소설류에 등장하는 도사는 난제를 해결하는 결정적인 역할을 하는 존재다. 초월적 능력을 발휘하여 신출귀몰하는 도사는 고소설의 매력이기도 하다. 도사형상의 고소설이 소태산의 구도과정에 중요한 역할을 하게 되었다는 점은 널리 알려진 사실이다. 본고는 그에 대한 구체적인 정황을 살피는데 집중하기로 한다.

<조웅전>과 <박태보전>이 '원불교교사'에 명기되어있어 이에 대한 연구가 꾸준히 이루어져 왔다. 그러나 눈에 띄는 미흡한 점은 표기의 문제와 박태보전의 내용과 연관되어 드러난다는 문제이다. 하나는 이본의 문제와 연결되어있고, 또 하나는 소설의 분류와 직결되어 있다. 본 고에서는 이 점을 고소설 수용 양상의 관점에서 살피려 한다. 조선 후기와 구한말 고소설은 폭발적인 인기를 누리며 민중과 폭넓은 소통의 장을 마련한다. 흥미와 재미로 혹은 교훈과 가르침 또는 사회비판의 도구로 활용되며 소설과 독자와의 관계는 다양하게 발전되었다.

---

* 본고는 이미 학계(원불교사상과 문화)에 발표된 것을 수정보완하여 낸 것이다.

소태산이 구도과정에서 고소설의 내용에 감동되어 자신의 구도과정에 변화를 일으킨다. 즉 소설에 나오는 도사의 역할에 관심을 가져 도사를 구하고자 하는 구사고행을 시작한다. 일찍부터 품어오던 자신의 궁금증을 풀기위해 스승을 만나야겠다는 방법을 택했던 것이다. 여기에 해당되는 소설로 <조웅전>과 <박태보전>을 원불교교사는 기록하고 있다.

그러나 이 두 소설의 기록은 많은 표기와 기록의 오류를 반복해왔고, 박태보전은 구사과정에 수용되지 않았을 것이란 주장이 나오면서 복잡한 양상을 띠게 되었다. 이 문제는 여전히 풀리지 않은 상태로 머물러있다. 필자는 이를 재검토 정리하였다. 이를 위해 학계에서 이루어진 그동안의 성과를 토대로 이들 소설의 성격을 규정하며 구사과정에의 수용 양상을 도사상(像)의 관점에서 집중적으로 논의하였다.

도사(道士)는 시공의 초월적 존재로 인식된다. 도사는 현실의 어려움과 결핍을 해결하는 역할을 제공한다. 그런데 이 초월자의 역량은 외적 능력과 내적 능력으로 양분된다. 처화의 도사상은 이 둘을 아우른 양상으로 구조화되어 있다. 도사 형상은 외적 능력과 내적 능력으로 나뉘어야 한다. 둘의 구분이 없는 도사 상 정립은 혼란을 초래할 것이다. 추후 이 도사상에 대한 논쟁에서 새로이 다루어야 할 대상이 아닌가 한다.

2. 〈박태보전〉 기록 및 표기의 문제

<박태보전>에 관한 학계의 관심은 꾸준히 진행되었으나 다른 소설의 연구와 비교해 볼 때는 미미한 정도에 불과하다. 고소설에 대한 연구가 애초부터 늦게 출발한 이유도 있지만 <박태보전>의 연구에 불이 지펴진 것은 90년대에 들어서다. 소설을 분류하면서 박태보전을 어떻게 규정할까의 정도가 처음 관심의 대상이었다.[1] 특별한 관심은 일찍부터 원광

대학교에서 이루어진다. 원광대학교 원불교학과 교사반이 「창건사 연구」에서 처음 문제제기를 하였다.[2] 이 연구반은 <박태부전(朴太簿傳)>이란 이름의 소설이 아직 국문학계에 알려지지 않은 것으로 소개를 했다. 이 소설이 존재하지 않았다고 한 점도 문제이지만 소설의 제목도 문제를 야기한 부분이다.

1981년 박용덕은 원불교신보에 「소태산대종사의 聖跡을 따라」에서 이 <박태부전>과 유사한 책을 찾아 소개하였다.[3] 즉 박태보 소강도록 (朴泰輔 疎綱都錄), 박태보실기(활자본, 홍덕서림, 1916), 박씨부인전, 박부인전, 박씨전 등의 책을 찾아 소개하였다. 이때 박태보전에 대한 관심은 높아졌지만 문제는 더욱 복잡한 양상을 예고한 점이다. 박씨전을 소개한 이유는 <박태보전> 제목과의 유사성 때문이었는데 그것도 문제였지만, 뒤의 세 소설은 박씨전의 이본들인데도 이를 독립적인 소설로 명기했던 점은 이 방면 무지의 소치였다.

그 뒤 2년 후에 원광대의 박순호 교수가 <원대신문>에 <박틔보전>을 발굴하여 소개한다.[4] 이와 함께 당시 그에 의해서 소개된 자료는 다음의 항목이다.

> 충신박틔보전(김동욱교수 소장)
> 박할님전(국립도서관 의산문고본)
> 박태보전(정신문화연구원 소장, 속장에 <박틔보전 본조충신할님전>)

---

1) 김기동, 『한국고전소설 연구』, 서울: 교학사, 1981, 226쪽.
2) 교사연구반, <불법연구회 창건사연구―원불교의 한국사적 이해를 위하여>"조응전과 박태부전" 58쪽, 원불교학연구회. 1975
3) 박용덕, 원불교신보 277~281호
4) 원대신문 428호

박태전전(朴太傳傳, 정신문화연구원소장, 속장엔 <본조츙신할
님전>)
　　박튼부젼(박순호교수 소장)
　　본조 츙신 박할님젼(박순호교수 소장)

　박순호는 박태보전의 자료를 수집하는 데 공을 세웠다. 뒤에서 보겠지
만 이후에도 이본들을 꾸준히 더 모아왔던 것으로 추정된다. 의미 있는
자료의 수집이었지만 그 이상의 진전은 없었다.

　1987년에는 박윤철 교무가 「초기 교사(敎史)상의 제 문제」에서 소설
<박태보전>을 소개하며 기존에 있었던 '현존하지 않는 박태보전'이란
주장이 잘못되었음을 밝혔다.[5] 동 논문의 3절 '고대소설과 대종사의 구사
고행'에서 박태보전을 조웅전과 함께 도선사상의 입장에 서있는 소설로
보았다. 당시 유행하던 고소설의 도선적 사고가 구사고행에 영향을 끼쳤
을 것이라 기술했다. 특히 박태보전에 대해서 상세한 서지적 언급 즉 '정
신문화연구원'에 소장된 <박태보전>과 <박태전전>에 대해 자세한 소
개를 하였다. 또한 박태보는 실제 인물이며 그의 지극한 충성심을 주제로
한 소설임을 처음으로 밝혔다. 다만 여기서 그가 지적한 다음의 내용은
특기할만한 내용이다.

　"따라서 창건사에 인용되고 있는 박태부전은 박태전전의 오기가 아닐
까 생각된다."[6]

　특별한 근거를 대지 않고 이렇게 판단을 하고 서술을 한 것은 잘 납득
이 가지 않는다. 자세한 것은 뒤에서 논의하기로 한다. 아무튼 그는 고소
설의 중요성을 강조하며 추후의 연구가 절실히 필요함을 강조했다. 특히

---

5) 박윤철, 「초기 교사(敎史)상의 제 문제」, 『원불교사상』 제 10~11집, 1987, 689~691쪽.
6) 박윤철, 위의 논문, 1987, 691쪽.

'박태보전에 관한 종합적 검토는 별도의 기회를 통하여 시도' 되어야 한다고 했다.7)

이런 열기는 일반에게도 전해지게 되고 급기야 『원광』지는 박태보전 고소설을 연재하기에 이른다. 물론 <조웅전>을 비롯해 <박씨전>까지 수년에 걸쳐 연재하는 열정을 보였다. 그런데 문제는 다시 제기된다. 그것은 원광지가 실은 박태보전이 사실과 다르다는 점을 밝히면서부터다. 원광지는 <박태보전>을 싣지 않고 <박태보실기>를 실었기 때문이다. 사실 이 둘은 소설과 실기라는 큰 차이가 있었다. 이 점을 지적한 이는 국문학자인 이혜화였다.

1988년에 이혜화는 「문학적 시각에서 본 소태산의 생애와 사상」에서 <박태보전>이 <박태보실기>와 다른 점을 강조하며 소태산은 실기가 아닌 '전'을 접했을 것이라 확신했다. 특히 다음의 점들을 지적한 점이 특기할 만하다 즉, 소설 속에 야복(野服), 죽장(竹杖), 학발(鶴髮) 등의 묘사가 있음을 지적하면서 도사출현의 근거를 대며 소태산의 구도과정에 영향을 주었을 것이라 판단했다.8)

조웅전에 나오는 도선은 남악선생, 월경대사, 화산도사, 철관도사, 천명도사, 갈건야복의 노인, 삼대형제스승인 노(老)도사 및 선동(仙童), 채약(採藥)여동 등이다. 이혜화는 처화가 이런 도사들을 선호했으며 이는 산령기도 시 산령에 대한 불신이 생겼음에서 비롯된다고 하였다. 처화는 그보다 더 현실적인 대상인 생자(生者)를 구원자로 선택했다고 했다. 그는 또 처화가 구사로 전환한 것을 비현실과 현실, 자력과 타력의 관계로 설정했다.

"이는 그가 몽환적 비현실계에 대한 집착에서 현실세계에 대한 신뢰로

---

7) 박윤철, 위의 논문, 1987, 691~2쪽.
8) 이혜화, 「문학적 시각에서 본 소태산의 생애와 사상」, 『원광』170호, 1988, 121쪽.

의식전환이 이루어져가고 있음을 보이는 것이다. 그러나 신에서 인간으로, 비현실에서 현실로 인식의 변화가 생겨났다 해도 여전히 자력보다는 타력에 의존하여 문제를 풀려는 태도를 견지하고 있다고 보겠다."[9]

비현실과 현실의 구분도 충분히 일리가 있는 분석이다. 그러나 기실 산신과 도사가 모두 비현실적이며 초월적인 존재이다. 이는 구하는 대상의 범주가 자연계에서 사회와 인간계라는 영역의 격차 문제로 달리 접근할 필요가 있었다. 도사 역시 당시의 맥락에서 볼 때 산신처럼 가공의 존재이며 비현실적인 인간이기 때문이다. 그리고 조웅전은 다른 같은 류의 고소설과 달리 조력자들의 도움이 유난히 큰 소설이다.[10] 이것을 자타력의 관계로 규정한 점은 주요한 지적이나 원불교적 의미의 즉 수행방법상의 개념과는 차이가 있는 것이다. 또한 자력과 타력은 언제든 병진되는 것이지 어느 시기와 상황을 정해서 딱 구분할 수 없다. 특히 박태부전의 경우는 그렇다고 할 수 있다. 이 소설에는 외적 조력자가 거의 등장하지 않기 때문이다.

앞서 오기로 표기됐다고 보았던 박태부전(朴太簿傳)과 박태전전(朴太傳傳)이 이미 필사본으로 조선대에 존재했었다.[11] 정신문화연구원이 소장하고 있는 이본은 제명이 <박태전전>(朴太傳傳, 속장엔 <본조츙신할님전>)이고, 박순호 교수가 소장하고 있는 본은 <박투부전>이란 제목을 가지고 있다. 이것은 적어도 교사를 기록한 정리자들이 실수로 표기한 것이 아니라는 사실을 시사한다. 그러면 이렇듯 달리한 표기는 어떻게 가능했던 것일까. 정산, 주산, 손정윤 등의 정리자는 이 박태보전을 이미 알고 있었다. 그러나 그들은 서로 다른 이본을 기억하고 있었던 것이다. 그렇지 않고는 그 제목을 그토록 정확하게 표기하기 어렵다. 즉 정리자들의

---

9) 이혜화, 「문학적 시각에서 본 소태산의 생애와 사상」, 『원광』 170호, 1988, 121쪽.
10) 조희웅, 『고전소설 연구자료총서3』, 1999, 집문당. 홍용근, 『영웅소설의 원조자 연구』, 경남대 석사논문, 1990.
11) 박태전전(朴太傳傳, 정신문화연구원소장, 속장엔 <본조츙신할님전>으로 표기.

오기나 오류가 아니라 기존에 존재했던 서로 다른 이본의 제목을 가져다 쓴 것이다.

필사본과 방각본 및 활자본은 선진들이 자라고 활동하던 19세기 말과 20세기 초엽까지 왕성하게 읽혔다. 웬만한 식자들은 이들 제목을 다 알고 있었다.[12] 조웅전도 그렇지만 박태보전은 그 제목이 다양하게 변했다. 그러나 그 변화가 서로 다른 양상을 보인다. 즉 조웅전은 조웅전, 죠웅젼 혹은 됴웅전 등 대체로 그 제목이 통일되어 있었으나 박태보전은 그렇지 못했었다는 점이다. 특히 박태보전의 경우 표기상의 문제나 독음의 문제 혹은 독음 오류로 인한 중복 오기 등이 조선대 이래 계속 초래되었다. 선진들은 이렇게 다양한 제목을 가진 박태보전을 서로 다른 장소와 환경에서 접하였을 것이다. 이본에 대한 지식이 없는 상태에서 선진 정리자들은 자신들이 익히 알고 있던 제목을 적어 넣었던 것이리라.

<창건사>에 나오는 '박태부전 云'은 이런 의미로 해석해야 할 것이다. 즉 '박태부전이라고도 일컬어지는 소설'이란 뜻이다. 이미 이때 정리자는 다른 제목의 이본이 있었음을 알고 있었던 듯하다. 그래서 딱 한 제목만을 적기가 뭐하여 云자를 넣어 그 여지를 남겼던 것이다. 이는 현재까지 밝혀진 실제 이본 수에 비추어 봐도 알 수 있는 것이고, 선진 제자들에 의해 다양하게 기록된 바로도 확인이 되는 것이다. 이혜화는 이를 정리자의 실수라고 딱 잘라 표현하지는 않았으나 그렇게 해석하는 여지를 남겼다. 그렇지 않았음을 여기서 확실히 하고자 한다.

한편 박용덕은 소태산이 '박태보전'을 접하지 않았을 것이라 추정했다. 그는 원불교 교사와 다르게 표기된 창건사를 들어 논구했다. 창건사를 옮겨보자.

---

12) 본 논문의 3장 고소설의 분류와 영웅소설 참조.

"대종사 十六세 되시든해 正月에 환세인사차로 처가에 가섯드니
　　맛참 어떠한 사람이 고대소설(趙雄傳 又는 朴太簿傳 云))을 보든 중
　　그소설 주인공이 어떠한 도사를 맛나 공부한 결과에 탁월한 정신을
　　얻어 그 소원을 성취하엿다는 말삼을 들으시고 심중에 큰 변동이 생
　　기섯으니......"13)

　　작품의 순서를 '조웅전, 박태보전'에서 '박태보전, 조웅전'으로 바꾼 이
유는 무엇인지 알 수 없으나 어떤 의미가 없지는 않나 하는 생각을 하게
한다. 보통은 확실하고 중요한 것을 앞에 두는 것이 상식일진데 잘 납득
이 가지 않는 구석이 있다. 아니면 기존의 입장과 달리 박태부전을 강조
하기 위해서 순서를 바꾸었던 것은 아닐까 하는 추정도 전혀 배제할 수는
없을 것이다. 이 점 추후 더 언급하기로 하자.
　　우선 박용덕이 주목한 부분을 살펴보니 창건사의 표기방식이다.
　　"문제는 요지가 되는 괄호속의 글 '趙雄傳 又는 朴太簿傳 云'이라 한 한
문투 부사 '―又는 ―云'에 주목하여야 한다."14)
　　그는 이 '―又는'과 '―云'을 각각 '또는, 혹은'과 '이른 것'으로 해석하여
이 부분을 다음과 같이 풀이해야 한다고 했다. 즉
　　"대종사가 처가에서 들은 그 고소설의 책명은 조웅전이 아니면 박태부
전으로 이르신 것"
　　또 창건사 발표 뒤 5년 후에 나온 <대종사 약전>15)을 들어 박태보전
을 접하지 않았을 것이란 추정을 하였는데, 주산 송도성이 정리한 이 약
전에는 아예 고소설의 제목이 하나도 언급이 되지 않았다. 그에 대한 유

---

13) 정산, <불법연구회 창건사>, 1937년 10월 『회보』38호.
14) 박용덕, 초기교단사 1권 140쪽.
15) 주산 송도성 지음, 이에 대한 세밀한 고찰은 박용덕의 글 「<대종사 약전>고」,
　　『원불교사상』제 10~11집에 적혀있다.

추는 다음의 내용이다.

(ㄱ). 소태산은 고소설을 읽은 것이 아니라 이야기꾼으로부터 전해 들었다.

(ㄴ). 고소설 책명은 둘 중 하나이나, 화법상 조웅전의 기억이 우선했다고 볼 수 있다.

(ㄷ). <박태보전>내용은 소태산의 구도과정에 변화를 줄만한 내용을 담고 있지 않다.

(ㄱ).은 정확한 지적이라 생각된다.16) 당시 정월 보름경의 시골동네 분위기는 축제의 분위기다. 소리꾼이나 풍물꾼들을 외지에서 초빙하여 일종의 연회를 베푼다. 마을의 유지들은 이때 든든한 후원자가 된다고 한다. 홍곡리 장지촌에서는 대조영의 후손 중 유지 한 사람이 이를 도맡아 행했다고 한다. 소위 전기수(傳奇叟)라 칭하는 즉 이야기 잘하는 할아버지 혹은 이야기꾼들을 이때 초빙하기도 한다. 필자는 장지촌 현장을 답사하여 이 사실을 확인한 바 있다.

(ㄴ)과 (ㄷ)은 각각 다른 접근을 시도한 결과인데 즉 표기상의 문제와 내용상의 불일치 문제이다. 이는 여기서 다시 살펴봐야 할 부분이며 특히 (ㄷ)은 이 논문의 중요 관건이기도 하다. (ㄴ)의 경우 앞서 살핀대로 '一叉는'과 '一云'을 풀이하여 얻은 결과이다. 박용덕이 풀이한 내용은 충분히 가능하다. 그러나 다른 해석의 여지가 없는 것은 아니다. 보통 '一云'은 '一등등', '一등을 이름'의 뜻을 가지기도 하고 의미 없는 어조사로 쓰이기도 한다. 그리고 '一叉는'도 반드시 '또는'으로 풀이 되는 것은 아니다. 문법적으로는 '또는'으로 풀어지나 의미는 '또', '그리고'의 의미를 가지기도 한다. 그렇다면 이 부분은 '조웅전 그리고 박태부전 등을 이름'로 풀이할 수도 있다. 조웅전과 달리 박태부전의 제명이 다양했음은 앞서 보았다. 이 다양한 제목 즉 박태부전, 박태전전, 박태보전, 박할님전 등을 염두에 두었을

---

16) 본고의 6장 참조.

때 어느 하나만을 표기하고 말기가 어렵다. '박태부전 云'이라 한 것
은 '박태부전이라 칭해지는 고소설'을 의미하며 동시에 이 소설이
여러 종임을 의미하는 것이라 볼 수 있다.

또 중요한 점은 대종사의 기억력을 상기할 필요가 있다. 중요한 구사고
행의 계기를 마련했던 고소설의 추억을 쉽게 잊을 리 없다. 또 기억에도
없는 제목이 갑자기 떠올라 <박태부전>을 전했을 리는 만무하다. 더구
나 소태산에 의해 전혀 언급이 되지 않은 제명을 정산이 임의로 적어 넣
었을 리는 더더욱 불가하다. 그렇다면 그것은 창건사가 아니기 때문이다.
이런 정황을 생각할 때 다양한 제명을 가진 고소설의 기록을 "又는 박태
부전 云"이라 표기했던 것이다. 아마 정산도 이 소설을 접했을 것이다. 그
는 경상도에서 다른 제목을 가진 고소설을 들었을 가능성이 있다. 대종사
가 들은 소설제목과 달랐던 점을 염두에 두고 그런 표기를 한 것은 아닐
까 유추를 해본다(박태보전의 다양한 이본은 뒤에서 자세히 소개함).

송도성이 이 부분을 아예 빼버린 이유도 여기서 찾을 수 있을 것이다.
즉 <창건사>는 이미 있고 거기에는 구체적인 기록이 되어있다. 이를 그
대로 받아 적기에는 확신이 서지 않았던 것이다. 그는 또 다른 박태부전
을 알고 있었던 것이다. 박태부전의 표기를 고민했을 것이다. 다른 제명
을 가진 소설이 있었다면 '박태부전'이라 쓰기도 어렵고 다른 명칭을 찾아
적기도 난처한 것이다. 결국 이 부분은 형의 기록을 인정하고 중요한 골
자만 즉 '고대소설' 운으로 언급하기로 한 것이 아닐까. 조웅전만을 적어
넣기도 어렵다. 박태보를 뺄 수 없기 때문이다. 확실히 주산은 다양한 이
본이 있는 박태보전의 실체를 알았으며 이를 존중하여 형이 적은 —云의
속뜻을 존중했던 처사였던 것이다. 아니면 조웅전 하나만을 적어 넣었을
것이다. 박용덕이 했듯이 한자의 표기를 그렇게 해석했다면 말이다. 그러

나 그렇게 하지 않았던 것은 이를 인정한 것이 된다. 그러나 그것을 중복해서 쓰기는 또한 애매했다. 형의 창건사를 참조는 하였으나 이를 그대로 옮겨 적을 수 없었던 점은 앞서 말했듯이 여러 이본이 존재했던 박태보전에 대한 또 다른 표기가 걸렸기 때문이었을 것이다.

이후의 기록에 다른 제명이 계속 등장하는 것을 봐도 그들이 접한 고소설이 서로 다른 것임을 방증하는 것이라 생각된다. 즉 박태부전, 박태전전, 박태보전, 박할님전 등으로의 표기전환문제는 분명한 근거가 있다고 판단되기 때문이다.

교단의 공식기록인 교사에 '박태부전'을 '박태전전'으로 바꿔 적은 것은 그 결정적인 증거가 된다. 아무 근거 없이 고쳐 적을 수는 없다. 또 '一又는과 一云'을 빼고 적어 넣은 것은 당시 편집자의 강한 의지가 반영되었기 때문이다. 소태산은 확실히 그 소설을 접했다는 것을 선언한 것이나 다름없다.

원불교 교사는 앞서 잠시 언급했듯이 아예 <조웅전>과 <박태보전>의 순서를 바꿔 표기했다. 이것은 무엇을 의미하는 것일까. 무심히 그랬다고도 볼 수 있겠으나 그렇지 않았을 가능성도 배제할 수 없다. 논란의 대상이 되었던 박태부전에 대해 더 이상의 잡음을 불식시키기 위한 의지의 표현일 가능성도 있기 때문이다. 분명히 박태부전을 접했다고 선언을 하는 의미를 가지는 것은 아닐까. 정산의 표기 방식이 이본을 염두에 둔 것이나 이것이 오히려 진위의 문제로까지 확대되어서는 안 된다는 메시지를 전하고 있었던 것이라 여겨진다. 보통 중요한 것은 앞에 쓰는 것이 상식이다. 구사고행의 동기를 볼 때 조웅전은 자타가 인정하는 확실한 고소설에 해당된다. 반면 박태부전은 여전히 그 내용의 상관성을 의심하는 모양새다. 그럼에도 불구하고 박태부전을 앞에 표기한 것은 어떤 의지의 소산이 아니고서는 이해하기 어렵다. 소태산이 이 소설을 대한 것은 사실이라는 점은 세상에 천명된 것이다. 그리고 그 내역은 그의 다양한 이본이 제명을 달리한 데에 원인이 있었다. 그러나 여전히 그 내용의 도사관련 연관성은 명쾌한 설명을 하지 못하고 있다.

3. 〈박태보전〉과 도사(道士)의 문제

박용덕이 유추한 (ㄷ)의 문제는 여전히 풀리지 않은 채로 남아있다. 박용덕은 이혜화가 주장한 관점을 부인하면서 박태부전 부재론을 폈다. 그는 이혜화가 주장한 유사 도사의 실체를 인정하기 어렵다는 데서 실마리를 풀었다. 즉 조웅전과 달리 박태부전은 도사가 등장하지 않으니 이 소설이 구사전환에 영향을 끼치지 않았으며 들은 바도 없다고 했다.

"그러나 이런 류의 도선적 인물의 등장은 여타의 고소설에도 흔히 나타나는 것으로, <박틋보전>이 소태산의 구도과정의 전환에 영향을 주었을 것이라 주장하기엔 설득력이 부족하다."[17] 이혜화가 말하는 소위 유사도사론을 살펴보자. 즉 그는 소설 속에 야복(野服), 죽장(竹杖), 학발(鶴髮) 등의 묘사가 있음을 지적하면서 도사출현의 근거를 대며 소태산의 구도과정에 영향을 주었을 것이라 판단했다.[18]

그 구체적인 내용은 다음과 같다.[19] 즉 그가 도사관련의 예시 중에 첫 번 것은 부인의 꿈에 박태보가 나타나 자신의 위기를 알린다. 이를 그는 亡靈이라 분류했던 것으로 도사류와 유관하다고 보았다. 두 번째 것 역시

---

17) 원불교 초기교단사 1권—소태산의 대각, 방언조합운동, 원광대학교출판국, 1997, 139쪽.
18) 이혜화, 「문학적 시각에서 본 소태산의 생애와 사상」, 『원광』 170호, 1988.
19) 이혜화, 『원광』 170호, 1988.

부인과 관련된 것으로 역시 부인의 꿈에 학발노인이 갈건 야복차림으로 죽장을 짚고 가는 장면이다. 역시 부인의 꿈에 잠시 나타난 서술이다. 세 번째 것은 소위 선동의 노래라 이름을 붙인 대목으로 이들의 노래를 듣고 숙종이 자신의 과오를 뉘우치는 계기를 마련하는 장면이다. 그는 이들을 예로 들어 도사와 관련이 있음을 주장했다. 과연 이들을 도사류로 볼 수 있을 것인가? 이에 대해 박용덕은 그 의미를 폄하하며 불가함을 내세웠다. 이를 밝히기 위해서는 고소설사에서 박태보전을 어떻게 분류하는가를 살피고, 소설의 서사구성과 등장하는 도사류와의 관계를 알아봐야 한다. 이는 뒤에서 살필 것이다.

이혜화가 이와 같은 이유로 박태보전을 조웅전과 나란히 같은 계열의 소설로 보고 박태보전을 고수하고 나자 또 하나의 문제점이 지적되었다. 그것은 <박태보실기>에 관한 것이다. 그가 위에서 주장한 내용은 소설 박태보전을 근간으로 하였기 때문이다. 그는 실기와 소설은 큰 차이를 가진다고 보았는데 역시 도사류의 등장 여부가 차이를 낳게 한 핵심이었기 때문이었다.

앞서도 언급했듯이 80년대 중반 교단 내에서는 고소설에 대한 관심이 높아지면서 연구도 활발히 이루어졌다. 원불교학연구회와 원불교사상연구소는 그 중심에 있었고 그 결과들을 발표했다. 이 새 소식은 원대신문, 원불교신문, 원광지 등을 통해 일반에게도 전달되었다. 문제가 된 것은 『원광』지에 연재했던 <박태보실기>였다. 소태산이 박태부전을 들었나 아닌가의 진위가 밝혀지면서 원광지는 의미 있는 기획을 하게 된다. 소태산이 접했던 고소설을 모두 연재하기로 한 것이다. 처음 연재한 것은 당연히 <조웅전>이었다. <조웅전>은 인기 있는 고소설이었기 때문에 구하기도 쉬웠고 현대어와 큰 차이가 없는 활자본도 많아 연재하는 데 문제가 없었을 것이다.[20] 근 2년간에 걸쳐 연재한 분량은 총 20회에 달했다.

조웅전의 이본은 80여 종에 달한다. 조웅전에 특히 관심을 보이고 연구를 심화한 조희웅에 따르면 이들 다양한 이본은 큰 차이를 보이고 있지 않은 듯하다.

"필자가 대조해 본 <조웅전>이본들의 경우는 내용상으로 독립 이본으로 내세울 만한 것은 거의 없었다. 경판과 완판의 경우 작품의 길이에 있어서 현저한 차이를 보여주고 있지만, 내용을 대비해보면 전자는 후자의 축약본에 지나지 않아 진정한 이본이라 보기는 어렵다."[21]

결국 조웅전의 내용을 온전히 전하는 데는 이본 간에 보이는 격차가 있어도 독자에게 주는 감동의 차이는 미미했을 것이다. 거기다 이야기꾼의 재치와 구술역량을 감안하면 미미한 정도는 더 크다. 즉 수많은 이본 중 어느 본을 소태산이 들었냐는 크게 중요한 일이 아니다. 물론 추후 이에 대한 면밀한 검토가 있어야 할 것이다.

『원광』지는 이어 <박태부전>을 연재한다. 앞서 살폈듯이 박태부전의 이본도 다양했다. 이혜화가 주장하는 것은 원광지에 게재한 <실기>는 소태산이 접했던 것이 아니라는 점이다. 이 경우 이본간의 차이가 조웅전과는 너무 다르다는 것이다. 그는 여기서 두 가지의 쟁점을 부각시켜 실기를 게재한 오류를 지적한다. 첫째 실기는 역사적 사실을 온전히 기술한 것이고 소설이 아니라는 점이다. "소설과 실기는 동일한 소재를 다룬다 할지라도 그 지향점은 많이 다르다. 소설은 서사적 구성과 표현을 통해 미적 감동을 추구하나 실기는 사실의 충실한 전달을 위해 기록성을 중시한다."[22] 둘째는 소설과 달리 실기에는 도사가 나타나지 않는다는 점의 지적이다.

---

20) 『원광』 139호(1986.3)부터 『원광』 158호(1987.10)까지.
21) 조희웅, 「조웅전 이본고 및 교주보」, 어문학논총 제 12집, 국민대학교 어문학연구소, 1993, 57쪽.
22) 이혜화, 위의 글, 1988, 140쪽.

박태보전은 소설사에서도 특이한 위치를 가진다. 그 역사적 사실이 너무도 분명하고 그 사실의 내용이 너무 드라마틱하기 때문에 실기의 기록만으로도 충분히 독자들의 심금을 울릴 수 있을 정도로 내용이 알차다. 이것을 더 극적으로 그려내기 위해서 소설적 픽션이 가해진다. 숙종때 일어난 이 사건은 2~300년에 걸쳐 여러 사람들의 손으로 필사되고 구송되는 과정에서 소설적 요소를 더하였던 것이다. 그것이 박태보전이 되었고 20세기 초에 처화에 의해 접해졌던 것이다.

여기서 한 가지 생각해볼 것이 있다. 그렇다면 처화는 당시 반드시 소설 <박태보전>만을 접했던 것일까 하는 점이다. 실기와 전류가 당시 공존했던 자료라면 꼭 소설만을 들었을 리는 없을 것이기 때문이다. 즉 <박태보실기>를 들었을 가능성이 있다. 이혜화는 이 점을 두 번째로 쟁점화했다. 이 부분이 또한 구사의 동기와 관련이 되는 것이라 보았다. 즉 도사의 등장 여부에 관한 것이다. 실기는 사실의 기록이니 당연하겠지만 도사나 도사와 유사한 존재를 확인할 수 없다. 반면 소설 박태보전에서는 이 요소를 찾을 수 있다는 점을 지적하였다. 도사의 등장 여부는 매우 중요한 요소가 될 수밖에 없다. 처화의 구사동기가 바로 이와 직결되어 있기 때문이다. 이혜화는 이 도사의 유무가 '실기'가 아닌 '전(傳)'이어야 한다는 점을 분명히 하였다.

> "소태산이 <조웅전>과 함께 구송으로 들은 것이라면 당연히 소설<박태보전>일 수밖에 없거니와 그것이 <실기>일 수 없음은 예의 도사 등 超人 출현이 <실기>에는 없고 <전>에만 있음에서도 알 수 있다."[23]

---

23) 이혜화, 위의 글, 1988, 141쪽.

이와 달리 서지학적으로 봐도 처화는 실기를 접할 수 없었다. 실기는 활자본으로 1923년도에 출판된다. 그 작자의 변을 보면 그 당시에 쓴 것으로 보여진다. 처화가 <박태보전>을 접한 시점은 1906년 경이다. 원광지에 연재로 실린 실기일 수는 없는 것이다. 처화는 실기가 아닌 소설을 접하였다.

아무튼 이혜화는 도사 상(像)의 유무로 실기무용론을 내세웠다. 그는 박태보전에 나오는 도사 혹은 유사 도사의 등장을 예시하고 있다. 앞서 보았듯이 그 예시는 세 장면에 불과하다. 이를 두고 박용덕은 이런 정도의 표현은 다른 고소설에 흔히 볼 수 있는 것으로 전형적인 도사의 모습이 아니라고 폄하하였다. 실제로 그가 제시한 도사의 모습은 평이할뿐더러 소설 중에 특별한 역할을 하고 있지 못하다. 더구나 결정적인 것은 그 도사와 박태보와의 상관관계가 전혀 없다는 것이다. 박태보가 거사를 이루는데 어떠한 조력이 되고 있지 않은 것은 본래의 구사적 도사와는 거리가 있다. 도사는 주인공이 자신의 뜻을 성취하는데 조력자의 역할을 해야 하는 기능을 가지고 있어야 하는데 박태보전의 그것은 전혀 그렇지 못했다.

그가 든 세 가지의 예시 중에 첫 번 것은 부인의 꿈에 박태보가 나타나 자신의 위기를 알린 것으로 망령(亡靈)이라 분류했고, 나머지 역시 하나는 부인과 관련된 것이고 다른 하나는 선동의 노래라 이름을 붙인 대목으로 숙종과 관련이 있을 뿐이다. 이 세 부분은 실기에는 없는 소설적 픽션에 해당되는 요소들로 소설적 미학을 위해 후대에 점차 보태어진 장면들 중의 일부에 해당된다. 이들의 삽입이 아무리 작은 것이나 도선적 분위기를 자아내고 주인공의 편에서 신비한 위력을 자아내는 효과를 내고 있음은 주지의 사실이다. 그러나 이들의 역할이나 활약이 너무 미미하고 극히 부수적인 요소로 등장할 뿐만 아니라 박태보와 전혀 관련이 없다.

이런 점에서 조웅전이 그랬던 것처럼 박태보전이 과연 처화가 결심한 구사로의 전환에 어떤 영향관계가 있었을 것인가는 의구심이 들지 않을 수 없다. 그리고 또 문제는 조웅전에 등장한 여러 도사들은 그 수도 많고 능력도 다양해 조웅을 결정적으로 도와준다는 점이다. 그리고 이들의 절 대적인 도움으로 모든 전쟁과 난관과 거사를 성공리에 마무리 할 수 있게 한다.[24] 도사들의 역할이 중심이 되고 관건이 된 듯한 인상을 준 것과 달 리 박태보전은 전혀 그렇지 못한다. 박용덕의 지적대로 미미한 도사의 등 장은 전혀 도사구사의 전환에 영향을 끼치지 못했을 것이란 점이 수궁이 간다. 그래서 박용덕은 이 소설을 처화가 접하지 않았을 것이라 판단하였 다. 즉 그는 오로지 조웅전만이 구사고행에 영향을 주었을 것이라고 했던 것이다.

확실히 박태보전은 도사와는 거리가 있다. 그렇다면 박용덕의 주장대 로 이 소설을 접하지 않았던 것인가. 그러나 앞서 보았듯이 처화는 실기 가 아닌 <박태보전>을 분명이 들었던 것으로 판명이 되었다. 따라서 박 용덕의 부재론은 특별한 대안을 제시하지 않는 한 철회되어야 할 것이다. 이혜화의 유사도사론 또한 그 근거가 미약함을 인정하지 않을 수 없는 상 황이다. 교단 내에서의 이런 관심은 학계에서도 관점을 달리하여 고민한 흔적이 있다. 즉 박태보전에서 실기와 전의 차이는 무엇이고 그 소설사적 의미는 무엇이어야 하는가에 대한 문제가 상당한 수준의 논구로 이어졌 다. 이 장과 연결이 되는 실기와 전의 격차 문제를 여기서 먼저 살피고 <박태보전>이 가지는 고소설사 상의 위상과 연구 성과를 다음 장에서 다루도록 하자.

---

24) 홍용근, 『영웅소설의 원조자 연구』, 경남대 석사논문, 1990.

4. 박태보전 실기와 소설의 구분 및 이본

학계에서 소설류에 해당되는 한 작품이 실기냐 혹은 소설로서의 전이냐의 문제는 언제나 논란의 대상이었다. 역사와 허구라는 기준으로만 결정할 수 없는 여러 요소들이 내재해있기 때문이다. 박태보전도 예외가 아니었다.

김기동은 <박태보전>을 역사소설로 보았다. "역사소설이란 역사상의 인물이나 사건을 소재로 한 작품을 말함이다, 그러므로 역사소설이라는 소설의 한 유형은 취재(取才)면에서 붙인 명칭이라 하겠다"고[25] 하여 소설의 소재를 어디서 취했나에 기준하여 박태보전을 역사소설로 구분했다.

한편 김용덕은 역사소설 대신 실기소설이라는 용어와 범위를 설정하여 역사소설을 좀 더 세련되게 구분하였다. 그는 <박태보전>을 '실기형 전기서설'로 보았다. 김기동과는 달리 소설의 개념을 강조하여 분류를 하였다. 소재의 역사적 선택에만 기준을 두지 않고 전(傳)과 허구성의 구성력을 강조하여 역사보다는 소설적 특징을 더욱 강조하는 분류를 시도하였다. 즉 전의 사실성과 소설의 허구성을 조화시킨 미적 양식으로서의 실기소설을 설정하였다.[26] 김용덕은 전기(傳記)소설을 세 유형으로 나눈다. 실기형 전기소설로 인현왕후전과 홍경래의 난을 소재로 한 신미록과 박태보전을 들었고, 설화형 전기소설로 최치원전, 홍길동전, 전우치전을 그리고 복합형 전기소설로는 강감찬전, 임경업전, 한씨보응록 등의 작품이 있다고 분류하였다.[27]

김용덕과 같은 맥락의 입장으로 정은임은 박태보전을 전(傳)과 록(錄)의 양식을 포함하는 실기문학으로 규정하면서 계축일기와 인현왕후전도

---

25) 김기동, 『한국고전소설 연구』, 교학사, 1981, 226쪽.
26) 김용덕, 앞의 책, 1987, 121쪽.
27) 김용덕, 『한국전기문학론』, 민족문화사, 1987, 127~8쪽.

같은 범위에 들어간다고 했다. 그는 특히 전란이나 역사적 대사건을 소재로 한 것을 실기문학이라 선을 그었다.[28] 소재영도 박태보전의 필사본들을 새로이 소개하며 박태보전을 소설로 구분을 하고 있으나,[29] 이런 분류들이 모두 박태보전을 온전한 소설로 규정하는데 미흡함이 있음을 지적한 이도 있다. 즉 민영대는 이 소설을 거의 창작소설로 보려고 하였고 즉 '사실(寫實)계소설'이란 새로운 용어를 부여했다.[30]

민영대가 박태보전을 실기(實記)나 사실(史實)소설이 아닌 사실(寫實)로 본 데에는 해당 작품이 사실과 너무도 다른 허구가 많이 삽입되어 있다는 점을 강조한 데서 비롯된다. 그는 현존하는 모든 이본의 내용을 면밀히 비교하여 실기류와 소설류로 구분하였다. 그리고 200~300년에 걸쳐 이루어진 이본류의 계통을 제시한다.

> 숙종대 박태보의 사후 곧 이어진 사실 중심의 한문본 <박학사태보전(朴學士泰輔傳)> ――> 한문본과 거의 같은 때 이를 번역한 사실 중심의 한글본 <박학ᄉᆞ사졀녹> ――> 영조대, 사실을 허구화한 한글본 <박틱보전>, <박할님전>, <박태전전(朴泰傳傳)>, <박정제전(朴定齊傳)>, <본국튱신박틱보전> ――> 영조후기, 박태보 사후 70여년 지나 지어진 사실중심의 한글본 <문열공긔ᄉᆞ>, <박틱보실긔>.[31]

그는 실기에서 소설로 발전하는 과정을 이본들의 내용을 분석하여 정리하였다. 한문본에서 한글본으로 그리고 활자본으로의 전개 과정을 일목요연하게 정리한 성과를 보여주었다. 민영대는 박태보 사건을 처음에

---

28) 정은임,『궁정실기문학연구』, 숙명여대박사논문, 1991.
29) 소재영,『고소설 통론』, 이우출판사, 1987.
30) 민영대,『박태보전연구』, 한남대학교 출판국, 1997.
31) 민영대, 앞의 글, 1997, 57쪽.

식자층에 의해 사실 중심의 사실을 기록한 한문필사본 <박학사태보전(朴學士泰輔傳)>이 가장 먼저 나왔고 이어 이를 번역한 한글필사본 <박학스사결녹>이 나오고 영조대에 이르러서는 작자의 창의와 허구를 대폭 가미한 <박틱보전>, <박할님전> 류의 소설이 등장하여 널리 읽혔다고 했다. 그 후 이런 허구적 증감의 사실관계를 바로잡고자 <문열공긔ᄉ>, <박틱보실긔> 등의 엄정한 사실 중심의 기록이 탄생되었다는 것이다.[32]

민영대의 연구는 박태보전을 온전히 이해하는데 큰 기여를 한다고 판단된다. 기존의 언급과 연구들이 작품들의 면밀한 내용의 비교를 선행하지 않고, 역사사실을 너무 강조하며 이해하려했던 점을 극복하였다. 또 하나의 강점은 각 이본들의 종합적 비교고찰을 시도했다는 점이다. 각 작품의 서사적 단계별 비교를 통해 박태보전이 강력한 허구성을 전제한 소설임을 입증했다. 그러나 허구성의 정도가 사실성을 얼마나 벗어나 있고 그것이 소설을 접한 독자들이 실기와 달리 어떠한 차별화된 감동을 유도하고 있는지에 대한 명쾌한 실증 그리고 감동 유발의 결정요인으로서의 핵심적 감동 매카니즘의 정립 등은 여전히 해결해야 할 과제로 남아있다. 어떤 경우에는 실기의 내용이 더욱 감동을 줄 수도 있기 때문이다. 또한 역사와 소설을 인위적으로 분리하려는 시도가 무리일 수 있으며 소설의 허구를 너무 강조한 측면이 있음도 비판의 대상이 되고 있는 점[33]도 고려할 필요가 있을 것이다.

고소설사에서 조웅전과 함께 박태보전은 어떤 위상을 가지며 어떻게 분류되고 있을까 하는 점을 간략히 살펴볼 필요가 있다. 이를 통해 박태

---

32) 민영대, 앞의 글, 1997, 17~57쪽.
33) 조현우, 「초기소설사에서의 역사와 허구의 관련양상」, 고소설 연구 제24집, 한국고소설학회, 2008

보전이 가지는 객관적인 특징을 정리할 수 있을 것이다.34) 고소설은 18.19세기를 넘어오면서 전성기를 맞이한다. 독자가 급격히 증가한 점이 그 증거다. 서적의 대량유통과 출판은 이를 대변한다. 전기수 같은 전문적인 이야기꾼들이 구송을 하고 책을 빌려주는 세책가들이 등장하고 필사만을 전문적으로 해주는 직업인이 등장하는가 하면 목판본과 활자본이 한양과 전주 안성 등지에서 출간되면서 조선 후기는 소설의 시대를 활짝 열었다. 이 시기에 성행한 작품은 그 수가 수천에 이르렀겠으나 현재까지 발굴 조사된 자료는 약 1300여종에 달한다. 이 작품은 여러 가지 유형으로 나눌 수 있다. 단편과 장편 혹은 전책과 녹책류 혹은 실기역사소설과 창작소설 등등이다. 우선 이를 주제별로 나누면 이렇다. 즉 군담소설 혹은 영웅소설, 가정소설 혹은 가문소설, 염정소설, 풍자소설, 우화소설 그리고 판소리계소설 등이다.

군담 영웅소설은 귀족영웅소설과 서민영웅소설 그리고 여성영웅소설로 나뉜다. 주인공의 출신성분이 어떤가가 기준이 된다. <홍길동전>의 전통을 이은 <조웅전>, <유충렬전>, <현수문전> 등은 대표적인 귀족영웅소설로 양반의 자제가 중국을 배경으로 위기에 처한 가정과 나라를 구하는 내용으로 구성되는데 유교이념인 충효의 사상을 담고있다. 이에 비해 <전우치전>, <임진록>, <최척전>, <박씨부인전>, <임경업전> 등은 대표적인 민중적 영웅군담소설이다. 역사적 실제 인물이 등장하고 임진왜란과 병자호란 등이 그 배경이 된다. 역시 충과 효의 이념을 실천하지만 민중의 의식을 더욱 드러내는 특징을 가진다.

소설 작품들은 다시 실기소설과 창작소설로도 나눌 수 있다. 예를 들어 최척전, 임진록, 임경업전 등은 실기소설이고 나머지는 창작소설이다.35)

---

34) 조동일, 최운식, 장효연, 등을 참조하여 정리했다(참고문헌 참조).
35) 김용덕은 실기소설을 전기(傳記)소설이란 용어를 사용하며 <인현왕후전>, <박

박태보전이 실기소설이라면 조웅전은 창작소설인 셈이다. 앞서 보았듯이 박태보전은 전혀 영웅소설이나 군담소설의 류에 속하지 않는다.[36] 그러나 조웅전은 영웅군담소설 중에서도 인기가 많았던 소설이다. 도사와 관련해서도 이 둘은 현저한 차이를 보여준다. 앞서 살폈듯이 박태보전은 도사와 특별한 관련이 없다. 아울러 영웅소설도 아닌 것이다. 더구나 가문소설이나, 가정소설로 보기도 어렵다. 풍자나 우화는 더더욱 찾아 볼 수 없다. 초기에 드러나 박태보전은 인현왕후전과 합철되어 소개되었었다. 이 점을 미루어 보면 궁중소설로 분류할 수 있을 것이나, 역시 소설의 성격과 부합하지 못한 면이 있다. 왕의 처사를 바로잡고 충을 직고한 점은 근본적으로 나라를 걱정해서 였다. 나라를 위해 한 몸을 희생한 점은 또 다른 차원의 영웅적 면모를 보여준다. 이런 점에서 <박태보전>은 종류를 달리하는 영웅소설로 볼 수 있는 가능성은 있다. 그러나 통상적인 영웅소설과는 크게 다르다. 도선적이거나 신비한 요소는 드러나지 않고 인간 내면의 위대함을 드러내는 데 초점을 맞추었다고 하겠다. 추후 영웅소설의 분류를 이런 관점으로 재시도할 필요가 있다고 본다.

한편 박태보전에 대한 이본연구는 꾸준히 지속되어 왔다. 1997년 민영대의 종합적인 연구 후로 밝혀진 이본의 수는 상상 이상의 결과를 보인다. 지금까지 밝혀진 박태보전 관련 이본을 모두 여기에 옮겨본다.[37]

이본의 종류는 국문필사본, 한문필사본, 국문활자본 등의 세 종류로 분류된다. 이들 각각의 이본 목록은 다음과 같다(제목과 소장처만을 언급했다).

태보전>, <최치원전>, <홍길동전>, <전우치전>, <강감찬전>, <임경업전>, 등의 작품이 있다고 하였다.(김용덕,『한국전기문학론』, 민족문화사, 1987, 127~8쪽)

36) 서대석,『군담소설의 구조와 배경』, 이화여대출판부, 1985, 조동일, 「영웅소설의 작품구조와 시대적 성격」,『한국소설의 이론』, 지식산업사, 1977.

37) 조희웅, 「조웅전 이본연구」, 어문학논총 제 12집, 국민대학교 어문학연구소, 조희웅, <고전소설 연구자료총서1─고전소설이본목록>, 1999, 집문당, 172─174쪽.

ㄱ. 국문필사본,

— '박웅교전'의 제목을 가진 이본 총 1본
박웅교전 윤영선(단국대,『국문학논집』, 13)
— '박태보전'의 제목을 가진 이본 총 18본
박태보전 박태보소(朴泰輔疏) 고대(신암)
츙신박틱보전이라 忠信 朴泰輔傳 단국대정문연
박틱보전 단국대
박틱부전 본죠충신박틱부전 단국대
박틱부전이라 박순호
박씨충효록니라 박순호
븍태보전이라 박순호
본조충신박틱보충향녹(本朝忠信朴泰輔忠行錄) 박순호
박태보전 사재동
본국충신박틱부전이라 사재동
박틱보전 성대
본죠충신박틱보전(朴太傳傳) 안시향(보성), 정문연
본국츙신박ㅌ보전 정문연
박태보전 정문연
박틱보젼 조병순
박틱보젼 충남대
박태보전(朴泰甫傳) 하동호
틱보전 홍윤표
— '박한림전' 제목; 총 8본
본조충신박한림전 경북대
본됴츙신 박할님젼니라/ 朴翰林傳 국중, 정문연
본조츙신박할림전 박순호
본조츙신박할림젼이라 박순호
본조츙신박할임전 박순호

본조츙신박할림전 박순호
본죠츙신박한임젼이라 박순호
보조충신 박할림젼 졍투젼 임형택

ㄴ. 국문활자본,

— '박태보실기' 제목 총 2본
朴泰輔實記 도서분류목록 1921 경성서적업조합
박튀보실기 朴泰輔實記 인활전

ㄷ. 한문필사본
— '박응교전'제목 총 1본
朴應教傳 강전섭
— '박태보전' 제목 총 4본
朴泰輔傳 사재동
朴泰輔傳 송자대전
朴泰輔傳잡동산이 3
朴泰輔傳 정명기

　　민영대는 총 10여 개의 이본을 대상으로 그 변화 양상을 추적하였다. 그의 추적은 초기에 실제 사실을 기록한 한문본이 있었음을 규정하고 그 번역본으로 실기형 한글본을 설정하였다. 한글본은 이후 허구성을 가미하여 본격적인 소설로 재창작이 되었다고 보았다. 영조 후기에는 다시 박태보 사후 70 여 년이 지난 뒤 지어진 실기가 활자가 나온 뒤로 재판되는 양상을 추적하였다. 이런 순서로 위에 나열한 이본들을 정리하면 다음과 같다. 즉 (ㄷ)의 한문필사본인 박응교전과 박태보전은 초기의 한문본에 해당되고, (ㄱ) 국문필사본인 박응교전이 실기형 한글본에 해당된다. 나머지 대부분의 이본은 허구를 가미한 소설로의 과정에 진입한 것으로 볼수 있겠다. 이렇게 보면 거의 대부분의 이본은 소설 박태보전이 주를 이룬다고 할 수 있을 것이다. 이는 박태보전이 상대적으로 많은 인기를 얻고 있었다는 점을 알 수 있는 부분이다. 특별한 도선적인 흥미 유발소가 없는데도 인기를 끌었다는 점은 어떤 연유가 있었을 것으로 보이나 현재로선 알 수 없는 상황이다. 현 체제에의 비판과 올바른 충의 개념을 정립하고자 했던 의지와 연결이 된다. 조선 후기 구한말의 시대적 분위기와 상관하여 분석할 여지를 충분히 보여준다 하겠다. (ㄴ) 국문활자본 박태보실기는 1920년대에나 나온 것으로 기존의 소설류의 허구를 비판했던 작자의 변을 고려할 때 초기 한문본의 재현이라고 봐야 할 것이다.38)

총 34종의 이본이 존재하는 것으로 드러났다. 이는 1987년 당시 원대신문에서 밝혀졌던 수 와 97년도 민영대의 연구 당시와도 큰 차이를 보여준다. 또 특기할만한 사실은 박순호의 소장 분량이다. 총 9종의 이본을 소장하여 박태보 이본 국내 최다 소장가가 된 셈이다. 그는 원광대에 재직하며 박태보전에 각별한 애정을 가지고 꾸준한 수집을 해왔던 것으로 판단된다. 다양한 이본을 교단에 처음 소개하며 특별한 관심을 불러일으킨점을 미루어 볼 때 특별한 관심을 보였음이 재확인된다. 한 가지 추후 확인할 점은 앞서 언급했던 그의 자료소개에서 보인 두 종의 이본 중 하나의 제목이 조희웅의 것과 다른 점이다.39) 아직까지는 이들 모든 이본을 대상으로 한 종합적인 연구가 나오지 않았다. 추후 이에 대한 체계적이고 세밀한 분석연구가 진행되기를 기대해 본다.

---

38) 민영대, 『박태보전연구』, 한남대학교, 1997.
39) 즉 위에서는 '박투부젼(박순호교수 소장), 본조 츙신 박할님젼(박순호 교수 소장)' 둘의 자료를 소개하고 있는데 이 중 전자의 것이 조희웅의 분류 '박투부젼이라, 박순호'와 차이를 보인다.

5. 처화의 〈박태보전〉 수용과 심중 도사상(像)의 실제

앞서 우리는 표기상의 문제를 비롯해 박태보전의 구사고행 관련 여부를 살폈다. 소태산은 박태보전을 분명히 접하였던 것 같다. 그러나 그 연장선에 있는 소설 속에 등장하여야 할 도사의 존재 여부가 논란이 되었다. 이는 매우 중요한 부분으로 교단 내의 입장과 학계의 연구결과를 살핀 결과 박태부전은 실기와 소설로 나뉜다는 점과 동시에 그 둘의 차이는 매우 크다는 점을 확인하였다. 이는 이혜화의 입장을 뒷받침하는 것이다. 그러나 그의 유사도사론은 동시에 무용한 것으로 밝혀졌다. 영웅군담 소설이 아니며 도사의 등장도 없는 박태보전은 충의를 주제로 한 매우 교훈적인 소설로 그리고 소설사에서 매우 특이한 작품으로 존재하며 소설사적 위상이 뚜렷하다는 점이 밝혀졌다. 궁중소설, 실기형 전기소설 혹은 다른 차원의 영웅소설로 볼 수 있음을 살폈다.

영웅이나 구사와는 큰 관련이 없어 보이는 〈박태보전〉을 우리는 어떻게 이해해야 할까. 학술적으로나 상식적으로 구사와 관련이 없어 보이는 소설의 수용을 이해하는 데는 다른 관점이 필요해 보인다. 우선 다음의 몇 가지를 수용과 기록의 근거로 추정해보자.

1. 실제 들었던 소설을 기록의 차원에서 적은 것—기록의 관점
2. 인상깊게 들은 소설로 기억에 분명한 소설이기 때문—기억의 관점
3. 박태보의 충의 정신을 기리기 위해—교훈적 입장
4. 한 인간의 인간승리적 면모와 그의 불굴의 투지가 주는 인간정신의 무한능력 확인—영웅의 입장

이외에도 얼마든지 이해의 관점을 확장할 수 있을 것이다. 우선 우리가

이해할 수 있는 여지를 위의 네 가지로 한정을 할 때 1과 2번 보다는 3과 4번의 경우에 관심이 간다. 더구나 1, 2는 구사의 여정과 전혀 관련이 없다는 점을 극복하기 어렵다. 충의정신을 확인하고, 인간의 무한능력에 감동되어 들었던 이야기를 빼지 않고 언급했을 가능성이 충분히 인정된다. 처화도 이 박태보전을 들으면서 이것이 역사적 실제 사실이었음을 알았을 터이니 말이다. 한 인간이 저리도 처절하게 의를 지키면서 살아갈 수 있고, 그 결과 역사에 길이 빛을 내보이는 구나 하는 감동어림은 어렵지 않게 유추할 수 있다.

3의 충의 정신은 다른 소설에서도 충분히 발견되는 것이므로 박태보전을 들어 이의 수용을 굳이 강조할 필요는 없었을 것이다. 다만 한 가지 특이한 점은 이것이 실기소설이라는 점일 것이다. 사실에 근거한 소설이기 때문에 그만큼 깊은 감명을 자아내고 긴장감을 주었을 가능성이 있다. 그러나 이는 구사와 무관하기 때문에 더 이상 여기서 다룰 수 있는 부분이 아니다. 그렇다면 4에서처럼 이런 실기류의 충을 위한 인간정신의 승리와 도사 구사와는 어떤 관련이 있는 것일까. 앞서 보았듯이 그 상관성을 주장하기에는 부족한 도사상(像)을 박태보전은 가지고 있다. 이를 어떻게 극복할 것인가의 문제에 역시 봉착한다.

소설의 감동이 구사의 동기와는 어떤 관련이 있는가를 생각할 때 다시 고민에 빠지지 않을 수 없다. 그렇다면 소태산은 구사의 동기와는 무관하게 단순히 그 감동과 교훈이 유의미하여 적어 넣게 하였던 것일까. 감동 요소와 관련하여 의미를 찾아보면 다음의 몇 가지 상념이 추출된다. 박태보가 역사적 실존인물이란 점과 그의 능력이 출중했던 점을 들 수 있다. 또 그의 행적이 시종일관 너무도 올곧았다는 점이다. 옳다고 생각하면 그 어떤 경우라도 자신의 의무이자 임무라고 생각하여 곧 수행했다. 또 하나를 들자면 그의 확고하고 특이한 충의 정신이다. 목숨을 내놓는 것은 물론이고 초 고강도의 고문에도 정신을 놓지 않고 오히려 명쾌하게 그의 뜻과 의지를 관철시켰다는 점이다. 오히려 이런 점이 도선적이기도 하다. 그리고 마지막으로 도사나 일체의 신비로운 요소가 드러나지 않았고 소설의 내용전개에 작용하지 않았다는 점이다. 그리고 그의 이런 정신은 후에 인정이 되고 확인이 되며 충분한 보상을 받게 되며 오늘날까지 그 정신이 기려지고 있다는 점이다. 아무튼 도사 구하기와는 전혀 다른 오히려 그 반대편에 위치할 소설을 명시한 것은 아이러니하기까지 하다. 이 점을 달리 이해하는 방도와 수용과정을 모색해야 하는 시점에 직면했다.

피상적 외형상의 일치점은 찾기 어려운 상황에서 할 수 있는 일은 도사의 개념을 다시 살펴야 한다. 창건사와 교사 등에 도사를 구했다는 기록이 산재해있으나 그 도사의 혹은 도사 구하기의 진정한 의미는 무엇인가에 대한 개념은 명쾌하지 않다. 도사는 우리가 아는 피상적인 영웅을 돕고 호풍환우(呼風喚雨)하는 기이한 존재로만 인식되고 있으나[40] 또 다른 면이 있음을 간과하고 있는 것은 아닌가. 이를 위해서는 구사과정의 일화와 자료들을 모두 모아 심층 분석할 필요가 있겠다. 또한 도사의 개념에 대한 추후의 분석도 필요하다. 또한 영웅소설의 분류도 층위를 달리하면서 새로운 정리를 할 필요가 있다고 판단된다.

현재로서는 소태산이 내면적 영웅의 추구를 겸행했을 것이란 추정을 해볼 수 있겠다. 박태보전의 수용은 바로 이 점에서 비롯된다. 처화는 종교적 수행과 지도자의 길을 걸었다. 그리고 그것은 대각을 통해 실현된다. 그 핵심은 인간의 내면에 내재하고 있는 영생불멸의 자아를 발견하는 데에 있다고 했다. 그의 내면적 추구는 일생을 통해서 수행했던 작업이고 가르침이다. 조웅전의 도사가 그랬던 세속의 영광만이 아니었다. 인간승

---

40) 박용식, 「고소설에 그려진 충의 윤리」, 『어문연구』 제28권 제2호, 2000, 121~122쪽.

리의 내면적 영웅을 여실히 보여준 박태보는 어쩌면 조웅전보다도 더욱 처화에 가까이 있었고 중요한 역할을 했는지도 모른다.

혹은 박태보전 유형의 소설군은 시대이념에 대한 문제제기와 이상적인 사회의 건설에 대한 해법을 보여준 경우로 볼 수 있지는 않을까.[41] 시대의 정신과 윤리는 변하고 이에 따른 군신의 관계 충절의 변화는 왕도정치의 자세를 정립하는 역할을 했을 것이다. 투철한 역사의식을 가지고 사회를 바로잡아갈 수 있도록 견인차 역할을 하는 것이 진정한 신하의 도리임을 보여주었다. 당시 현 체제의 비판과 개혁의 정신이 무엇인가를 보여준 소설이기도 하다. 구한말 박태보전이 널리 읽힌 이유도 여기서 찾을 수 있는데, 이미 처화는 충효열의 구태의연한 이념과 구체제적 윤리관을 알고 있었는지도 모를 일이다. 처화의 심중에는 세속적 영웅상뿐만 아니라 내면적 영웅상이 함께 자리했던 것이다. 고소설의 허구와 실제의 양안을 대표하는 두 소설은 처화의 마음속에 영향을 주며 양면적 도사상으로 정립되어 병존했던 것이다.

또 하나 언급해야 할 점은 후진들이 도사의 개념을 세속적 영웅의 존재로만 이해한 데서 온 곡해가 다수 있었다는 점이다. 내외겸비의 전인적 모습으로서의 도사상(道士像)을 처화는 애초부터 설정하고 있었는지 모른다. 세상의 출세만을 상정하지 않았다는 말이다. 이를 우리는 한 측면으로 치우쳐 이해하려 했는지 모른다. 이혜화가 박태보전에서 찾으려 했던 무리한 도사상(道士像) 찾기의 시도(소위 유사도사론)는 그 단적인 증거다. 이 모두를 위해서는 추후 도사에 대한 총체적 분석이 동반되어야 할 것이다.

고소설에 등장하는 도사 상을 이제 내적·외적 초월상태로 이해되어야

---

41) 박용식, 위의 논문, 2000, 128~129쪽.

한다. 사실 외적 도사 상이란 내적 역량의 승화된 표상이다. 이 둘의 인식과 둘의 병합이 진정한 도사 상으로 정립되어야 함을 소위 도사문학론은 재고해야 할 것이다.

6. 마무리

소태산의 구사고행에 영향을 준 <조웅전>과 <박태보전>은 '원불교 교사'에 정확하게 명기되어있고 이에 대한 연구가 교단 내외에서 꾸준히 이루어져왔다. 본 고에서 집중적으로 다룬 문제점은 표기의 문제와 박태보전의 내용과 연관되어 있다. 이들은 각각 이본의 문제와 소설의 분류 및 위상의 문제와도 직결되어 있었다. 이 점을 본고는 고소설 수용 양상의 관점에서 살폈다.

우선 박태보전 표기의 문제는 사뭇 복잡한 양상으로 전개되어왔다. 소설의 내용에 나오는 도사 형상의 여부를 놓고 벌인 문제는 일단 소태산이 접했던 것으로 정리가 되었다. 원불교 교사를 비롯한 다양한 사료와 자료에 서로 다르게 기록된 표기 문제는 박태보전이 숙종대 이래로 보여왔던 이본의 다양한 표기의 결과로 보았다. 이외에 각종의 기록과정에서 잘못 오기되었거나 오독되었던 부분도 바로 잡는 성과를 거두었다. 즉 박태보전, 박태부전, 박태전전 등은 이런 결과의 표기였던 것으로 보았다.

조선 후기와 구한말 고소설에 대한 수요는 폭발적이었다. 동시에 소설은 민중과 폭넓은 소통을 가진다. 흥미와 재미, 교훈과 가르침 또는 사회비판과 체제비판의 도구로 활용되었다. 소설과 독자와의 관계는 다양하게 발전되었는데 소태산의 구사 동기도 이 소설의 수용과정에서 나타난 현상이다. 이때 문제가 되는 것은 처화의 마음속에 자리했던 도사(道士)의 상(像)이 어떤 것인가이다.

우선 박태보전은 그 기록과정에서 많은 표기와 기록의 오류를 반복해 왔고, 특히 박태보전의 내용은 구사과정에 수용되지 못한다는 주장으로 복잡한 양상을 띠게 되었다. 필자는 표기의 오류 문제를 이본에 대한 지식에 부재한 가운데 집필자들이 경험한 다양한 이본의 제목을 수용하는 과정에서 혼선이 빚어졌던 것으로 보았고, 처화가 접한 작품은 실기가 아닌 소설 박태보전임을 밝혔다.

　박태보전의 내용에 도사가 부재하다는 기존의 입장에 이혜화는 유사도사론을 펴며 구사고행의 동기에 부합한다고 했으나, 소설의 분류로 볼 때나 타 영웅소설과의 비교를 통해 볼 때 무리한 주장임이 드러났다. 그러나 박용덕이 주장한 박태보전 부재론은 취할 수 없는 것으로 보았다.

　박태보전은 궁중소설, 역사소설 혹은 실기형 전기소설 등으로 볼 수 있고, 주제별로는 내면적 영웅소설로 볼 수 있는 가능성을 제시하였다. 조웅전과 같은 전형적인 도선류의 영웅군담소설은 아니다. 당연히 도사류의 등장은 이루어지지 않는다.

　이렇듯 구사의 과정에 도사가 등장하지 않는 소설을 수용한 방법은 기존의 도사관을 비판하는 데서 찾아야 한다고 보았다. 박태보전은 인간의 내면적 위대함과 내면적인 영웅의 모습을 보여준 대표적인 소설이다. 도사를 내외겸비의 전인적 인간상의 관점으로 새롭게 인식해야 한다고 보았다.

　아울러 기존에 형성되어 있는 도사의 개념으로는 박태보전을 구사고행의 동기로 수용할 수 없다는 점도 밝혔다. 처화의 구사과정의 자료를 모두 분석하여 도사의 상을 재정립하는 것이 선행되어야 한다. 소위 도사문학론의 재정립이 요구된다 하겠다. 또한 도사의 개념에 대한 사전적 지식도 새롭게 해야 할 필요가 있다. 또 이런 관점의 고소설 재분류를 검토해야 한다고 보았다. 이에 대한 추후의 연구를 기대 해본다.

제4부

—

민간종교 일화 영웅

Ⅰ. 초선지 만덕산 산제당의 민속학적 고찰

1. 머리말

만덕산은 원불교에서 초선지로 인류 정신개벽 발원지의 의미가 부여 되어 있다. 그 의의를 살피기 위해서는 소위 '만덕암' 즉 만덕산 산제당의 실체를 자세히 살필 필요가 있다. 그 과정에서 필자는 산제당의 성립과정 과 그 기능과 역할, 그리고 소태산 방문 당시의 일화들을 민속학적 관점 과 연구방법에 따라 분석하였다.

산제당은 중길리 상달마을의 당산과는 거리가 있는 것으로 특별한 목 적을 가진 신당의 기능을 가진 것으로 분석이 되었다. 이곳에는 좌포리 당골 무당이 주관하고 있던 것으로 일종의 기도터 혹은 굿당의 역할을 하 였던 곳이다.

정산과의 인연을 시작한 최도화도 이곳에 산신각을 짓게 되는데, 이들 의 성립 과정이 좌포리 김승지네 가문과 긴밀한 관련을 가진다. 이 과정 을 추적하여 그 정확한 성립과 기능을 살폈다. 이를 이해하기 위해서는 민간신앙인 기자치성을 살피지 않을 수 없었고, 그 연장선상에서 산제당 이 이루어졌음을 밝히려 했다. 그 기반이 한국 전통의 문화적 기반 위에 서게 되었다는 점을 조망하였다.

여러 자료와 지면의 한계로 인해 그 내밀하고 구체적인 관계를 여실히 드러내기는 어렵고 이후의 연구를 기대해야 한다. 본고는 만덕산 산제당의 성립과정과 배경을 민속학적 관점의 고찰을 위주로 했다. 원불교 교사와 교리 및 사상성과의 상관성은 여기서 논할 단계가 아니라 생각된다. 다만 민속학적 관점의 의의 개진은 허용된다고 보았다.[1]

2. 초선지 만덕산 산제당 개요

소태산의 명에 따라 정산은 변산 봉래정사를 떠나 전주를 비켜 만덕산에 이르게 된다. 도중에 만난 만덕산 미륵사의 주지와 친분을 맺은 것이 동기가 되었다. 미륵사는 만덕산 봉우리의 북서쪽의 중턱에 전주를 향한 곳에 위치하여 있다. 미륵사는 이름 없는 작은 절이지만 과거에 진묵스님(1563~1633)도 거처했던 절로 알려져 터의 영험함을 내포하고 있다.

만덕산은 노령산맥의 한 줄기로 해발 760여 미터에 달하는 그리 높지 않은 산이나 그 품이 넓어 진안, 임실, 완주군을 거느리고 있지만 교통이 불편해 외진 곳이 아직도 많은 곳이다. 소위 '만덕암'으로 알려진 산제당은 미륵사에서 볼 때 산 너머의 정상 부근 중턱에 위치한다. 행정지역상으로는 미륵사와 만덕암이 각각 완주군 소양면 신촌리와 진안군 성수면 중길리 상달에 속한다.

산제당은 상달 마을을 멀찍이 내려보고 있다. 마을을 지나 넓다랗고 완만한 골짜기를 따라 오르다 정상 부근의 약간 경사가 있는 곳으로, 천천히 오르다 숨이 찰 때쯤 되면 문득 넓은 터가 커다란 암벽을 등지고 닦여져 있는 곳이다. 산제당이 있었던 곳은 터만 남았다. 터의 뒤편은 20~30

---

1) 논문 심사과정에서 지적되었던 부분 중에 본 연구가 원불교적 연구인지 민속학적 연구인지 모호하다 했는데, 본 연구는 민속학적 고찰임을 다시 한번 강조한다. 단 소태산의 행적이 언급되어야 하는 부분과 연구결과의 의의를 민속학적 관점으로 개진한 점은 피할 수 없었던 부분이고, 이를 유불선 통 종교적 논리와 비교하는 것은 다른 차원의 관점이다.

미터에 이르는 벼랑과 30~40미터의 폭을 가진 암벽 옆 조그만 샘터도 있다. 바위를 등지고 앞을 보면 상달마을을 넘어 아무것도 걸리는 것이 없이 탁 트인 산과 하늘이 굽이굽이 끝없이 펼쳐져 있다. 누구나 한번 그 광경을 보면 잊지 못할 시원함과 청량함을 느끼는 곳이다.

만덕산의 산제당이 초선지로 정해지는 데는 최도화의 연원에서 비롯된다. 정산이 미륵사에 머물 때 이미 이곳을 자주 다니며 화주역할을 하던 최도화와 만나게 된다. 정산은 변산 월명암과 실상사 및 봉래정사에서 하산하여 기연을 찾아 나섰다가 미륵사에서 1921년(원기 6) 10월경부터 이듬해 3월까지 약 4~5개월의 짧은 기간을 머무는데 이때 최도화는 정산을 생불님으로 모신다.

> "정산이 만덕산으로 찾아올 당시 최도화는 상달의 자기 가정과 산제당 그리고 미륵사가 있는 곳을 근거지로 심공을 들이는 한편 행상과 기도, 화주 노릇을 전개하고 있을 때였다."[2]

여기서 말하는 산제당은 이후 최도화가 지은 산신각과 다르다. 산신각은 산제당 옆 20미터쯤 떨어진 곳에 따로 있었다. 산제당과 미륵사를 근거지로 삼아 활동했다는 기사를 일단 주목할 필요가 있다.

산제당은 좌포리 김승지네가 같은 동네 당골에게 가정을 돌본 그의 공을 인정해 지어준 것으로 되어있다. 이에 대해서는 다음 장에서 살피기로 한다. 이 산제당에 소태산이 온 것은 정산이 미륵사를 떠난 지 약 1년여 만이다. 즉 1923년 2월 14일(양력) 최도화의 안내로 왔다가 약 3개월간을 머물고, 다시 찾은 때는 다시 그로부터 1년이 지난 1924년 6월경으로 이

---

2) 박용덕, 『초기교단사 2권─돌이서서 물소리를 듣는다』, 원광대학교 출판국, 1997, 250쪽.

때 12명의 제자들[3]과 한 달여 선을 나게 된다. 처음 소태산이 찾을 때는 이미 최도화의 산신각이 따로 마련되었을 것으로 생각된다. 그렇지 않으면 처소의 협소함으로 보나 산제당을 주관하던 당골네의 사정을 고려해도 성립되기 어렵다.

소태산은 대각 후 만만의 준비를 거쳐 구 년째 되는 해(1925년)에 드디어 익산에 회상을 열게 된다. 영광의 구인제자 이후 모여든 창립인연들은 이렇다 할 공부의 기회를 갖지 못했었다. 또한 회상건설 후 시행되어야 할 훈련법을 다듬어 완성을 봐야 하기도 했던 상황이었다. 만덕산에서 나툰 선법은 이후 익산 회상의 핵심 공부법이고 또 미래 오만 년을 담보할 금강훈련법의 초석이 되었다. 그런 만큼 초선지의 의미는 크고 그 장소적 의의를 가볍게 보기 어렵다.

초선지가 가지는 의미는 다양하겠으나 만덕산 초선지는 인류 정신개벽의 태초 산실이라는 커다란 상징을 가진다. 그런데 그 작업이 일개 자그마한 산제당에서 이루어진 점은 여러 시사점을 던져준다.

3. 용어 '산제당' 고찰

「원불교교사」(이하 「교사」)에는 초선지 관련 부분을 이렇게 적고 있다.

"원기 7년(1922 壬戌) 9월에는 송규를 진안 지방에 보내시어, 만덕산 미륵사에서 최도화를 만나게 하시고, 그해 12월 오창건·송도성을 데리시고 친히 가시어 최도화·전삼삼·전음광·노덕송옥 등

---

3) 산제당에서 초선을 난 12명의 명단은 다음과 같다; 김광선, 김기천, 송규, 오창건 등 영관 단원, 전삼삼, 전음광 모자, 노덕송옥과 그의 손자(김대거), 전주 신도 이청춘, 경성제자 박사시화, 이동진화, 김삼매화.

을 만나신 후, 이듬해 3월에 봉래산에 돌아오시어"[4]

"원기 9년(1924 甲子) 5월에, 대종사, 진안 만덕산에 가시어, 한
달 동안 선을 나시며, …… 이듬해 3월에 새 교법을 지도 훈련하기
위하여 정기 훈련법과 상시 훈련법을 제정 발표하시었다."[5]

중앙문화원에서 세운 상달마을 어귀에 서있는 초선지의 기념비에는
이렇게 적혀있다.

"여기에서 서(西)로 약 이천보 만덕산 중복에 새 회상의 초선지
산제당터가 있다. 시창 7년 임술 구월 소태산 대종사 부안 봉래산에
서 정산종사를 이 산에 보내시어 진안 전등(傳燈)의 기연을 지으시
고, 그해 섣달 몸소 내산(來山)하시어 석 달동안 숙연들을 결속, 새
회상 창립의 주역으로 세우시었다. …… 시창 9년 5월 초 이 산에 다
시 오시어 ……."[6]

『원불교 전서』에 적혀있는 「교사」의 내용과 다르게 기념비는 보다 상
세하게 그 과정을 적고 있고, 이후 더욱 자세한 내용은 박용덕 교무가 쓴
『원불교 초기교단사』의 2, 3권에 잘 설명되어 있다. 위의 두 내용에서 크
게 다른 점 하나는 「교사」의 '만덕산에 가시어…'와 기념비에 새겨진 '새
회상의 초선지 산제당터'라는 문구다.

「교사」에 적힌 내용은 기념비에 새긴 내용을 약술한 것으로 보인다. 그
러나 송규가 쓴 『불법연구회 창건사』에 따르면 '산제당'이란 용어 대신

---

4) 「원불교교사」, 원불교정화사 편, 『원불교전서』, 원불교출판사, 1062~1063쪽.
5) 『원불교교사』 위의 책(1070쪽). 여기에는 날짜가 모두 음력으로 기록되어 있다. 또
   한 정확한 날짜를 맞추어 적는 데는 자료의 한계가 더러 있다.
6) 성수면 중길리 상달 어귀에 서있는 초선지 기념비에 새겨진 내용.

'만덕암'이란 용어를 사용했다. 소위 만덕암이라 불리웠던 산제당은 무엇일까. 민속 문화를 공부하는 필자로서는 궁금하지 않을 수 없었다. '만덕암'이란 용어는 『회보』 44호에 이미 명명되었다.7) 박용덕에 따르면 송규가 『창건사』를 정리하면서 변칭한 것으로 보았다.8)

보통 암이 붙은 것은 바위와 암자를 지칭하지만, 여기서는 단순한 자연물을 의미했다기 보다는 암자의 개념으로 사용했을 것이다. 암자는 산천에 두루 널려있는 신앙처로 주로 작은 불교의 절을 의미한다. 국어사전에는 이렇게 정의한다.9) '큰 절에 딸린 작은 절' 혹은 '중이 임시로 거처하며 도를 닦는 작은 집' 그러나 이런 범주를 벗어난 여러 형태의 기도처, 신앙처들이 다양하다. 산제당을 크게 보면 암자로 볼 수도 있을 것이다. 그러나 그것은 보는 관점을 달리하여 명명한 것으로 현지에서 부르던 이름 산제당과는 기능과 역할에서 차이가 있다.

'산제당'이란 용어는 대체로 마을에서 동네의 안녕을 위해 일 년에 한두 차례씩 치루는 산신이나 서낭신을 모셔둔 당이다. 소위 '동제'나 '마을제' 혹은 '산신제'라고도 불리는 민간신앙은 지금도 전국적으로 시행되고 있는 것으로 그 신체를 모시는 형태는 매우 다양하다.10) 필자가 확인한 바에 따르면 만덕암 산제당은 산 아래에 있는 마을(중길 상달마을)에서 지내는 동제당은 아니었다. 그러므로 초선지 터를 '산제당'이라 부른 점은 학술용어 상으로는 옳지 않다.11)

---

7) 정산, 「불법연구회창건사」, 『회보』 44호(원기23년 5월), 불법연구회, 26쪽, 『원불교자료총서』 제8권, 원불교출판사, 1984. 661쪽.
8) 박용덕, 앞의 책, 247쪽 각주 32번.
9) 양주동 감수, 『국어대사전』, 선일문화사, 1978.
10) 김태곤, 『한국 민간신앙 연구』, 집문당, 1983.
11) 필자가 2010년 5월 현장에 답사한 결과에 따르면 마을의 당산은 만덕암의 산제당과는 다른 위치에 있었다, 즉 만덕산 훈련원 초입에 있는 저수지 건너편 국수봉에 위치해 있었다고 한다. 정월에 날을 잡아 산신에게 제사를 지냈으나 현재는 그 혼

동제는 전국적 곳곳, 마을 마을마다 널리 분포되어 있다. 동제의 시기와 방법 모시는 신격 또는 당의 명칭과 형태 및 모습이 다양하다. 그러나 그 기능에 있어서는 마을과 동네를 위한다는 공통점이 있다. 동제를 지낼 때 그 신격의 종류와 형태가 지역마다 다른데 본 고와 직결되는 부분에 한정한 당집의 명칭에 관한 것을 주로 살펴보면 이렇다.[12]

당집에 모셔지는 대상신은 대체로 천신(天神), 산신(山神), 수신(水神), 지신(地神)을 비롯한 화신, 인신(문관과 무관 계통), 사귀(邪鬼) 등의 계통이 있고, 신당의 명칭은 산신당과 서낭당, 선왕당, 성황당, 성황단, 산제당의 명칭으로 전국적 분포를 보이나, 산제당은 주로 중서부 지방에서 사용한다. 이외에 지역에 따라 다양하게 불리는 당집은 다음과 같다. 국사성황당, 사신서낭당, 진대서낭당, 골메기, 국신당, 만수당, 영신당, 붉은당, 부군당, 동제당, 도당, 애기씨당, 부인당, 화주당, 도깨비당, 할미당, 미륵당, 사신당, 도대감당, 용신당, 용궁당, 해신당, 장군당, 삼신당, 남이장군당, 임장군당, 공민왕신당 등등 산간, 평야 혹은 해안의 지역적 차이와 생계수단 또는 역사적 배경 등의 요인으로 인해 그 명칭은 다양하다.

당제는 주민들에게 가장 신성한 연중행사다. 주민들에게는 제의의 성공 여하에 따라 당년 또는 신년의 길, 흉, 화, 복이 심판받게 된다고 생각한다. 특히 해안, 도서지역에는 당신앙이 그들의 유일한 종교다. 위험한 배를 타고 생업을 하기 때문이다. 당제 기간에는 살생은 물론 해산도 금지되어 당월 해산할 임산부는 배를 타고 물을 건너가 타지에서 출산을 해

적을 찾아볼 수 없다<상달마을 이금덕 할머님(2010년 현재 99세) 제보>.
12) 이정재 외, 『한국민속학 개론』, 민속원, 1987; 민속학회, 『한국민속학의 이해』, 문학아카데미, 1994; 김종대 외, 『한국의 산간민속』, 민속원, 1996; 장주근, 『한국민속논고』, 계몽사, 1986; 이두현 외, 『한국민속학개설』, 일조각, 1991; 최길성, 『한국민간신앙의 연구』, 계명대 출판국, 1989; 홍석모 저, 최대림 역, 『동국세시기』, 홍신문화사, 1849/1987.

야 할 정도다. 제의 기간 내에 마을에 초상이 나면 제의를 생략한다. 그만큼 신성성을 담보하는 것으로 마을민의 정신적 무장과 결집을 도모하고 나아가 그동안에 쌓인 감정들을 몸과 마음을 정결히 하는 동안에 눈녹듯 풀어 버리는 것이다. 당제의 목적이 부락의 수호와 질병막이 재액 초복 등의 신사(神事)에 있지만 여기서 그치지 않고 당제를 통해 공동체의 화목 단결을 꾀하고 구성원들의 친목을 도모하는 정치 경제 사회적 기능을 종합적으로 수행한 점이 큰 의의를 가진다 할 수 있을 것이다.

당제를 진행하는 절차는 크게 무당을 초청해 주관하게 하거나 하는 당 굿류와 부락이 자체적으로 제관과 제장을 뽑아 행하는 당제류의 두 부류가 있다. 이외에 불교식, 유교식, 유불 및 무불 혼합식 등 다양한 형식이 있다.[13]

현장 답사를 통해 볼 때나 위의 동제당의 개념으로 보나 만덕산의 산제당은 동네 공동제사를 담당했던 곳은 아니다. 아마도 이곳은 무당이 일을 보던 곳으로 굿당이나 신당이라 불리었을 것이나, 다른 사람들은 이를 다르게 불러 산제당이란 용어를 사용한 것이 아닌가 한다. 당 안에 위의 동제당들과 달리 오늘날도 굿당에서 볼 수 있는 산신령탱화가 있다는 점은 그 고유의 기능을 단적으로 보여주는 증거다.

박용덕의 조사가 이런 점들을 밝혀준다.

> "산제당은 6.25동란 때 소실되었다. 벼랑을 등진 본당은 산신령
> 탱화를 모신 불당 1간, 방 1간과 부엌이 있는 3간 기와집이었고, 산
> 제당으로 들어가는 문간채는 거적으로 지은 토막 두 간짜리 헛간과
> 방 하나가 있었다. 최인경은 이곳에서 공을 드리며 김씨 산제당을
> 수호하는 한편, 중길리 근방의 김승지네 산전을 관리하여 동네에서
> 사뭇 유세하는 입장이었다."[14]

---

13) 이정재 외, 『한국민속학 개론』, 민속원, 1987.

당시 삼간 집의 이곳에는 한 방에 산신 탱화가 있었다. 아마 다른 신들과 같이 모셔졌을 것이다. 무당이 신격을 모신 신당에서는 어디서나 볼 수 있는 모습이다. 한 칸은 방 또 한 칸은 부엌이었다니 지금도 전국 산천 곳곳에서 볼 수 있는 전형적인 신당의 형태다. 혹은 때로 산신당, 산제당이라 불리워지기도 하겠지만 기능은 신당과 굿당이다.

만덕암이란 용어는 현지에서 사용되던 것은 아니었고 이후 창건사를 기술하며 정산이 명명한 것이다. 이것도 나름의 근거를 갖는다. 소태산 일행이 초선을 나던 당시 상황은 당처가 굿당의 연장선에 있지 않았기 때문이다. 큰 절에 딸린 절도 아니고 중이 머물던 곳도 아니었으니 '암'을 붙인 것도 애매하긴 마찬가지겠지만 회상 건설의 큰 틀에서 볼 때는 그 의미가 상통하지 않는 것도 아니다. 초선터 만덕암은 토속적인 신당, 굿당 혹은 산제당에서 이후 훈련원이란 정식 원불교 기관명으로 가는 과도기적 명칭이었다.

만덕산 초선지를 가본 사람은 알겠지만 그 위치가 절묘하며 거기서 바라본 전망은 한없이 아름답다. 가파르고 어둑한 숲으로 뒤덮힌 계곡을 힘겹게 따라 오르다 당터에 올라서면 갑자기 전망이 변한다. 탁 트인 산 아래 오르던 골과 멀리에 첩첩이 누운 산허리와 능선들 그 위로 펼쳐진 허공의 맑은 하늘은 시원스레 트여, 갑자기 깨치는 돈오의 심경 자체라 할까? 정말 누구나 한번 보면 잊혀지지 않을 명당터다. 지금은 당시 삼간 집은 없고 기와장만 절벽 밑에 가지런히 놓여있다. 그 밑 옆으로는 '원불당'이란 새 집이 지어졌는데 아마 당시 최도화씨가 머물렀던 산신각 위치였을 것이다. 이에 대해서는 다음 장에서 자세히 다룰 것이다.

---

14) 박용덕, 앞의 책, 249쪽.

4. 산제당의 성립 배경과 기자치성

1) 산제당의 성립

『창건사』에 명명된 '만덕암'15)은 원래 좌포리 김참봉16)씨 소유의 것으로 일종의 기도터라고 알려졌다. 그리고 이 기도터는 좌포리 당골네가 관리했다고 한다. 필자로서는 더더욱 이해하기 어려운 부분이다. 기도터를 무당이 관리하는데 소유는 좌포리에 사는 김참봉 일가의 것이라니 참으로 드문 민속 현장이다. 보통은 무당이 자신의 기도나 손님의 굿을 위해 산속에 거처를 정하고 상주하는 경우는 있다. 그러나 그 무당이 어느 개인집만을 위한 일체를 담당하는 경우는 거의 없고, 그러기도 여러 조건상 어렵다. 이 산제당이 김참봉 소유라면 가족이나 적어도 친인척이 무당이라는 말인데 확인된 바는 없다.

그 상세한 내력은 박용덕이 현장을 일일이 발로 걸어다니며 쓴 책을 살펴야 정리가 된다.

"만덕암은 …… 3칸 기와집으로 1920년경에 지어졌다."17)

"이 집은 성수면 좌포리의 김승지18)가 부종병19)으로 고생하는

---

15) 진안군 성수면 좌포리에 사는 김해김씨 김참봉의 산제당을 이르는 것으로 송규의 『창건사』에 '만덕암'이라 명명하였다(『회보』 44호 26쪽 참조). 교사에 '산제당'이나 '산신당' 혹은 '신당'으로 적지 않은 것은 그 내력을 알기 어려우나 정확한 기록이 아님은 분명하다. 원불교를 후천의 주세교로 드러내는 과정에서 선천의 구습을 멀리하고자 한 후대의 의지가 반영이 된 것은 아닌가 추론을 해본다.

16) 참봉은 조선시대 여러 관서에 두었던 종9품직이다. 관상감, 국자감, 내의원, 소격서, 혜민서, 활인서, 각릉, 각원, 각전 등에 소속되어 있었다.

17) 김숙현(김참봉의 딸)의 구술자료. 박용덕, 『원불교 초기교단사2─돌이 서서 물소리를 듣는다』, 247쪽 각주 33번 재인용.

18) 조선시대 왕명출납을 담당하던 정3품 당상관의 높은 관직.

19) 부종은 edema라고하며 신장, 심장, 정맥, 림프계 등의 질병과 영양실조, 알레르기

며느리 이씨(법명; 이현공, 참봉 김선태(법명: 精進)의 妻)가 동네 당골이 공을 들여 건강을 회복하고 기미년에 셋째 아이를 낳자 만덕산에 산제당을 지어주었다."[20]

위의 내용은 산제당을 짓게 된 내력을 잘 설명하고 있다. 즉 김승지가 며느리의 쾌차와 득녀의 수고를 감안해 동네 무당에게 산제당을 지어준 것이다. 그만한 공을 인정했기 때문일 것이다. 한편 이때 태어난 장본인인 김숙현의 말은 약간 다르다.

"어머니 이현공이 기도한 지 9년 만에 자기를 낳았다고 진술함. 김숙현은 1919년에 출생."[21]

이 내용은 이현공이 자손을 위해 기도를 올렸다는 것인데 위의 기사와 차이를 보인다. 부종병의 쾌차와 9년간의 기도가 서로 차이를 보여주나 득녀의 부분은 공통이다. 이를 모두 사실로 받아들이면 다음과 같은 추론이 가능하다.

원래 당골은 세습무로 동네에서 대대로 가문을 이어 내려오는 전라도 지역의 무속 형태다. 당골은 동민들의 대소사에 참여하여 동네 사제의 역할을 했다. 동네 제사인 동제를 지낼 때나 집안의 애경사의 일들을 주관해서 수행한다. 동네의 유지였던 김승지 가문과는 특별한 관계를 맺고 있었던 것 같다. 즉 당골네는 오랫동안 김승지와 김참봉 집안의 대소사에 참여하여 액을 쫓고 복을 빌어주는 역할을 담당했던 것 같다. 위의 기사

반응 등의 원인이 있다. 두드러기와 같이 국소적일 수도 있고 신증 부종처럼 전신에 나타나는 것일 수도 있다. 팔다리나 얼굴 등 신체의 일부가 부어오르는 것을 전신수종이라 하기도 한다.(브리태니커)
20) 박용덕, 앞의 책, 248쪽.
21) 박용덕, 앞의 책, 247쪽 각주 33번.

에만 한정할 때 당골네가 한 일은 치병을 위해 드린 '병굿'이나 '살풀이' 그리고 아이를 갖도록 해준 '기자치성'을 들 수 있다. 현재로선 당골이 드린 정성이 치병에 목적이 있었는지 자손에 있었는지는 알 수 없다. 결과는 병을 낳았고 건강을 회복해 자손을 다시 이었다는데 있을 것이다. 이미 김숙현의 위로 두 명의 손 위 남매가 있었지만 과거에는 너무 적은 자손일 수밖에 없다. 병을 낳게 하는 것도 중요하나 계속된 자녀의 생산은 당시 중요 관건이었을 것이다. 기자치성의 절실함과 중요성을 간과할 수 없다.

산제당의 소유에 관한 것도 살필 필요가 있다. 공을 인정하여 지어준 당의 진정한 소유는 누구에게 있는지는 현재로선 알 수 없다. 김승지가 '당골네의 공을 인정해 그 보답으로 당을 지어주었다'고 했을 때는 보통 그 소유를 인정한 듯하나 다른 기사를 보면 꼭 그런 것도 아닌 듯하다. 그곳의 임야가 김승지의 소유였는지, 또 당은 누구에게 등기이전이 되어있는지 또는 양자 간에 어떤 계약이 이루어졌는지는 알 수가 없다. 다만 상식적인 차원의 추론만 해본다면 다음의 두세 가지 정도로 압축이 된다. 당과 터를 당골네에게 등기를 내어주었던지, 당의 사용권만을 인정하였던지 또는 당만을 소유이전해 주었던지 등이다. 이 부분은 뒤에서 산제당의 기능을 알아본 후에 재론하기로 하고 산제당을 가능하게 했던 기자치성이 당시에 어떻게 이루어졌는지 그것과 산제당과 그 터가 무슨 관련이 있는지 등을 우선 살필 필요가 있다. 전북 진안과 그 일대의 기자풍속을 요약하며 당시의 치성과 당과의 상관성을 살핀다.

2) 기자치성과 산제당

자손을 잇는 일은 예나 지금이나 한 가정의 중대사다. 과학이 발달한 오늘날에도 자손을 보지 못한 사람이 적지 않다. 그렇지 않았던 과거에는 그 절실함이 더했고 이를 위해 다양한 민간요법과 온갖 정성드림의 방법이 동원되었다. 자고로 자손은 삼신(三神) 혹은 산신(産神)이 주재하는 것으로 알고 있었다. 특히 생산을 전적으로 여성의 일로 간주했던 과거에 무자식은 칠거지악으로 터부시되어 여성의 민속으로 간주됐다. 여기에 남아 선호 경향이 더해 기자(祈子)의 풍속은 다양하면서도 깊은 신앙의 형태로 자리를 잡게 된다. 전국의 기자 관련 민속은 지역에 따라 약간의 차이를 보이면서 다양하게 전개되나 자세히 보고된 자료는 드물다. 기존의 성과를 참조하며 전북의 일반적인 기자 풍속을 만덕산과 가까운 전주, 완주군의 예를 들어 살펴보고, 부부봉이라 칭해지는 마이산을 가진 진안군에 전해지는 특별한 기자 풍속을 정리해 이해를 돕기로 한다.22)

기자신앙은 그 역사가 단군신화에까지 거슬러 올라갈 정도로 그 역사가 깊다. 『동국세시기』에 이런 기자 관련 기사가 나온다. "진천 풍속에 3월3일부터 4월 8일까지 여인들이 무당을 데리고 우담의 동서 용왕당 및 삼신당으로 가서 아들을 낳게 해달라고 기도한다"고 했으며 "그 행렬이 끊이지 않고 일 년 내내 이어졌다"고 하였다.23)

여러 해가 지나도 여성이 아이를 갖지 못하면 부부 당사자는 물론 가문의 걱정거리가 된다. 주위에서나 친인척들은 여러 조언을 해주는데 이를 모두 기자행위라 할 수 있다. 이 행위는 크게 두 가지로 나뉜다. 치성을 드리는 방법을 주로 하는 것을 치성기자, 주술적인 방법을 사용하는 것을 주술 기자라 칭한다.

치성기자로 하는 방법은 다시 여러 가지로 나뉘는데 대개 다음과 같다.

---

22) 임동권, 『한국민속논고』, 1971; 『한국민속대관』, 고려대 민족문화연구원, 1980; 박규홍, 『증보 한국민속학개론』, 형설출판사, 1987; 이경민, 「조선시대 산속(産俗) 연구」, 『한국민속학』 11, 한국민속학회, 1979; 『한국민속종합조사보고서』, 문화공보관문화재관리국, 1969~1981; 전북 도청, 『전북전통민속』, 전라북도, 1989.
23) 홍석모 저, 최대림 역, 『동국세시기』, 홍신문화사, 1849/1987, 67~68쪽

즉 산천에 공을 드리는 방식, 불당에 공을 드리는 방식, 가신에게 공을 드리는 방식, 생산신에 공을 드리는 방식, 생식기 숭배의 방식 등이다.

산천기도는 초월적 존재나 영험이 있다고 믿어지는 자연물에 치성드리는 것으로 명산이나 명승지 아니면 깊숙한 곳에 위치한 산골짜기에서 하는데 대개는 영험이 있다고 정평이 나있는 대상물이 있다. 남녀의 생식기에 방불하거나 또는 그 대상물이 영험하다거나 또는 그 대상물에 산신이나 용왕신이 깃들어있다고 하는 암석, 석연수(石淵水, 탱자나무 같은 고목수) 또는 이런 대상물이 겸하여 있는 곳을 찾아 기도를 올리는 것이다. 기도드리는 시간은 대개 정월 대보름, 또는 그 전날, 삼월 삼짓날, 사월 초파일, 오월 단오, 유월 유두, 칠월 칠석, 시월 삼일을 비롯한 매월 초사흘 그리고 추석이나 설 같은 명절을 전후하여 비는 경우가 많다. 기도하는 기간은 2, 3일에서 49일 혹은 백일에 이르는 경우도 있다.

기도하는 사람은 여자 혼자서 공을 드리는 경우가 많으나 경우에 따라서는 부부가 같이 드리는 경우도 있다. 이때 무당이 대신 혹은 함께 하는 예도 있다. 공을 드리는 기간에는 참여하지 않는 가족들도 집에서 보조를 같이 해야 한다. 즉 몸과 마음을 깨끗이 하며 부정을 타지 않게 해야 한다. 손을 비비며 비는 비손의 형식을 주로 한다.

공을 드리는 방법은 여러 가지 음식을 갖춘 제수를 차리는 것이 상례이나 정화수만 떠놓고 하는 경우도 있다. 산천기도는 이외에도 동제 때 이용되는 산신당이나 당산에서 산신에게 빌기도 하고 시냇가나 바닷가에 나아가서 용왕님께 비는 경우도 있다.

동네 인근에 있는 절에 가서 하는 것을 불당기도라 하는데 이 경우 그 신앙 대상이 부처님인 경우도 있지만 대개는 대웅전의 뒷켠에 있기 마련인 산신각 혹은 삼성각 등으로 불리는 작은 당에 있는 칠성신이나 산신에게 기도하는 경우가 대부분이다. 이 경우 형태는 불당기도이나 내용은 산천기도가 주를 이루고 있음을 알 수 있다.

각 가정에는 가정을 다스리는 신이 있다는 가정신앙이 상존했다. 가장 어른 격인 성주신은 주택과 가정의 안전과 풍요를 담당하고, 조왕신, 철융신, 문신, 터주신 등 집안의 곳곳을 주재하는 가신이 있는데 여기에 공을 드리는 형태를 가신기도라고 한다. 집 한 모퉁이 좋은 방위를 정해 깨끗이 청소한 다음 가족 모르게 새벽마다 정화수를 떠놓고 장만한 음식을 차려놓고 비는 형태다. 주로 칠성, 성주, 조왕, 삼신할머니가 그 대상이 된다. 혹 집안에 사당이 있는 경우 새벽 일찍 조상에게 비는 경우도 있다.

가신 중에 생산을 직접 관장하는 신을 섬기는 경우로 삼신기도가 있다. 가정신 치성에서도 그 대상이 되지만 다른 가신들과 함께 대상신으로 설정되지만 이 경우는 오직 삼신할머니에게만 집중하여 공을 드린다는 점이 다르다. 역시 삼신은 아이들을 점지해주고 안전을 보장해준다는 민속신앙의 연장선에서 이해되는 부분이다. 대개 집집마다 '삼신단지'를 설치하여 아기를 낳고 기를 때 매양 미역국, 정화수 등의 음식을 차려 올리고 무당이나 집안 어른이 손을 비비며 존중한다.

젊은 여인이 잉태를 못하면 집안에 삼신이 없기 때문이라 생각하여 '삼신모시기'를 한다. 삼신을 모실 때는 먼저 산천에 공을 드리고 거기서 삼신을 여자의 치맛자락에 모셔 담아 방안의 윗목에 설치된 삼신단지나 삼신 쌀주머니 등 안에 모시는 절차를 밟는다.

나무나 돌 바위 등이 남자의 생식기와 비슷한 곳이 있는데 이곳에 치성을 드리는 경우가 성기신앙이다. 경우에 따라서는 성기 모양의 물건을 실내에 모시기도 한다. 그 형상에 따라 '말뚝이', '작대기', '줌지' 등으로 불리기도 한다.

위와 같은 기자치성은 아예 아이를 낳지 못하는 경우뿐만 아니라 남아를 가지지 못하는 여성에게도 해당이 된다. 공을 드리는 당사자는 조석으로 목욕재계(沐浴齋戒)를 해야 한다. 제물은 떡시루, 정화수, 과일, 밥, 나물 등의 음식물과 의복, 백미, 금품 등을 올리고 촛불이나 세발심지 기름불을 켜고 소지, 축원 등의 순으로 기원을 올린다. 음식물은 대개 기도장소에 남겨두고 의복, 쌀, 금품 등은 무당과 같은 기도 대행자가 차지한다. 불공 때는 스님의 옷을 지어주거나 부처님의 방석을 만들어 바친다. 또는 물속에 달걀을 던지기도 하는데 이는 용왕님께 알을 드리는 대신 아기를 낳게 해달라는 의미이다.

이와 같은 치성기자 외에 특별한 선행을 하여 덕을 쌓으면 아기를 얻는다던가, 반대로 남몰래 남의 것을 훔쳐서 아기를 얻는 주술기자의 방법이 있기도 하다. 선행의 경우는 다음과 같은 것들이 있다. 즉 정원대보름날 남편이 냇물에 징검다리를 놓아 많은 사람들이 편안히 다닐 수 있게 해준다. 가끔 특히 칠월칠석날 마을 공동우물을 푸어 마을 사람들이 늘 깨끗한 물을 마실 수 있게 해준다. 허물어진 길을 잘 닦아주고 길을 쓸어 깨끗이 한다. 시주승이 오면 시주를 정성껏 한다. 부부가 절대로 남에게 해로운 일을 하지 않도록 노력하며 불쌍한 사람을 정성껏 도와준다.

주술기자는 대개 남몰래 하는 경우가 많다. 초상이 난 집에서 상여가 나갈 때 공포(功布)조각을 훔쳐 달고 다니면 아기를 낳는다는 속신, 호랑이 발톱이나 수탉의 생식기를 몸에 지니고 다닌다든지, 남자가 씨름할 때 두른 수건이나 다산한 부인의 속옷을 가져다 속옷을 지어 입는다든지 또는 특식을 먹음으로 인해 아기를 얻는다는 주술기자로 정월 초하룻날 낳은 달걀을 먹는다든가, 흰 장닭을 삶아서 먹는다든가, 잘 피지 않은 토란꽃을 따다 달여 먹는 다든가 하는 등의 음식주술이 있고 부적을 가지고 하는 경우도 있다. 부적을 몸에 지니고 다닌다거나 부적을 불에 살라 그 재를 물에 타 마신다거나 하는 등이다.

이외에도 새로운 아이를 낳은 생모에게 자신의 쌀과 미역으로 첫 국밥을 해주고 대신 그 집의 쌀과 미역을 받아다 국밥을 만들어 먹는 방법과 산모에게 새 옷을 해주고 진자리에 입던 옷을 얻어와 입어 아이를 얻는 방법이 있다. 또 금줄을 훔쳐와 집안에 모시거나, 금줄의 고추를 빼서 달여 먹는 다거나, 다산한 부인의 월경대를 훔쳐 차거나 하는 방법도 있는데 이 모두가 대개 상대방 모르게 하는 주술적인 방법이다. 이외에도 다음과 같은 다양한 방법이 있다.

아기 없는 부녀자들이 밤에 몰래 남근석에 음부를 비벼대면서 아기를 빈다. 기자석 앞에 실 한 끝을 메고 다른 한 끝은 부인의 하복부에 감고 정좌하고 기도하기, 어멈바위라고 하는 평평한 바위 표면을 애돌(子石)로 갈아 오목하게 파놓고 그 애돌을 붙여두면 아들을 낳는다고 하여 야음에 이 붙임바위를 찾아와 어멈바위를 갈면서 기자주문을 왼다. 두 나뭇가지가 엉켜 한 나무처럼 된 연리지목(連理枝木)이나 사람 다리 모양처럼 생긴 나뭇가지가 있는 근처에서 방을 얻어 부부가 동침하면 아들을 낳을 수 있다. 산모가 출산 때 입었던 피묻은 옷을 입고 아랫목에 앉아 아기 낳는 흉내를 내면서 하룻밤을 지낸다.

만덕산에서 멀지 않은 거리에 그 모양도 특이한 마이산이 있다. 그 특이함 때문인지 그에 따른 기자풍속이 전해온다.[24]

태종과 관련된 말의 두귀를 닮았다는 마이산의 유래와 달리 민간에서는 아빠봉과 엄마봉이라는 부부봉으로도 널리 알려졌다. 기자 풍속을 연상케 하는 이름이다. 아빠봉의 정상 부근에 있는 화암굴이 있는데 그곳에는 아무리 날이 가물어도 마르지 않는 석간수(石間水)가 흐른다고 한다. 자식을 갖지 못한 여성들은 이 물을 마셔 자식을 낳을 수 있다는 풍속이 있다고 한다. 이곳에서 기자례를 하는 순서는 다음과 같다.

---

24) 전북 도청, 『전북전통민속』, 전라북도, 1989.

기자례를 올리고자 하는 사람은 7일 전부터 매일 목욕재계(沐浴齋戒)를 해야 한다. 즉 매일 머리를 감고 목욕을 해야 하며 음식과 행동을 삼가며 궂은일과 부정을 피하며 마음을 가다듬고 심기를 깨끗이 해야 한다. 기자례 당일에는 향과 초 두 자루를 가지고 산으로 오른다. 이때 다른 일체의 제물을 준비하지 않는다. 양쪽에 촛불을 켜고 분향한 다음 정화수를 받아 가운데에 진설하고 득남을 비손하며 기원한다. 기자 배례를 올린 다음 가운데에 놓인 정화수를 눈을 감고 마신다.

이런 행위는 상징주술로 분류할 수 있다. 남근과 유사한 아빠봉에서 솟아나는 물을 마신다는 뜻은 남성의 정을 여성의 몸에 받아 수태를 기원하는 것으로 해석된다. 이렇게 볼 때 이는 남성 성기신앙과 산천의 정기를 받고자 한 산천기자속의 내용도 함께 함유하고 있다. 이런 형태의 기자의 대상처는 전국적으로 널리 분포되어 있다. 바위나 나무 산의 형태 등이 남성 혹은 여성의 성기와 흡사한 곳에는 여지없이 성기신앙과 관련된 기자풍속이 자리한다. 이런 사고는 계속 진화하여 돌출된 조각상(예 부처상의 코 혹은 동물상의 코)의 일부분을 만지거나 심한 경우는 갈아 복용하는 행위로도 발전되었다.

만덕암과 관련한 김승지네에서 실시한 기자 치성은 위에서 살핀 풍속의 범위를 벗어나지 않았을 것이다. 그 특징을 살필 때 다음과 같은 정리를 할 수 있을 것이다. 즉 김승지네는 기자를 위해 만덕암이라는 산천에 기도드리는 방식을 택하였고, 방법적으로는 가정에서의 자율적 실천은 물론 무당을 활용한 적극적인 방법을 택하여 실시하였다고 할 수 있겠다. 무당은 삼신모시기를 통해 김승지네 가정에 삼신을 모시고 치성을 올리게 했다. 무당은 특히 산천(만덕암)에 드리는 치성을 주로 했을 것이다. 만덕암에 산제당을 짓게 된 이유를 여기서 찾을 수 있다. 즉 자식을 얻음으로 해서 만덕암의 영험함이 입증되었기 때문에 그곳에 당을 지었던 것이다. 남근석, 바위, 애돌, 붙임바위 등의 돌과 바위 상관 기자주술성은 마이산의 두봉과도 관련이 있다. 산제당터의 절벽은 암벽과 바위가 가지는 민간신앙적 주술적 영험함과 상관성이 있다. 왜 당터가 소위 만덕암이어야 했는가를 이해할 수 있는 단서다.

5. 최도화의 산신각 성립과 초선 과정

최도화도 산제당 부근에 산신각을 마련한다. 그 내력을 박용덕이 쓴 『초기교단사』는 잘 설명해주고 있다.

> "임실(개금실) 사람 최인경(법명 최도화)이 좌포리에 드나들다 폐병으로 고생하는 김승지의 아들을 간병하여 그의 신임을 얻게 되었다. 최인경은 처음에 영험력이 용하다는 산제당 옆에 따로 갈대 초즙[25]으로 산신각을 지어 공을 드리다가 김승지로부터 논 닷마지기와 중길리 산전을 관리하는 책임을 맡게 되자 임실에서 중길리 상달에 불러들였다. 그의 어머니(진정만옥)와 남편 조성옥(법명: 大盡)이 1923년 경 산제당 아래 중길리 상달로 이사를 와서 30여 년간 살았다."[26]

김승지 아들이 폐병을 앓았다는데 김참봉을 말하는지 모르겠다.[27] 아무튼 간병을 정성으로 하여 감동을 주게 되고 결과가 좋게 되자 기도터를

---

25) 초즙(草葺); 짚풀이 아닌 갈대나 풀을 말린 것으로 지붕을 한 간이 주거처. 양주동 감수, 『국어대사전』, 선일문화사, 1978. 만덕산을 오르다 보면 계곡 입구에 갈대숲을 통과해야 하는데 당시에 이를 뜯어 말린 것으로 지붕을 한 것이 아닌가 한다.(필자 주)
26) 박용덕, 앞의 책, 248쪽
27) 박용덕은 책에 기록을 하지는 않았지만 필자가 이 부분에 대해 그에게서 직접들은 바에 따르면 여기서 말한 김승지의 아들은 김참봉이 아니라 그 첩의 자식을 말하는 것으로 봐야 한다고 했다. 더 확인이 필요한 부분이다.

자그맣게 마련할 수 있었을 것이다. 여기서도 궁금한 점이 있다. 당골의 역할을 언급하지 않은 점인데, 당골 또한 당연히 병굿이나 병치성을 하였을 것이고 온갖 치성을 다 드렸어야 했다. 무당이 빠지고 최도화가 나선 데는 어떤 사정이 있었을 것이다. 이때 최도화는 당골을 도와 여러 가지 일을 하였었고, 나아가 조무의 역할을 하였는지도 모른다. 그런데 앞의 인용문들을 비교하면 거의 같은 시기에 김승지의 며느리와 아들이 병에 들게 된 것인데 먼저 며느리의 병이 낮고 이어 아들이 폐병을 앓게 된 것으로 정리가 되는데, 앞(각주 27)에서 언급했듯이 박용덕 교무의 말대로 첩의 자식으로 봐야할 개연성이 커진다. 아무튼 아들이 폐병(肺病)으로 고생하던 때는 이미 산제당에 당골이 들어 앉아 있었을 때다. 그러니 치병을 위한 굿이나 치성을 이곳에서 드렸을 터이고 이때 최도화의 역할이 큰 몫을 하였던 것 같다.[28]

병이 완쾌되자 며느리가 아이를 낳은 1919년 뒤 3~4년 후인 1922~23년경에 중길리에 이사를 와 정착을 하게 된다. 최도화가 산신각을 지은 시기는 소태산이 방문하기 전이었을 것이다. 그렇다면 1923년 2월 전으로 1922년 쯤에 지어진 듯하다. 이르면 1921년 중후반일 가능성도 있다. 만약 당시에 산신각이 지어져 있었다면 정산을 봉우리 넘어 미륵사에서 모셔왔을지도 모를 일이기 때문이나 그런 언급은 일체 없다.

정산과 소태산이 만덕산 산제당에 오기 전에 최도화는 이미 좌포리 무

---

28) 당시의 공로자가 이미 인정을 받았던 무당이 아닌 최도화가 아들의 치병에 정성이 인정되었던 점에서도 첩의 자식이란 개연성이 더 커진다. 당시 폐병 치료와 간병은 목숨을 걸고 해야 하는 위험한 일이었다. 최도화는 무당과 다른 업무를 따로 실행했던 것이다. 즉 업무의 분담이 구분되어 있었다는 점을 추정할 수 있다. 위험을 감소하고 병 수발을 하였던 최인경의 공로가 첩의 협조에 따라 실현된 것이다. 이는 추후 산신각이 산제당 옆에 지어질 수 있는 근거를 마련했다고 볼 수 있다. 본부인과 첩의 이원화된 관계를 조심스레 추정할 수 있는 부분이다. 그렇지 않고는 동일장소에 지은, 기능도 동일한 두 당의 성립을 이해할 길이 모호하다.

당과 긴밀한 관계를 가지고 있었다. 그 관계란 주로 치성과 기도 혹은 점복 상담 관계였을 것이다. 최도화씨는 비단장사를 하며 넓고 방대한 인맥을 가졌고 이들의 카운셀러 역할을 임실 무당과 함께 해오지 않았나 한다. 최도화는 증산교도와도 넓은 관계를 맺고 있었다. 도에 대해 깊은 관심이 있었기 때문이고 그 심량과 도량이 평범을 넘었다. 무당과의 긴밀한 관계도 이런 기도와 구도의 열정이 전제되어 가능했었을 것이다. 그러나 무당의 입장에서는 갈수록 이를 탐탁하게 생각하지 않은 듯하다. 더구나 정산의 등장과 소태산 일행이 드나들면서 더욱 그랬을 것이다.

1921년 10월 정산이 처음 만덕산 미륵사에 왔었을 때 정산의 산제당 방문에 대한 언급은 찾아볼 수 없으나 초선지 선택의 중대사를 미루어 볼 때 일차 답사를 하였음은 자연스럽다. 정산은 산제당과 멀지않은 미륵사에 머물렀고 최도화는 산을 넘어 당을 부지런히 다니던 때이기 때문이다. 소태산은 1922년 12월부터 석 달간 수양 및 최도화의 인연 달기의 기간을 보내면서 또한 이듬해 있을 초선지 터닦기 준비를 하였을 것이다.

최도화는 정산에 빠져있었다. 정산이 변산으로 돌아가고 뒤이어 그를 쫓아간 최도화는 산제당에 관한 애기를 했을 것이고 추후 이루어진 인연 맺기와 초선지 물색의 준비를 위해 초즙의 각을 마련한 것으로 추정된다. 그렇지 않으면 이미 정산과 인연이 있고, 교통과 시설이 다 좋은 미륵사를 택하지 않은 이유가 설명이 되지 않는다. 결국 초선지와 장래 훈련원의 기반을 위해 최도화는 산제당 옆에 산신각을 지었던 셈이다.

최도화가 산제당 부근에 자리를 잡은 이유는 이외에도 중길리 김승지네 산전문답을 관리할 책임도 있었겠으나 당골네와 무관하지는 않은 듯하다. 또 당골네가 이를 수용했기 때문에 가능했었을 것이다. 무당도 아니고 당골도 아닌 사람이 산중에 기도터를 마련한다는 것은 흔히 있는 일은 아니기 때문이다. 박용덕 교무는 이 부분을 이렇게 적고 있다.

"최인경은 이곳에서 공을 드리며 김씨 산제당을 수호하는 한편, 중길리 근방의 김승지네 산전을 관리하여 동네에서 사뭇 유세하는 입장이었다."[29]

산제당을 수호한다는 말은 당시의 정황으로 볼 때 앞뒤가 맞지 않는다. 이미 당골네를 위해 삼간 집이 지어졌고 당골네는 그 안에 들어앉아 있었는데, 이를 수호했다기 보다는 보조했다고 해야 옳을 것이다. 그러나 이미 둘의 관계는 소원해져 있었다. 그 시기는 산제당 옆에 산신각을 지은 시점이다. 이런 갈등은 이곳에 소태산이 방문하면서 터진다. 다음의 일화가 잘 보여준다.

"소태산이 첫 만덕암 행에서 이런 일화가 전해 온다. 최도화가 행상을 다니다 돌아와 보니 생불님께 대접하는 게 영 부실하다.
'산부처님을 모르고 산신령 공들여 봤자 무슨 소용이여'
공들일 참으로 준비해 놓은 음식을 최도화가 주섬주섬 스승께 상을 차려 올렸다.
'저 년이 어디서 서방을 데리고 와 가지고 정한 음식을 먼저 올린당가 잉. 제물이 부정 타게 생겼어'"[30]

여기 임실댁은 무당이 아니라 밥을 해주던 사람이라고 적고 있는데 아마도 당골네의 신딸 정도에 해당되었던 것 같다. 이때 당골은 이곳에 머물지 않는 것으로 박용덕 교무는 적고 있다. 임실댁이 무당이었다는 말도 박용덕도 다른 곳에 적고 있다.

---

29) 박용덕, 앞의 책, 249쪽.
30) 박용덕, 앞의 책, 258쪽.

"만덕산 산제당에 와서 소태산 일행은 처음에 홀대를 받았다. 산
제당의 주도권을 쥐고 있는 무당 임실댁은 도화가 하늘처럼 받드는
손님에 대해 매우 언짢은 기색이었다."[31]

'주도권을 쥐고 있는 무당 임실댁'은 바로 밥해주는 사람이라고 소개했
었다. 이것이 아니라도 위의 제물 준비나 산령기도 등의 내용은 이미 그
녀가 무당임을 암시하고 있다.

한편 최인경의 폐병치료의 공로가 아무리 인정되어도 같은 장소에 두
개의 당을 내어준 점은 상식이 아니다. 앞(각주 28)에서 살핀 것처럼 본처
와 후처와의 세력의 이원화에 따른 결과로 볼 수 있는 점 외에 최인경의
강력한 요구가 있었을 가능성도 배제할 수 없다. 그는 이 터에 정산을 모
시고자 하였던 것이다.

"임실댁은 좌포 봉촌 여인으로 당골네에 밥해 주는 사람이다. 만
덕산 산제당에 있는 당골네가 나무골 오두막으로 옮겨간 뒤에도 임
실댁은 계속 만덕산 산제당에 남았다(양보훈 구술자료)"[32]

여기서도 말의 앞뒤가 맞지 않는 부분이 있다. '제물이 부정타게 생겼
다'고 한 점은 적어도 이곳에서 치성이나 굿이 진행되었다는 말인데 당골
네가 없이는 불가능하다. 그리고 아무리 스승이지만 제물에 먼저 손을 대
상을 차려 올렸다는 것은 상식이 아니다. 무엇보다 알 수 없는 점은 소태
산이 와서 처음 삼 개월을 머무는 동안에 무당들이 왕래를 하였거나 같은
처소에서 머물렀다고 하는 점이다. 또 동시에 굿이나 치성이 같은 장소에
서 이루어졌다는 점이다. 소태산이 머물던 2~4월의 시기는 음력으로 섣

31) 박용덕, 앞의 책, 257~258 쪽.
32) 박용덕, 앞의 책, 258쪽, 각주 60번.

달 그믐, 정월과 보름 등이 두루 걸려 무당들에게는 그야말로 황금의 시기이고 많은 신도가 내왕하던 기간이다.

이외에 처소와 거처가 제자들과 함께하기가 공간적으로나 시설 등이 열악했을 터인데 그도 또한 궁금한 점이다. 삼간 기와당에는 이미 산신령과 다른 신령들을 모셔둔 신당이 있었고 이것을 그대로 보존하고 있었던 상태다. 당골네가 나무골로 옮겼다는 점은 왕래는 하되 잠시 손님 대접을 위해 그럴 수는 있었을 것이다. 그러나 아주 비워둔다거나 신당의 기능을 중지하지는 않았던 것 같다. 치성과 굿이 이루어지고 있었기 때문이다. 그리고 당골이 나뭇골 오두막으로 옮겼다는 부분도 석연치 않다. 왜냐면 이 당골은 좌포리 토박이 인데다 ―보통 대대로 세습되는 세습무의 전통이 그렇다― 김승지의 막강한 후원이 있었던 때이기 때문이다. 그리고 임실댁의 제물준비며 산신령 공들이기 등이 또한 그 주거관리의 단서가 된다.

이런 정황을 고려할 때 여기서 다시 생각해볼 중요한 점이 부각된다. 즉 소태산은 이런 일체의 행위들에 대해 어떤 말과 행동을 하였을까 하는 점이다. 아니면 어떤 가르침을 주었던 것일까. 일단 『교사』나 다른 기록 그 어디에도 관련된 기사는 전하지 않는다. 비판적이든 긍정적이든 그 어떤 평가가 없다. 이는 무엇을 의미하는 것일까.

필자는 굳이 이 부분을 이렇게 보고자 했다. 즉 당골네에 대한 평가가 없다는 점은 무속행위를 인정한 것은 아니지만, 적어도 부정하거나 터부시 한 것은 아니란 점에 주목할 필요가 있다는 것이다. 이것은 사소한 것처럼 보이나 그렇지 않다. 이것을 우리는 어떻게 이해해야 할까 충분한 고민과 연구가 있어야 할 것이라 본다. 이런 관점에서 임실댁의 사고와 당골의 무사함을 같이 살필 필요가 있다.

위의 기사를 볼 때 잠시 머물다 갈 객으로서의 소태산 일행은 텃세를 당해야 했던 상황임은 사실인 듯하다. 주도권을 행사했던 점은 나름대로의 권리가 있었기 때문이었을 텐데 앞서 제기됐던 소유의 문제와 연결이 된다. 최소한 산제당은 당골네가 관리하고 사용할 수 있는 권한을 가지고 있었던 듯하다. 그 권한이 어디까지였는지는 현재로선 알 수 없는 일이다.[33] 이 제당이 6·25때 소실되었다고 하니 그때까지는 어떤 기능을 하였을 것이다.

1923년 음력 1월 산제당을 방문하여 임실댁의 사건이 있을 때 소태산은 3개월을 머문다. 그리고 이곳을 다시 찾은 때는 그로부터 약 1년 반이 지난 1924년 이리 보광사에서 개최한 창립총회 직후인 6월경이다. 그동안 이곳 산제당은 역시 당골네의 사용처가 되었을 것이다. 아마도 초선을 날 때는 공간의 문제가 있었기 때문에 당골네에게 양해를 구했을 가능성이 크다. 아니면 어떤 사정으로 인해 주도권이 바뀌어 중길 마을에 계속해서 살던 최도화가 관리를 대신했을 가능성이 있을 수도 있다. 그러나 역시 다음의 내용에 근거할 때 당골네는 한동안 이곳을 주도적으로 사용하며 김참봉네와 자신의 무당일을 하였을 것이라 생각된다.

> "최정균은 마령국민학교에 다녔다. 방학때면 외가가 있는 성수면 중길리로 자주 놀러갔고 이모가 정성드리고 있는 산제당에 올라가 기도 했다. …… 좌포 김참봉의 소유인 와가 산제당 입구 오른쪽 20m쯤 등성이에 따로 이모의 산제당이 있었다."[34]

최정균은 이모 최도화의 지도로 1940년 12월 동선에 참예하고 전무출신을 하였다. 중길리로 이사한 후 최도화는 산제당 옆에 소위 초즙 산신

---

33) 이 부분도 필자가 박용덕 교무에게 질문을 하였다. 박용덕에 따르면 땅과 건물이 모두 당골의 소유였던 것으로 알고 있었다고 진술했다. 그러면서 이후 원불교 재산으로 처리되는 과정은 자세히 살피지 못했다고 부연했다.
34) 박용덕, 앞의 책, 248쪽, 각주 37번.

각을 지어놓고 기도하고 있었던 점을 미루어 볼 때 당골네와 김참봉네와의 관계는 이전처럼 상생 혹은 경쟁하는 관계였던 것 같다.

다음의 기록이 이를 방증한다.

> "최도화는 소태산의 제자 된 뒤에도 혼자 산중기도는 계속 한 듯하다."[35)

그러나 노덕송옥과 그 손자 김대거(대산 종법사)를 비롯해 이현공과 그의 인척과 경성인연들이 새롭게 형성되고 이들은 소태산의 영향을 받고 있던 상황에서 김승지네는 당골네에 관해 모종의 갈등을 했었음을 충분히 추정할 수 있겠다. 김참봉의 처인 이현공이 이미 소태산과 경성인연을 맺은 상황이고, 그 친척인 노덕송옥도 가세가 되었기 때문이다.

> "임실댁이 열불이 올라 골짜기에서 걸레를 빨면서 두런두런 욕을 하다가 갑자기 턱이 빠지고 한쪽 눈과 손과 다리가 옆으로 돌아가고 입에 거품을 물고 뻐드러졌다.
>
> 도화가 스승께 매달려 제발 살려달라고 간청하자 소태산이 임실댁의 턱을 한번 만졌다.
>
> '아까까정도 내동 욕을 잘 하던만 ⋯⋯'
>
> 개거품을 물고 떨어진 임실댁의 턱을 바로 잡아주었다.
>
> '죽진 않을 것이네. 따신데 눕히소.'
>
> 임실댁의 떨어진 턱이 붙고 정신은 돌아왔으나 그로부터 한 쪽 몸이 마비되고 입비뚤이로 지냈다."[36)

---

35) 박용덕, 앞의 책, 248쪽, 각주 37번.
36) 박용덕, 앞의 책, 258쪽.

이 일화가 어디까지 사실인지는 알 수 없다. 아무튼 주세불을 몰라본 임실댁은 크게 혼이 던 것으로 전해진다. 그리고 이후 초선지로 택해 이듬해 6월에 선을 나는데 필요한 여러 준비 사항이 순조롭게 진행이 되었을 것이다. 더구나 김참봉의 처인 이현공과 친척인 노덕송옥의 부탁으로 당골네의 양보는 어렵지 않게 얻어냈을 것이고, 선을 난 후 계속해서 당골네의 주장으로 당분간은 지속되었으나, 이 당이 6.25때 소실되었다고 하니 설령 그때 까지 당골네가 살아있었다 해도 더 이상의 주장은 힘들어졌을 것이다. 아니면 그 전에 어떤 변화가 있었을 수도 있다. 신당의 기능은 자연스레 마감이 되었던 것이라 생각된다. 마침 전통적인 당골의 역사는 근대화와 산업화의 여정에서 급격하게 쇠퇴하여 이제는 그 존재를 거의 찾아보기 어렵게 되었다. 필자가 알기로는 창립 회원들은 이 초선지를 중히 여겨 일찍부터 매입에 들어갔던 것으로 알고 있다.[37]

6. 마무리

만덕산은 원불교 초선지로 교사적으로 볼 때 큰 의미를 가진다. 그 발단이 되었던 만덕암을 민속적인 관점으로 살펴 그 역사적 배경을 정리하고자 했다. 만덕암은 원래 산제당의 이름으로 불려졌는데 산제당이 가지는 민속적 의미를 추적하였다. 그 결과 산제당은 중길리 지역에 널리 산재하고 있는 당산의 의미를 가지는 것이 아니라, 무당들이 기도를 하거나 굿을 하는 신당의 기능을 하였던 곳으로 정리되었다. 만덕암은 원래의 고유 명칭이 아니고 이후 변명된 것으로 중의적 의미를 가진 것으로 볼 수 있다.

---

37) 매입의 과정이나 그 전 단계에서 당골네와의 어떤 관계가 충분히 상정되나 자료가 미흡하다.

산제당이 성립되기까지를 살피지 않을 수 없었는데, 이를 위해 좌포리 김승지 댁과의 관계가 설명되었어야 했다. 즉 산제당의 주인인 임실댁 당골은 김승지 댁에 끼친 공로가 인정되면서 성립이 되었고, 그 공로 중에 하나인 기자신앙을 살피지 않을 수 없었다. 진안, 완주군 인근에 널리 퍼져있던 기자신앙을 참고하여 당시 이 지역의 기자치성에 대한 이해를 넓혀 산제당 성립배경을 살폈다.

아울러 최도화가 산제당의 옆에 지었던 산신각을 언급하지 않을 수 없었다. 역시 최도화도 김승지 댁과의 우호적 관계의 결과로 산신각을 마련하게 되는데, 이에 대한 언급은 이후 이곳이 초선지로 채택되는데 직접적인 계기를 마련하게 된다. 최도화와 정산과의 만남과 이후 이곳을 방문했던 소태산의 행적은 이런 중층적이고 단순하지 않았던 상황에서 이루어진 점을 그곳에서 있었던 임실댁(당골)과 있었던 한 일화를 분석함으로 살폈다.

소태산이 만덕암을 처음 방문했을 당시는 이런 무속적 분위기의 산제당의 모습이 남아있었고, 이후 초선지로 사용하게 되었을 때는 또 다른 상황이었다. 즉 무당들이 산 밑으로 잠시 이동해 초선을 가능하게 했었다. 당골네는 초선을 가능하게 도움을 주었던지 아니면 다른 상황이 전개되었던지 둘 중에 하나가 되겠으나 기록에 따르면 초선을 가능하게 도와주었을 가능성이 크다고 볼 수 있다.

이후 산제당의 기능과 무당의 행적은 어떻게 진행되었는지는 정확한 자료가 없어 추정을 할 수 밖에 없는 부분이나, 이후 이곳은 원불교의 초선지가 가지는 의미를 기려 원불교의 소유로 진행되기에 이른다. 추후 보완이 이루어져야 할 부분이다.

최도화와 산신각, 당골네와 산제당 그리고 김승지네와 초선지는 모두 만덕산이 초선지가 되는 과정에서 언급이 되어야 하는 부분들이다. 여기서 특히 최도화와 당골네 그리고 소태산과의 관계를 방문당시 있었던 일화를 들어 새로운 의미를 추론했다.

처음 소태산 일행이 이곳을 찾았을 때 이미 무당이 주도권을 가지고 있었다. 푸대접을 하다 변을 당하는 이변이 생긴다. 즉 한 무당 식구네가 소태산일행에 넋두리를 하다가 턱이 빠지게 되는데 소태산이 이를 낫게 해준다. 주도권을 잡던 사람들이 거처도 좁고 편의시설은 조잡하고, 음식과 일상들이 많이 불편하였을 것이니 이해할만 하다. 그러나 무당네는 이를 계기로 주도권 경쟁에 주춤했을 것 같다.

이를 통해 볼 때 만덕산과 산제당이 가지는 의미는 여러 면으로 조망할 수 있을 것이다. 여기 그 일단의 의미를 추적해보자. 즉 소태산은 이미 만덕산과 만덕암을 미리 알았던 것 같다. 정산을 전주쪽으로 가라 한 것이 그렇다.[38] 최도화를 위시한 창립인연들을 만나게 하기 위한 것만은 아니었다. 동선이 됐든 하선이 되었든 선이라면 변산에서도 충분히 초선을 낳을 수도 있었을 터인데, 굳이 만덕산을 택한 사정은 어디에 있었을까. 창립인연을 모으기 위해 정산을 이곳으로 내보낸 것은 이해가 된다지만, 초선을 이곳에서 난 점은 또 앞서 살폈듯이 여러 가지 불편한 사정이 여의치 않은 점을 미루어 볼 때 납득하기 어렵다. 오히려 변산의 사정이 낳을 수도 있었다. 민간신앙의 터전 속에 그것도 무속의 현장에서 고유하게 보존되어온 만덕암이 소태산이 정한 초선지의 의미와 오만 년의 인류 정신의 수양지의 초석이라는 상징적 의미가 서로 상통한 것이라 해석을 해본다. 전통문화의 계승은 이렇게도 연결이 되는 것이라 새겨 본다.

여기서 우리는 다시 김승지의 문중인 대산과의 연관성을 언급할 필요가 있다. 그렇다면 소태산은 삼대 종법사까지의 연원을 미리 계획으로 짠

---

38) 박용덕은 진묵스님과의 상관성을 강조하여 그 필연성을 부각시키고 있다. 『초기교단사』 2권.

것이다. 정산과 대산을 만난 방법이 직접 당처를 방문하였다는 점이 또한 서로 같다. 법은 삼대까지 다 나온다고 했던 점은 이를 또 간접적으로 시사하는 것이다. 결과론적으로 볼 때 그렇게 생각되어진다.

이 모든 과정의 토대가 한국 전통의 민속신앙의 고유 터전에서 마련되었다는 점이 부각된다. 소태산의 행적은 하나하나가 무한한 의미를 동반한 과정이었음을 다시 한 번 느낀다. 다양한 연구자들의 동참이 요구되는 충분한 이유가 되지 않나하는 생각도 같이 든다.

자료의 부족과 이 방면의 연구가 미진한 척박한 사정이 본고의 원만한 기술에 제약이 되었다. 많은 부분 유추를 허용할 수밖에 없던 점은 이 논문이 가진 단점이다. 추후 자료의 보강을 통해 보다 정밀하고 풍부한 논의가 전개되길 기대해 본다.

II. 소태산 구도과정의 무속상관성 연구

1. 머리말

원불교의 창시자 박중빈(호 소태산)[1]의 구도과정에 전해오는 일화 중 무속과 관련된 자료가 있어 그 진위 여부를 살펴볼 필요가 있다. 이는 전통문화 및 민속사상과의 연계성을 살핀 연구가 되어 소태산 사상의 형성과정을 보다 풍요롭게 할 수 있는 단초가 될 여지가 있다.[2] 처화(박중빈의 아명)는 일찍이 전근대기의 민속적인 분위기속에서 성장했다. 그의 최초 수행과정이라 할 수 있는 큰골정성과 삼밭재 산신기도(삼령기원상)로부터 도사 찾기의 여정, 우두커니병에 걸린 처화를 위한 가인(家人)들의 후원 별처기도, 노루목 주막 서낭당 당나무 하의 대각, 만덕산 산신당 무당과의 조우, 길룡리 당골네의 열반일 예언 점사 사건 등은 이를 충분히 대변한다. 일화 "처사(處士)를 시험하신 일"은 이런 분위기 속에서 경험한

---

1) 소태산은 본명이 박중빈이다. 전남 영광 길룡리에서 1891년 탄생하고 1916년에 대각을 한 후 불법연구회를 만들고, 1924년 익산에 총부를 두고 활동하다가 원불교 개교의 발판을 마련한다. 소태산은 교리를 집대성한 <불교정전>을 낸 같은 해인 1943년 입적한다. 원불교는 동학, 증산교와 더불어 구한말의 대표적인 신종교로 인정되고 있으며, 그중 원불교는 가장 두드러진 발전을 하고 있다는 객관적 평가가 있다.

2) 그간 신종교 연구는 소위 유·불·선과의 비교연구가 위주였다. 민속학적 연구가 전무한 상황에서 전통적 민간신앙의 상관성을 시도한 점이 이후 연구의 한 축이 될 수 있기를 기대한다.

소태산의 구사 과정 중의 하나다.

이 기간에 전하는 일화는 모두 네 종으로 나머지 셋은 '걸인에게 둘리신 일', '하나님을 시험한 일', '부처님을 시험한 일' 등이다. 이 일화들은 단순한 허구적 창작물만이 아니고, 일정의 사실을 근거한 사료이기도 하다. 일화(逸話)문학적 기법이 가해진 부분을 가려내면 순수한 사실을 드러낼 수 있다. 그러나 일화적 각색 여부만으로는 충분치 않고, 전근대의 민속 문화적 관점이 고려되어야 한다.

소태산의 구사과정은 그의 사상과 교리의 정립에 무관하지 않기에 매우 중요하다. 필자는 이를 민속학적 관점에서 자료들을 재평가하고자 했다. 이미 발표한 논문3)과 원광지 연재 기사들4)이 이에 해당된다. 전근대기의 신종교에 대한 연구에서 민속적 연구는 빠지지 않지만, 원불교의 경우 미흡한 접근이 이루어지는 경향이다. 박광수의 연구가5) 이런 방향을 일찍이 제시하였지만 이어지지 못했다.6)

새로운 사상이나 종교는 기존의 사상과 제도를 극복해야 하는 필연에 놓인다. 이는 역사 과정에서 수없이 반복되는 과정이다. 그러나 그 극복

---

3) 이정재의 다음의 글 참조; 「삼령기원상의 민속학적 고찰」, 『원불교 사상과 종교문화』 42집, (2009), 129~156쪽.
「소태산의 구사일화 분석과 백학명과의 관계 연구— 일화 '부처를 시험한 일' 중심으로—」 『원불교 사상과 종교문화』, 62권, (2014), 91~116쪽.
「초선지 만덕산 산제당의 민속학적 고찰」, 『원불교 사상과 종교문화』, 45집, (2010), 413~446쪽.
「고소설 박태보전 독자수용 일고찰」, 『원불교 사상과 종교문화』, 53권, (2012), 126~165쪽.
4) 이정재, 「민속 문화로 본 구도역정기」, 『원광』(익산: 월간 원광사) 지 2014년 이후의 기사.
5) 박광수, 「소태산의 신명사상—샤머니즘과 신종교에 나타난 신명사상의 비판적 수용—」, 『원불교학』2집, (1997), 257~294쪽.
6) 일찍이 김태곤은 유병덕과 함께 원광대학교에 민속학연구소를 만들어 한국학 분야의 메카를 시도했으나 실현되지 못했음은 몹시 아쉬운 부분이라 하겠다.

의 방법은 다양하다. 상생과 소통 및 통합을 지향하는 신종교의 흐름은 동서의 만남과 고대·중세의 정복과 같이 과격하지 않고 상생의 신종교 원융회통 사상은 민속도 예외가 될 수 없다. 오히려 그가 가지는 고유의 가치를 재평가하는 방향은 주요하며 일부의 연구경향이 이를 대변하고 있다.[7] 그러나 민속 이해의 근시안적인 안목과 낮은 인식도가 지적되기도 한다. 민속사상은 그 개념을 규정하기가 매우 애매하나 긴 시간 인간과 운명을 같이 하며 지켜왔고 전승됐다. 더구나 이는 고등의 사상과 종교를 배태했었다는 사실을 연구 성과는 밝히고 있다.[8] 민속 문화에 대한 관심과 이해는 보다 폭넓은 역사적 정통성을 확보하는 장점을 가질 수 있고, 나아가 신종교가 지향하는 상생과 세계의 하나됨을 실현할 수 있는 가능성을 더욱 보장한다.

본 논문은 이런 연구의 흐름에 부응한 것으로 처사시험하기 일화의 일화문학적 검토를 통해 그 서사구조의 비틀림이 무엇인지 먼저 살펴보고, 이를 해결하기 위한 민속학적 접근을 시도했다. 여기서 드러난 일화의 실체가 무엇인지의 재평가를 시도하였다. 일부 자료의 한계로 드러난 미진함은 추후 보강하기로 한다.

---

7) 김용휘, 「韓國仙道와 新宗敎의 修煉」, 『道敎文化硏究』제34집, 韓國道敎文化學會, (2011. 4), 67~94쪽.
　김용휘, 「한국선도의 전개와 신종교의 성립 : 왜 한국에선 도교 교단이 성립되지 않았는가」, 『東洋哲學硏究』. 제55집, 東洋哲學硏究會, (2008년 8월), 139~167쪽.
8) 민속과 도교관련의 것으로 다음 참조; 정재서, 「도교의 샤머니즘 기원설에 대한 재검토」, 『도교문화연구』, Vol.37, (2012) 165~183쪽.
　박찬호, 「한국전통윤리 사상의 기저로서의 巫俗에 관한 硏究」, 『동양종교학』, Vol.1, (1991) 51~70쪽.
　이공훈, 「유불선삼교합일사상과 도교와의 관계 및 도교교단의 사회적 역할」, 『도교학연구』, Vol.17, (2001) 163~201쪽 등 참조.

2. 처사 일화 자료 및 특징

소태산 구도시 전하는 일화는 총 네 종이다. 걸인에게 둘리신 일9), 하나님 시험하기10), 부처님 시험하기11), 처사시험하기12)가 그것이다. 걸인 일화는 주막 근처의 한 거지가 심상치 않아 그가 도사가 아닌가 하는 기대로 그를 집에 초청하여 대접을 했으나 실망을 하게 된 일이고, 하나님 일화는 한때 교회에 가서 알게 된 하늘의 하나님을 작대기로 혼내주는 시험을 한 일, 또 불갑사의 부처상을 구박하여 그 영험성을 시험했던 부처 시험의 일화 등이다. 모두 일화 작품으로 주제를 효과 있게 드러냈다.

걸인 일화는 구사과정의 초기 행적으로 본다. 그만큼 엉뚱함이 두드러진 때문이다. 구사에 대한 강렬한 의지가 있었던 시기의 일이었다. 필자는 이 일화를 분석한 바 있고 여기서 도교신, 판소리 적벽가를 비롯한 당대의 민속 문화와의 상관성을 두루 소개하였다.13)

'하나님 시험'과 '부처님 시험하기'는 간절한 구사의 단계를 넘어 기존의 종교를 비판하는 성숙한 모습이 보인다. 특히 부처시험은 내용상 구체적인 설명을 곁들이고 있다. 하나님의 시험은 부처시험과 달리 사실적 설명이 없으나, 단순한 기복적 신앙의 모순을 시험했던 일화다. 부처시험 일화는 졸고 "소태산의 구사일화의 분석과 백학명과의 관계 연구"에서 다루었다. 여기서 부처시험은 불갑사 본존에서 이루어졌으며 당시 그곳에 머물던 백학명과의 인연이 시작되었음을 밝힌 바 있다.14)

---

9) 정산, 「불법연구회 창건사」, 『회보』 61호, (1938).
10) 박용덕, 『원불교 초기교단사』, (익산: 원광대학교출판국, 1997), 147~8쪽.
11) 전음광, 「독실한 신념은 인생의 행복이다」, 『월말통신』27호/ 박용덕, 『원불교 초기교단사』, 1999, 145~6쪽 각주 207 재인용.
12) 정산, 「불법연구회 창건사」, 『회보』 61호, (1938).
13) 이정재, 「민속 문화로 본 구도역정기」, 『원광』(익산: 월간 원광사)지 2012년 8월 이후의 기사.
14) 이에 대해서는 다음의 글 참조; 이정재, 「소태산의 구사일화 분석과 백학명과의 관

하나님 시험의 일화는 해학적으로 표현되어 있다. 이런 점을 들어 이 일화도 초기의 행적이었을 것이라 박용덕은 추정하였다.[15] 하늘에 대고 작대기를 휘두르는 모습이 성숙한 자의 모습은 아니라고 보았기 때문이다. 그런데 여기서 하나님이란 단순히 기독교의 신만을 대상으로 한 것이었는지 재고할 필요가 있다.

당시 길룡리는 조선의 전통과 풍습이 온전히 남아있던 마을이었다. 오늘의 민속학은 당시의 민간신앙을 다양하게 정리해 놓고 있다.[16] 이를 비추어 볼 때 하늘의 하나님에 대한 신격은 기독교의 류만은 아니었을 것이다. 처화는 어린시절을 마을에서 지내며 민간신앙의 모든 것을 온전히 경험하고 접했다. 그의 성향으로 볼 때 이 과정에서 일어나는 기이한 전승이나 현상에 대해 그냥 넘어가지 않았을 것이다.

태양이나 달, 별을 비롯해 하늘을 포함하는 천지신명이란 신격으로 형상화하여 믿었던 민간신앙은 널리 퍼져있었다. 이런 류에 해당하는 신들의 계보는 많은 수를 차지한다. 가정의 뭇 신들을 비롯하여 마을이나 산과 강의 자연신들, 나아가 도교, 무속적 신들에 이르기까지 그 신격의 수는 가히 수백 수천에 이른다. 이들 모두 초월적 천상의 신으로 인식되고 있다. 처화가 했던 하나님의 시험은 하늘과 연결되어있는 일체의 신성을 포함한 것 아닌가 생각된다.

구도과정 중 전하는 네 종의 일화 중 처사를 시험한 일은 정산이 지은 <불법연구회 창건사>(1938년)에 최초로 소개되었고, 이후 원불교 전서의 '원불교교사'에 다음과 같은 내용으로 압축된다.

계 연구― 일화 '부처를 시험한 일' 중심으로―」『원불교 사상과 종교문화』, (2014) 91~116쪽.

15) 박용덕,『원불교 초기교단사』, (익산: 원광대학교출판국, 1997), 143~8쪽.

16) 전남박물관,『영광군 문화유적 학술조사』, (광주: 전남대학교 박물관, 영광군, 1993), 1~553쪽.

'그 후로는 길에 이상한 사람이나 걸인이 있어도 그가 혹 도사가 아닌 가 하여 청하여 시험해 보시며, 또한 어디에 이인이나 은사가 있다고 하면 반드시 찾아가 보시고, 혹은 청하여 같이 지내시며 시험해 보기도 하여, 그 후 6년간 도사를 찾아 일천 정성을 다 들이시었다.'

전반부의 '걸인에 둘리신 일'에 대한 분석과 설명은 이미 언급한 바 있다.[17] 인용구의 후반부 '이인이나 은사가 있다고 하면 반드시 찾아가 보시고, 혹은 청하여 같이 지내시며...' 중 '....청하여'에 해당하는 내용은 '걸인에 둘리신 일'과 '처사시험하신 일'의 두 일화가 해당된다. <불법연구회 창건사>에 소개된 처사시험하기 일화를 옮겨본다.

"처사(處士)를 시험(試驗)하신 일[18]
또 어느 때에는 어떠한 처사 하나가 산중에 잇다는 말삼을 들으시고 곳 사람을 보내 초빙하엿더니 처사가 먼저 대종사의 부친을 뵈옵고 말하기를

'나는 산중에서 공부하야 신통을 얻은지가 이믜 오래이라. 귀하의 아드님이 만일 나를 좇아 공부를 배운다면 반다시 불가사의의 능력을 얻게 될지니, 그 공부에 착수하기로 하면 먼저 귀가에 사육하는 농우(農牛)1두를 폐백으로 주겠느냐?'고 하엿다.

부친께서는 처사의 말을 신청(信聽)하시고 장차 농우를 주려하시며 즉시 대종사를 불러서 상면케 하신대 대종사께서 접견할 제(際)음에 례(禮)하지 아니하시고 말삼하시기를

'장유(長幼)의 구분으로 말하면 이제 맛당히 절하고 뵈올지나 오늘 서로 만난것은 보통 회견(會見)과 달라서 마음이 서로 합할시는 영원히 사제의 의를 맺기로 할 것인즉 선생의가지신 포부와 능력을

17) 이정재, 「민속 문화로 본 구도역정기」, 『원광』(익산: 월간 원광사)지 2012년 하반기 이후의 기사.
18) 송규, "일화─처사를 시험하신 일" 정산, 「불법연구회 창건사」, 『회보』61호, (1938).

이에 다 베풀어 내외 신념이 생긴 뒤에 폐백도 드리고 따라서 사제 의예로써 뵈오리다'

하시니 그 처사 처음 상면에 예하지 아니함을 조곰 불쾌히 생각 하였으나 강연히 참고 말하기를 '나는 육정육갑(六丁六甲)을 통령하 야 신장을 능히 부르고 보내는 재조가 있으니 만일 원이 있거든 시 험해 봐라'하였다.

대종사 말삼하사대 '그러면 내가 보는 앞에서 그 신장(神將)을 실 지 구경케 하소서'

처사는 즉시 응낙하고 그날 밤부터 정한 방을 치우시고 자기가 평소에 일으는 주문을 고성(高聲)독창(讀唱)하야 종야(終夜)를 지냇 으되 신장이 보이지 않는지라 그 처사 초조한 생각으로 다시 말하기 를 '이것이 아마 근동에 초상이 난 집이 있거나 혹은 해산한 집이 있 거나 만일 그러치 아니하면 이 방에서 전자에 혹 초상 해산 등을 지 낸 듯하니 오늘 저녁에는 다른 새 방을 하나 정하여 달나'고 간청하 였다.

대종사 생각하시되 '이것이 반다시 사술이며 허무맹랑한 말이로 다. 무슨 공부가 사람의 생사있는 곳을 다 피한다면 그 어느 곳에 쓰 게 되리요'하시고 내념(內念)에 가위(可謂) 작파(作破)하셧으나 외면 (外面)으로 그 처사의 청한 바를 용인(容認)하야 다시 다른 새 방 하 나를 정하여 주엇더니 그 처사 또한 종야(終夜) 송주(誦呪)하되 신장 이 종시 보이지 않는지라 그 처사 대단 황공(惶恐)참괴(慙愧)하야 그 날 새벽에 소태산 외출하신 틈을 타서 가만이 월장(越牆) 도주하엿 다 한다."

이 문장은 맞춤법이 현행 문법과 달리 표현되어 있으나 내용을 이해하기 에는 큰 어려움이 없어 그대로 옮겼다. 현행 문법에 맞게 정리된 것은 박정 훈 편 <정산종사 법문과 일화—한울안 한이치에>19)에 수록되어있다.

창건사에는 앞서 언급한 대로 두 개의 일화가 소개되고 있다. 나머지

두 개는 박용덕이 쓴 초기교단사에 있는 '하나님을 시험한 일'과 '부처를 시험한 일'이다.

"위에 기록한 일화 2절은 오직 한 두 가지의 예만 든 것이니, 제 1절은 대종사, 도사 만나고자 하실 때의 첫 번째 경험의 일이요, 제 2절은 또한 그때의 많은 경험을 지내신 후의 일이다."[20]

일화가 한 둘이 아니었으나 정산은 '처사 시험한 일'을 선별하여 소개하였다. 이것을 '많은 경험을 지내신 후의 일'로 간주한 것은 우리가 알고 있는 도사, 하느님, 부처님을 시험한 이후의 일로 볼 수도 있고, 다른 구사의 시도가 더 많이 있었다는 의미로도 받아들일 수 있다. 위에 인용한 '이인이나 은사가 있다고 하면 반드시 찾아가 보시고,' 혹은 구사의 '많은 경험을 지낸 후'에 해당하는 자료는 이를 더욱 분명히 한다. 그러나 실제로는 부처님과 하느님 시험하기 둘만 확인되어 서로 일치하지 않는다. 또 엄밀히 말하면 부처나 하느님은 이인이나 은사가 아니다. 그렇다면 처사 이외의 다른 일화가 더 있어야 되나 그 이상의 기록은 전하지 않는다.[21]

3. 처사시험 일화의 서사와 분석

뒤에서 분석과 설명을 용이하게 하기 위해 일화의 서사구조를 정리할 필요가 있다.

　　1. 사람을 보내어 산중처사를 초빙한다.

---

19) 박정훈 편『정산종사 법문과 일화―한울안 한이치에』, (익산: 원불교출판사, 1987), 241~243쪽.
20) 앞의 책,『정산종사 법문과 일화―한울안 한이치에』, 243쪽, 각주 4번.
21) 물론 이는 다양한 경험을 강조하기 위한 표현일 수도 있다. 그러나 5~6년간의 구도과정에 네 종의 경험만 전한 것은 너무 미흡하다고 판단되기 때문이다.

2. 먼저 처사와 처화의 부친이 모종의 계약(사제의식)을 한다.

3. 처사는 자기에게 공부를 배운다면 불가사의한 능력을 얻게된 다고 한다.

4. 처사는 그 대가로 농우 1두를 요구하자 부친 이에 응한다.

5. 부친 처화를 불러 처사와 대면케 한다.

6. 처화는 마음이 합하여 신념이 생기면 처사와 영원히 사제의 의를 맺기로 한다.

7. 선생의 포부와 능력을 베풀어 자신의 신념이 생긴 후에 사제 의 례를 하기로 한다.

8. 처화가 처사에게 스승의 예를 차리지 않자 언짢아하나 개의치 않는다.

9. 처사는 자신이 육정육갑(六丁六甲)을 통령하야 신장을 능히 부르고 보내는 재조가 있다하며 자신을 시험하라 한다.

10. 처화는 신장을 실지 구경케 하라 한다.

11. 처사는 정한 방을 마련하고 평소 이르는 주문을 밤새 외운다.

12. 그러나 부르는 신장이 오지를 않는다.

13. 처사는 동네의 우환이나 제장 방의 부정 등을 들어 방을 바꾸 어달라 한다.

14. 처화는 무슨 공부가 사람의 생사있는 곳을 피하냐며 실망한 다.

15. 방을 바꾸어 다시 밤새워 시도를 하나 실패한다.

16. 처사 다음날 아침 도주한다.

  일화의 서사는 다음의 네 가지로 구성되어 있다. 즉 발단부인 단락 1~4, 전개의 단락 5~10, 도약부의 단락 11~14, 결말의 단락 15~16이 그것이다. 발단은 처사와 부친의 계약, 전개는 처사와 처화의 만남과 주 문, 도약은 처사의 신장 부르기 시도 및 처화의 의심, 결말은 신장부르기 실패와 처사의 도주 등으로 기승전결의 구성을 한 짜임새 있는 일화다.

처사시험의 일화는 다른 일화들과 큰 차이를 보여준다. 우선 잘 알려지지 않은 전문용어가 다수 등장한다(단락 1, 6, 9, 10, 13). 이 방면에 깊은 안목이 있어야 알 수 있는 것들이다. 이야기는 한 처사를 불러 신이한 행적을 보여 봐라 한 것으로 진행된 듯하지만, 사실은 처사와 처화의 사승 관계를 위해 부친이 친히 마련한 의식이다.

다른 일화와는 달리 일목요연한 내용으로 전개된 점이 특징이다. 부모가 개입했고, 의식을 위해 농우 한 마리라는 엄청난 경제적 부담이 언급되어 있어, 사실은 사승관계를 위한 것이었지만 일화는 처사의 속임수로 방향을 틀었음이 엿보인다(단락 15, 16).

가장 현저한 차이는 시험 대상의 실존성 여부에 있다. 다른 일화에서 보이는 하나님, 부처상, 도인상은 모두 허구의 인물들이나, 초빙한 처사는 실제하는 인물이다. 실제 인물을 대상으로 하는 것이기 때문에 일정의 절차가 필요했고 부친의 주선 하에 성사되었다. 아울러 의식을 치뤄야만 했던 배경과 민속 문화적 상황이 모두 당시 실제 상황을 전제로 한 점이 추정된다. 초청된 처사와 관련된 민속신앙 및 그 인지도와 신뢰도에 대한 부친의 자세 등이 모두 이어져 따라오는 것이다.

또 다른 특이점은 처사시험은 한국전통의 민속 문화를 시험한 것이었다는 점이다(단락 9, 10, 12, 15). 일화는 모두 네 종이지만 불법연구회 창건사에 기록한 것은 걸인과 처사에 대한 일화 두 가지다. 당시의 시대적 상황 하에서 기독교와 불교 같은 공고한 조직을 비판 대상으로 선택할 수 없었기 때문으로 보았다. 비제도권에 있는 도교와 민속신앙에 대한 일화를 창건사에 선택 기술하였던 것으로 본 바 있다.[22] 이런 선별과정의 조심스러움과 달리 일화는 처화가 일방적이고 과감한 비판의 자세를 감행

---

22) 이정재, 「민속 문화로 본 구도역정기」, 『원광』(익산: 월간 원광사)지 2015년 3월 이후의 기사.

했음을 보여준다. 즉 '그것은 우상숭배다.'라는 확실한 단정을 전제하고 추진했던 것이었다(단락 10, 12, 14, 16). 그러나 그 접근방식은 달랐다. 처사로부터 신장의 부름을 확인하려는 절차가 그렇다.

일체의 신격과 그에 대한 우상숭배를 배척했던 처화가 유독 민간신앙의 신격에 대해서는 다른 자세를 보여준 특이점이 드러나는 일화다(단락 10). 이 신격은 앞선 하나님이나, 부처신과는 차이가 있다. 우선 숭배의 대상인지 아닌지, 혹은 종교적 교주인지 아닌지의 여부에 있다. 신장신은 오히려 사과신(司過神)[23) 같은 도교신과 닮아있다. 처화가 취한 행동은 앞의 둘과 달랐지만, 거지를 집으로 초청한 점은 신장을 다루는 처사를 초청한 점과 닮아있다. 이들에 대한 실망이 컸던 점도 유사하다. 그러나 거지의 초빙은 독자적으로 단행한 것이지만 처사초청은 부친의 주도하에 이루어졌다. 거지 초청의 경우와 상황의 긴장도에서 차원을 달리한다.

처화가 처사를 일거에 배격하지 않고 신장을 불러보라 했던 점도 거지 초청의 경우와 다르다. 보다 구체적인 요구를 한 점이 그렇고, '육정육갑'이 언급된 점은 특히 그렇다. 한편 여기서 미루어 알 수 있는 점은 처화의 유별난 기대감과 관련된다. 처화는 이런 류의 민간신앙에 대해 배척이라는 일방적인 태도를 취하지 않았다. 그가 신장 부르기를 기다린 점은 이에 대한 기대가 있었고, 민간신앙의 전통에 대한 신뢰가 형성되어 있었기 때문이다. 이는 부친이 처사를 초청했을 때 이미 전제된 사항이었던 것이다.

이름도 생소한 단락 9의 '육정육갑'이 언급된 점은 적어도 그는 이와 관련한 민간신앙을 익히 알고 있었다고 추정된다. 거지를 초청했던 때와는 격이 다르다. 그곳에 등장하는 인물은 조웅전의 도사[24)와 도교의 사과신

---

23) 걸인 일화에 등장하는 도교 신격으로 처화는 그 존재를 알고 있었다(이정재, 「민속문화로 본 구도역정기」, 2012년 8월 이후의 『원광』(익산: 월간 원광사) 참조)
24) 처화는 조웅전을 듣고 도사 스승을 찾을 결심을 한다(정산, 「불법연구회 창건사」, 『교고총간』 제 5권, 원불교 정화사, (1973))

및 역사적 인물 제갈량 등이지만 이에 대한 구체적인 언급은 없었다. 부르는 신격의 신비함은 이 방면에 대한 사전 지식이 없이는 불가하다.

길룡리라는 낯선 곳에 초청된 처사의 과도한 자신감도 눈여겨 볼 부분이다. 의식을 거행하기 전에 처화의 자세가 거칠었던 부분(단락 8), 그의 스승이 될 처사가 신장부르기에 대해 자신감을 보인 점, 신장을 불러 눈앞에 보이라 한 점, 그러나 신장을 불러내지 못하자 새벽 월담도주 등은 격외의 서사진행이다. 신장 현현에 자신을 한 점과 월담도주의 구성은 앞뒤가 맞지 않아 어색한데 이런 서사진행은 이외에도 더 있다.

부친의 개입과 적극성은 이 일화의 가장 큰 특징이라 할 수 있다. 다른 일화와 달리 부친이 등장한 일화는 유일한 것이고, 나아가 그가 직접 주도하였다는 점이 특이하다. 부친은 처화가 칠세시 삼밭재에 올라 산신기도를 올렸던 시절부터 줄곧 처화의 수행을 도왔던 것으로 알려져 있다. 20세 시에는 이곳에 다시 초막을 지어 수행을 돕기도 했다.[25] 이를 미루어 볼 때 처사의 초청도 그의 지원 하에 이루어진 것임을 알 수 있다. 그러나 이 의식이 과연 누구의 의뢰로, 또 어떤 문제로 인해 이루어졌던가 하는 점은 알 수 없다. 더구나 농우 한 마리를 사례비로 약정했다 하는 점은 믿기 어려울 정도의 큰 액수다. 과연 그랬던가 하는 점도 의문이나, 상당량의 약정이 있었던 점을 미루어볼 때 단순한 의식이 아니었음은 충분히 추정되는 사안이다. 처사를 초청했다는 점은 이미 이 처사에 대한 명성을 듣거나 확인 한 바가 있었으며 그 관련의 의식에 대해서도 어느 정도의 신뢰가 전제되어 있었음을 암시한다. 농우 한 두의 약정은 이미 이를 암시한 내용이다.

결국 일화가 가지는 특징은 다음과 같은 것이다. 즉 시험 대상이 실존

---

25) 박용덕, 『원불교 초기교단사』 1권—소태산의 대각, 방언조합 운동의 전개 : 1891~1953, (익산: 원불교출판사, 1997), 148~151쪽.

인물이었던 점, 사승관계를 위함이고 이를 위해 부친의 주도가 있었고, 농우 1두의 사례가 언급된 점, 처사라는 실존 인물이 등장하고 그는 신장을 부를 수 있는 인물이라는 점 등 전체적으로 구체적인 사실에 기반했다는 점이다. 그러나 서사의 진행상 앞뒤의 전개가 어색한 점이 있어 일화 문학적 검토가 먼저 요구된다.

4. 일화문학적 검토

앞서 구분한 일화의 서사는 기승전결의 전형적인 구성을 하고 있다. 전개부를 둘로 나누어 보면 발단부인 단락 1~4, 전개 1의 단락 5~8, 전개 2의 단락 9~10, 도약부의 단락 11~14, 결말의 단락 15~16이 그것이다. 전개부는 중요한 부분이라 1과 2로 나눌 수 있고 이는 처사와 처화의 만남과 처화의 부탁으로 구분된다. 발단은 처사와 부친의 계약, 도약은 처사의 신장 부르기 시도 및 처화의 의심, 결말은 신장부르기 실패와 처사의 도주 등 일화문학적 구성을 한 짜임새 있는 작품이다.

작품에 등장하는 인물은 셋이다. 처음에는 부친이 주인공으로 나서지만 뒤에서는 처화가 주인공이 되어 처사를 다루는 양상으로 전개되었다. 처사를 초빙한 자는 부친이었고 이 모임을 주선한 자다. 모든 의식의 책임자였으나, 뒤로 가면서는 처화가 주인공이 되어 삿된 처사를 몰아내는 구성으로 진행되었다. 이야기의 주제는 어떤 사건을 단순화시킴으로 처화의 능력을 강조하는 구성이고, 3~4일 이라는 시간적 길이도 한 주제에 초점화하여 단순화시킨 구성을 하고 있다. 나아가 사건의 배경이 된 의식에 대한 설명이 생략되고 필요한 요소만을 사용한 특징을 보여준다. 모두 일화 구성의 서술미학적 표현이라 할 수 있다.

일화는 사전에서 '세상에 잘 알려지지 않은 이야기'라 설명되어 있지만 실제로는 더 다양한 내용이 포함된다. 문학 장르상 어떤 개념 정리가 있는지 살펴보고, 특히 종교가에서의 일화는 어떤 특징이 있는지도 알아볼 필요가 있다.

일화는 원래 하나의 주제를 효과적으로 드러내기 위한 것으로 일정의 문학적 편집이 불가피하다. 그것은 작가의 예술적 표현과 작가의 주관으로 이해되지만, 사실의 전달과 편집된 허구 사이의 간격 문제가 야기되기도 한다. 박희병은 조선조 일화집 청구야담을 분석한 후 일화는 '대개 유명한 역사적 인물을 소재로 하여 그 인물의 재능이나 재치, 임기응변, 그 개성적 특징 등을 단면적으로 포착하여 제시하는' 갈래라 했다. 이처럼 일화는 주체의 능력이나 재치, 개성을 부각시키고자 해서 문제제기보다는 해답을 더 중시한다고 했다.26)

네 종류의 구사일화는 모두 처화가 경주한 각고의 노력을 드러내고 강조하고자 했다. 그리고 그 내용은 주로 처화가 보여준 열정, 혜안과 통찰력, 과감성 및 탁월한 능력 그리고 폭넓은 종교와 사상에의 관심과 섭렵 등에 있었다고 볼 수 있다. 제자 정산이 서술한 구사과정은 각을 이룬 교주의 능력과 위대성을 드러내고자 한 측면이 있어 표현상 신중함이 있을 수 있다. 더구나 교주의 경험을 소재로 한 종교일화는 더욱 준엄한 각색과 편집이 적용되었을 가능성이 더 높다 하겠다.

임완혁은27) 일화적 인물의 특징을 셋으로 구분했다. 특정인물의 성품, 학생, 덕행 등을 평면적으로 서술하는 경우, 특정인물과 관련된 특이하고 재미있는 사건을 제시함으로써 인물의 성격이나 행동을 파악하게 하는 경우, 작가의 느낌이나 생각을 표현하는 과정에서 자신의 주장을 강조하

---

26) 박희병, 『청구야담 연구—한문단편소설을 중심』, 석사학위논문, (서울대 대학원, 1981)
27) 임완혁, 『조선전기 필기 연구』, 석사학위논문, (성균대 대학원, 1991)

기 위해 에피소드를 삽입하는 경우 등으로 나누어 설명하였다. 일화적 주인공은 한 개인의 성격이나 특정한 사건을 통하여 그 인물의 독특한 면 및 그에 얽힌 특정사건을 묘사하는 것이라 했다. 즉 임완혁은 일화의 문학적 기법인 각색을 강조하였다.

이강옥은 일화는 일상생활에서 실제로 일어나 사건이나 생긴 현상 중 특별한 것을 서술한 것이라 했다. 그런 점에서 일화는 실제성과 현실성에 있다. 일화의 묘미는 일상적인 삶의 질서로부터 일탈된 행동이나 말, 상황이 창출하는 특별함에서 비롯한다.

일화는 전체가 아닌 일부를 담고, 부분의 의미에 초점을 맞출 뿐, 부분이 다른 부분과 가지는 관계, 부분이 전체와 가지는 관계를 기술하는 데까지 나아가지 않는다고 했다. 시간적으로는 순간성을 지향하기 때문이다. 어떤 사건이 전개되거나 어떤 인물의 인성이 변하는데 소요되는 시간을 최소화하거나 아예 변화과정을 생략하고 변화된 결과만을 간명하게 제시한다고도 했다. 또 일화가 성립하는 가장 중요한 요소는 일탈이라고도 했다.[28]

부분과 전체 관계의 어긋남은 일화문학적 특징이다. 부분을 통한 전체를 추정할 수 있음을 시사한다. 시간차의 언급도 중요하다. 즉 과정과 순차적 시간이 생략되고 결과를 드러낸다고 한 점은 시사적이다. 이러한 일화 문학에서 피할 수 없는 문학적 각색을 염두에 두고 처사시험하기의 실제를 추적할 필요가 있다. 이런 관점에서 볼 때 여기서 진행하는 일화 검토는 문예미학적 검토가 아닌 편집과 각색의 여부를 확인하고 일화의 주인공이 어떤 경험을 하였는지를 비판적으로 살피는 것에 집중하였다.

앞서 살폈듯이 일화는 어떤 사실을 근거로 하되 주제를 드러내기 위해

---

28) 이강옥, 「조선시대 일화의 일탈」, 『국어국문학 연구』1집, 1997, 125~145쪽.

작자의 문학적 편집이 가해진 작품을 일컫는 것으로 정의된다. 일화구성 과정에서 어느 정도의 각색이 이루어졌는지를 가려내기란 쉬운 일이 아니다. 확실한 문화요소와 단위를 배경으로 한 것이라면 다행이나, 그렇지 않을 때는 다양한 분석의 가능성이 열려지기 때문이다.[29) 처사시험하기가 어떤 형태의 민속 문화적 혹은 사상적 배경을 가지고 있는가 하는 점은 일화의 내용을 면밀히 분석하는 데서 출발한다.[30)

앞서 기술한 일화의 특징에서 일부 언급한 바 있으나 거기에 더해 좀 더 구체적으로 살펴보자. 처사는 고명하고 능력이 인정된 선생이었을 것이다. 그의 명성을 듣고 부친 박성삼은 수소문하여 그를 초청하게 된다. 먼 데서 신통력을 보이는 선생을 초청하는 데는 반드시 어떤 이유가 있어야 하나 언급이 없다. 일화의 내용은 신통력을 보이면 사제지간이 된다는 정도로 근거를 제시하고 있다. 그리고 그 댓가로 농우 한 마리를 사례로 준다고 했다. 일종의 계약이 성립된 것처럼 보이고, 논리적 문제가 없는 것처럼 여겨지나, 민속과 민간전통상 이런 류의 거래나 계약은 찾을 수 없다. 먼저 실력을 보여주면 그제서야 제자가 되어 그 능력을 배우겠다는 것이고, 그 사례로 농우 한 마리의 조건인데, 문장 자체도 어색할뿐더러 말의 앞뒤가 맞지 않는다. 더구나 보여줘야 하는 능력이 '신을 불러내 눈앞에 보여라'는 것인데 불가능한 일이다.

---

29) 일화 '처사를 시험하신 일'은 다른 일화들과 다른 독특한 점은 이 일화가 어떤 종교 혹은 전통과 관련이 있는가를 확정하기 어렵다는 점이다. 제목부터 모호하다. 호칭 '처사'는 유교, 불교, 민간신앙 등의 다양한 층위에서 사용되기 때문이다. 이 부분은 별도로 다른 설명이 필요하며, 아울러 제목을 명확히 하지 않았던 점도 추후 검토할 부분이다.

30) 내용상 특징을 드러내는 용어나 절차를 살펴보면 어느 정도 윤곽이 드러나겠지만 그래도 난점이 많아 조심스런 접근이 요구된다. 자료의 한계를 극복하고, 당시의 정황이 연결된 복잡한 상황을 일일이 설명해낼 수 있어야 하기 때문이다. 또 1910년대는 수많은 사상이 명멸하던 시기이기에 더욱 그렇다.

일화에서 초청된 처사는 '사제'의 계약을 술수로 하여 농우 한 마리를 취하기 위해 모종의 계약을 한 일종의 사기꾼으로 그려졌다. 이는 논리적으로 모순이다. 즉 '불가능한 일을 계약해놓고 불가능이 이루어지지 않자 도망했다'는 것인데, 이는 서사진행상 논리의 모순을 드러내고 있다. 더나아가 그것을 처화는 예지력으로 예방했다고 그리고 있는데, 이 또한 논리의 모순이 가세된 표현이다. 불가능한 일을 시험하는 일은 예지가 아니기 때문이다.

처화의 예지력이 처사의 속셈을 미리 알고 방지했다는 것인데, 처사의 속셈은 속셈이라 할 것이 없다. 애초부터 불가한 일을 전제하였기 때문이다. 처사의 속셈을 풀어가는 서사가 합리적이지 못한 진행을 하고 있다. 이는 일화문학적 표현기법인 각색의 흔적이다.

멀리서 초청받은 처사는 년 배가 지긋했을 것이다. 먼 데를 찾아온 이에게 그것도 미래의 스승에게 한갓 나이 어린 청년이 예의도 갖추지 않았다고 한 점도 납득이 안 가지만, 그에게 신장을 부르는 테스트를 요구하는 점은 더욱 상식이 아니다. 더구나 이런 테스트를 거쳐 스승으로 삼고자 한다는 것인데 순서가 맞지 않는 일이다. 또 신장을 불러내 보이면 사례를 하고 그렇지 않으면 아니다 식의 거래는 민속상 있지 않은 계산법이다. 당시의 사제간이나 이와 비슷한 사례의 문화는 상황에 따라 또 주는 대로 받는 식이지 지금처럼 미리 계약이나 약정을 하고 일을 하거나 않거나 하는 문화가 아니었다.31)

---

31) 이와 유사한 사례를 예로 들면 안택독경이나 설위설경의 경우 지금도 마찬가지이지만 사례비를 미리 약정하고 방문하지 않는다고 한다(보통 사례의 전통은 법사나 당골의 내방을 전제하는 경우이다). 이 경우 누가 일을 의뢰하면 무조건 가는 것이고(사제로서의 책임성), 일이 끝나면 상대 집안의 경제적 여건에 따라 주는 대로 받아온다는 것이다. 중요한 것은 제가집의 딱한 사정이고 이에 대한 해결이 중요하다는 점이다. 이를 위해 독경자와 법사들은 일천 정성을 들인다고 한다.

한편 신장을 부른다는 의미는 무엇인가? 신장을 호위하는 신을 불러 보라하자, 처사는 이를 선뜻 수용한다. 현실적으로 있을 수 없는 일이다. 어떤 요술을 부린다거나 무협지에 나오는 상상의 도술가가 아니면 불가능한 일이 아닌가. 이런 것을 얼른 수용했다는 것인데 논리적으로 합당치 않다. 어떻게 불가능한 일을 선뜻 수용한다는 말인가? 표현대로 한우 1두가 욕심이 나서 그럴 수 있다고도 하겠으나, 바보가 아닌 이상 이런 욕심을 부릴 수 없다. 이 표현은 다른 차원의 설명이 요구되는 부분이다. 특별한 능력을 발휘하여 천상이나 허공에 존재하는 신상을 눈앞에 부를 수 있는 존재는 도교상의 기록에 가끔씩 존재하고 판타지 소설이나 무협지 등에 나오는 내용이다. 당시의 고소설에나 나오는 허구적 도사일 수밖에 없는데 이런 존재가 현실 속에서 현현하여 그 실력을 보여준다는 식이다. 역시 일화문학적 표현이 강조된 각색의 결과다.

설사 그럴 능력이 있는 자가 있다고 해도 있을 수 없는 일이다. 즉 돈을 바라거나 젊은 청년의 요구대로 시범을 보이거나 그래서 사제의 예를 갖춘다거나 하는 일을 무엇이 아쉬워 고명한 도사가 자충수를 두겠는가. 만에 하나 그럴 능력이 있었던 자라면 아무런 계획도 없이, 농우 1두를 위해 길룡리에 나타나지 않았을 것이다. 한편 이 처사는 도술가나 신선, 도사 혹은 초능력자로 표기되었어야 한다. 처사라는 명칭은 적합지도 않은 용어다. 더구나 그가 도망간 것으로 처리를 했으니 각색의 절정이라 할 수 있다.

그런데 일화의 내용은 이런 능력 과시를 어떤 주문을 외우면서 한다고 되어있다. 그 시간은 짧지 않고 상당히 긴 시간을 요하고 있는 듯하다. '종야로 송주를 했다'고 한 데서 알아볼 수 있다. 방을 바꾸어 종야로 했으니 최소 이틀 적어도 삼일 이상에 걸쳐 이루어진 의식이었다. 주문을 외운다고 하면 그 내용은 무엇이고 어떤 형식으로 했는지 언급은 되어있지 않으나, 어떤 절차가 있었음은 충분히 상상할 수 있다. 주문을 고성으로 독창하야 종야로의 문구를 볼 때 송주(誦呪)는 홀로 하였고, 처화와 부친 및 가족은 아마도 목욕재계를 하고 처사가 경을 외는 뒤나 옆 등에 정성을 드리며 있었을 것이다. 종야로 그것도 하루 이틀이 아닌 듯하니 음식이나 의식을 위한 상도 풍성히 차렸을 것이다. 그러나 그 방식이 어떤지는 알 수 없다. 모두 일화문학적 압축으로 생략된 부분이다.

일화는 일화만의 특별한 서술미학이 있고 이를 통한 문학적 효과의 극대화를 꾀한다. 이런 차원의 처사 시험하기는 일화문학으로서 성공적인 작품이다. 자료는 문학작품의 가치 외에도 역사적 사실의 가치가 더 있다. 처사시험의 경험이 어떤 역사적 사실에 근거했는가 하는 점이 관심의 대상이다. 앞서 제기된 각색과 이를 통해 드러난 서사의 모순은 서사원형을 복원하면서 설명할 수 있다.

5. 민속 문화적 검토

신종교 연구에서 유·불·선의 상관관계에 대한 교차연구는 활발히 진행되고 있다. 그 중 도교와의 영향관계는 이미 많은 성과를 내고 있다.[32] 그

---

32) 양은용, 「한국도교의 흐름과 신종교」, 『新宗教研究』. 제10집 (2004. 4), 韓國新宗教學會, 7~19쪽.
　　김 탁, 「한국신종교의 관제 신앙」, 『新宗教研究』. 제10집 (2004. 4), 韓國新宗教學會, 51~83쪽.
　　유승종, 「신종교에 나타난 신선사상」, 『新宗教研究』. 제13집 (2005. 10), 韓國新宗教學會, 347~372쪽.
　　박마리아, 「대순진리회와 도교의 신앙체계에 관한 비교」, 『新宗教研究』. 제24집 (2011. 4), 韓國新宗教學會, 129~155쪽.
　　김낙필, 「증산사상과 도교」, 『道教文化研究』. 제16집 (2002. 4), 韓國道教文化學會, 129~157쪽.
　　김낙필, 「도교와 한국민속」, 『비교민속』, 비교민속학회 24집(2003), 85~113쪽.

러나 도교의 이해와 접근이 일정치 못해 연구의 경향은 산만하게 나타난다. 눈에 띄는 것은 도교의 기원에 관한 문제 즉 한국적 · 중국적 도교의 구분문제33)와 도교의 역사적 제도화와 비제도화의 과정34) 및 이 과정에서 드러나는 무속과의 상관성35) 등이다. 이들 연구에 근거할 때 한국의 도교는 중국의 도교적 영향을 받아온 것으로 이해되지만, 그 기원의 문제는 좀 다른 것으로 전개된다. 홍산문화와 그 주인공인 동이족 그리고 그들의 3수사상 및 신인합일 사상으로 전개되는 무속사상은 도교의 기원을

김태곤, 이강오, 「한국민속과 도교」, 『道敎文化硏究』, Vol.2(1988), 525~544쪽.
김낙필, 「초기교단의 도교사상수용」, 『원불교사상』10·11집(1987), 701~723쪽.
33) 정재서, 『한국도교의 기원과 역사』(서울: 이화여대출판부, 2008), 69~92쪽.
안동준, 「고조선 지역의 무교가 중원 도교문화에 미친 영향, 북방계 신화의 신격유래와 도교 신앙」, 『한국도교문화의 탐구』(서울: 지식산업사, 2008), 11~38쪽.
34) 김용휘, 「한국선도의 전개와 신종교의 성립 : 왜 한국에선 도교 교단이 성립되지 않았는가」, 『東洋哲學硏究』. 제55집 (2008년 8월), 東洋哲學硏究會, 139~167쪽.
김윤경, 「조선후기 민간도교의 전개와 변용 : 동학 증산교를 중심으로」, 『道敎文化硏究』 제39집 (2013. 11), 韓國道敎文化學會, 99~123쪽.
35) 이능화 저, 이종은 역, 『조선도교사』, (서울: 음성문화사, 1977).
이영금, 「무속 사상과 증산 사상의 상관성 : 해원 사상을 중심으로」, 『한국무속학』 제28집 (2014년 2월), 271~306쪽.
정재서, 「도교의 샤머니즘 기원설에 대한 재검토」, 『도교문화연구』Vol.37(2012) 165~183쪽.
이공훈, 「유불선삼교합일사상과 도교와의 관계 및 도교교단의 사회적 역할」, 『도교학연구』Vol.17(2001) 163~201쪽.
박찬호 , 「한국전통윤리 사상의 기저로서의 巫俗에 관한 硏究」, 『동양종교학』 Vol.1 (1991) 51~70쪽.
이호재, 「한국 신종교사상에 나타난 무교적 요소 : 동학과 증산사상을 중심으로」, 석사학위논문(가톨릭대학교 대학원, 2001.8).
오정남, 「증산교와 무속 : 그 상관관계를 중심으로」, 석사학위논문(한국학중앙연구원 한국학대학원, 2005.8).
차옥숭, 「新宗敎와 巫의 관계에 대한연구 : 종교경험을 중심으로」, 『新宗敎硏究』 제9집 (2003. 12), 韓國新宗敎學會, 41~67쪽.
유경환, 「동학가사의 무속 사고 수용 양상」, 『韓國民俗學報』제5호, 韓國民俗學會, 93~111쪽.

형성하고 있었고 그 전통은 중국의 도교 내에 여러 흔적을 남기고 있다. 중국과 달리 이 전통은 한반도에서도 비조직적 원형의 모습으로 유구한 세월을 따라 전승되다가 그 일부가 좌경무로 정착되는 여정이 확인되기도 한다.

원불교 일화연구도 이런 신종교 연구의 흐름에 예외일 수 없다. 그 상관성을 열어두고 민속학적 관점으로 처사일화를 검토할 필요가 있다.

처사(處士)초빙과 신장(神將) 강림, 육정육갑(六正六甲) 등의 요소는 도교, 증산교를 비롯한 당대의 신종교 및 한국의 민간신앙에 두루 관련이 있어, 어느 한 문화소를 특정하여 비교하기가 쉽지 않다. 시각을 달리하면 일화는 이를 가려낼 수 있는 단서를 일부 제공하고 있다. 터부에 관한 것은 그 중 먼저 살펴볼 부분이다(단락 13, 14). 초상이나 해산의 부정은 민간신앙에서 어렵지 않게 접하는 민속적 금기사항이다. 일화와 관련된 이 터부는 동네의 제사를 지낼 때나 집안의 제사를 지낼 때나 두루 적용되는 금기사항이다. 이런 금기는 아래의 경우에 주로 해당이 된다.

1. 동네에서 동제를 지낼 때 제관을 선정할 때나 동제 기간 중에 이런 금기사항을 위반해서는 안된다.
2. 법사(法師), 판수가 동네를 다니며 안택(安宅), 독경(讀經)을 하며 정성을 들일 때 이 금기는 엄격히 지켜진다.
3. 무당이 제가집에서 굿을 할 때 이런 금기는 중요하다.

금기 1의 경우는 처사시험하기와 무관하다. 보통 제관은 생기(生氣)복덕(福德)을 가려 선정을 하는데 이때 철저한 금기사항이 지켜진다. 의례 기간 동안에 동네에서 일어나는 해산이나 문상은 엄격한 금기의 조목이다. 처사시험하기의 금기는 이와 거리가 있다. 금기 3의 경우는 당골이나 선굿의 경우에 해당된다. 이들도 제가집을 방문해 굿을 할 때 해산(解産)

과 상문(喪門)의 금기를 꺼려한다. 이들의 굿은 무구(巫具)를 동원해 무가(巫歌)와 무무(巫舞)를 곁들이며 다양한 연행을 실행한다. 그러나 일화는 주문을 외거나 홀로 독송(讀誦)을 했다고 되어있어 거리가 있다고 판단된다. 초상·해산의 금기와 독송의 조건에 부합하는 경우는 2번의 민속 문화다. 법사나 판수는 안택이나 독경을 주로 하는 독경 무속집단이다. 이들은 앉은굿으로 확장되어 당골이나 선굿과 동등한 역할을 해왔다. 특히 정성과 순결이 중요한 독경주문 신앙형태는 다른 무속의 형식과 달리 터부에 예민하다.

일화의 문화적 배경은 이 터부의 문제로부터 실마리를 풀 수 있는데, 부친과 처사가 실시한 의식은 터부와 금기가 통용되던 민간신앙의 한 부류였고, 그것은 경무(經巫), 좌무(坐巫) 등으로 불리는 앉은굿이었을 가능성이 있다. 앉은굿은 다양하게 호칭된다(여기서는 일화의 특징을 잘 드러내는 용어 '경무' 혹은 '좌무'를 사용하기로 한다).36) 좌무의 시각으로 보면 앞서 제기됐던 일화문학적 각색으로 인한 비틀림이 해결될 가능성이 있다. 먼저 좌무에 대한 개괄을 정리한 후 분석을 해보자. 하지만 이는 비교 단계의 시론에 불과하다. 좌무는 매우 다양한 형태를 가지며 복잡한 무경을 갖추고 있다. 또한 굿을 할 경우는 복잡한 연행의 과정도 겸행한

---

36) 서대석은 무당을 굿무, 경무로 나누었는데(서대석, 「경무고」, 『한국문화인류학』1집(1981), 한국문화인류학회) 소위 선굿과 앉은굿을 이른다. 앉은굿인 경무는 독경과 점사 및 굿을 할 수 있는 사람이고 그 연원은 고려대의 맹격에 까지 이른다(이능화, 이재곤 역, 『조선무속고』(서울: 동문선, 1991)/ 손진태, 「맹격고」, 『손진태선생전집』 2권(서울: 태학사, 1981)/ 손태도, 「서울지역 맹인독경의 역사와 그 특징」, 『역사민속학회』 22집(서울: 민속원, 2006).
독경은 굿과는 달리 독경자가 앉아서 경문을 낭송하므로 '좌경(坐經)'이라고도 한다. 독경을 행하는 독경무는 경장이·경객(經客)·판수·법사(法師)·장님·복사(卜師)· 점복·점사·경장·경사(經師)·독경자(讀經者)·독경사·신장(神將)·신객(神客)·술객(術客) 등 지역에 따라 여러 명칭으로 나뉜다. 앉은굿은 오늘날 강원도, 충청도, 전라북도 일대에 주로 전승되고 있다.

다. 본격적인 좌무와의 비교연구는 추후의 과제로 미루어야 할 사안이다.

앉은굿은 보통 집안에 우환이 있거나 누가 많이 아픈 경우에 이를 귀신의 조화로 보고 이 귀신을 퇴치함으로써 문제를 해결할 수 있다는 방식으로 진행된다. 이 경우 사례에 따라 절차에 차이가 있겠으나 보통은 다음의 절차를 밟는다.[37]

** 좌무 혹은 경무 절차

1. 집안에 문제가 생기면 이를 해결하기 위해 법사를 초청한다. 이때 초청된 법사는 일의 정도에 따라 둘 혹은 셋 이상이 일을 병행한다.

2. 법사를 초청할 때는 일정의 사례를 예산하고 있지만 이에 대해 구체적인 액수나 양을 논하지 않는다. 법사는 이에 대해 일체 언급을 하지않고 일을 끝내고 주는 대로 받아 나온다.[38]

3. 초청된 법사는 위목을 설위하고 의식용 음식을 미리 장만케 한다. 복장을 정결히 하며 식구들에게도 목욕재계하고 정성스런 마음가짐을 갖도록 당부한다.

4. 굿의 기간은 3일, 5일, 7일까지 길어지는 경우가 있고, 신풀이의 경우 더 길어질 수 있다.

5. 사안에 따라 송경의 내용이 다르게 경을 왼다. 경을 외울 때는

---

37) 이 부분은 필자의 답사를 기반으로 했고 안상경의 「귀신착수연행 양상」, 『앉은굿 무경』(서울: 민속원, 2009)와 임승범의 「충남 내포 지역의 앉은굿 연구 : 태안 지역을 중심으로」, 석사학위논문(한남대학교 대학원, 2004) 등의 연구를 종합 정리한 것임.

38) 사례는 집안의 사정에 따라 주는 것이므로 집집마다 다를 수밖에 없다고 한다. 또한 사례를 하는 정신은 정성껏 하는 것으로 서로 신뢰를 가지고 있다고 알려졌다. 또한 순수한 정성을 들여야 일이 해결된다고 믿기 때문에 계교가 없다고 본다. 보통은 쌀이나 보리 뒷박이 고작이고 많으면 보리 말섬 정도도 받는다(필자의 답사). 사제로서 그 역할을 운명적으로 하며 한편으로 치병과 초복의 사명감도 가진다고 한다. 다만 신풀이의 경우 액수가 커지고 일정한 계약이 성립할 수 있다.

북과 징을 박자에 맞추어 치면서 청을 고상하게 내면서 진행한다. 경문은 지역에 따라 법사에 따라 다양하고, 많은 경문집 성과 연구가 이루어지고 있다. 중요 경문은 옥추경, 팔양경, 다라니경, 칠성경 등이다.

6. 경문을 외는 순서는 일에 따라 다르다. 각 거리를 거리 혹은 석으로 부른다.

7. 거리가 끝날 때 혹은 필요에 따라 신내림을 통한 신탁을 진행한다. 기능별로 조상대, 성주대, 천존대, 신장대 등 다양하다. 이 중 신장대가 중요하기 때문에 가장 크다. 이를 통해 육정육갑을 비롯한 각종 신장들이 하강한다. 신장대를 잡은 이를 대잡이라고 한다. 법사가 경을 읽고 있는 동안 대를 잡은 손이 떨리게 되는데 이것을 두고 신장이 내려왔다고 한다. 그러면 법사는 이 대잡이에게 신탁을 묻는다.[39]

8. 굿이 끝나면 굿에 사용한 도구는 일체 소각을 하고 법사는 사례를 받고 즉시 제가집을 떠난다. 3일 굿은 혼자 하기도 하지만, 5일 7일 굿은 혼자 할 수 없다. 경은 한시도 중지되지 않고, 굿을 하는 내내 이어져야 하기 때문이다.

좌무는 오늘날 충청도 지역에서 그 잔존형태를 찾아볼 수 있다. 이에 대한 연구도 상당히 축적되었으나 심도 있는 연구가 여전히 요구되는 상황이다. 좌무 1의 경우 초빙이 성사되기까지는 번다한 절차와 긴 시간이 소요되기도 한다. 즉 문제가 발생하고 문제를 해결하기 위한 점사와 치유 처방 등이 장시간에 걸쳐 신중히 이루어진다. 좌무 4의 경우 3일은 낮·밤·낮을 의미해서 하루를 2일로 간주한 것이다. 즉 3일 굿은 1박 2일 동안의

---

39) 이때 병에 대한 처방이나 문제점 혹은 해결점 등을 풀어내게 한다. 대잡이를 통한 신내림은 굿을 하는 내내 여러 차례 시행하며 결국은 신장이 내려와 문제를 일으킨 귀신을 잡아 가두는 것으로 굿을 마무리한다.

굿 기간을 의미한다.

좌무 5의 경문에 대한 언급은 일제의 학자에 의해 먼저 이루어졌다. 무라야마 지준은 명당(明堂)경, 옥추경(玉樞經), 덕담(德談)경, 해원(解寃)경, 보신(補身)경, 안택(安宅)경, 천수경(千壽慶)....명당환회경 까지 총 98개의 경문을 소개하고 있다.[40] 한편 진정한 경문을 온전히 모은 김진영의 충청도 무가는 옥추경 등 20편을 소개했다.[41] 경문은 법사들마다 각각 다르게 전승되고 있어 명확한 규칙을 찾기가 어렵다. 근래 독경 관련 자료를 집대성 한 것으로는 김혜승의 해동율경집이 무려 120여 편이 넘는 경문을 수록하고 있다.[42] 무라야마 지준이 극히 일부의 경문만 부록에 소개한 것과는 큰 차이가 있다. 독경 녹음을 같이 실은 집성작으로 <토속경문대전집>이 있다.[43]

좌무 6의 굿거리는 다양하다. 그 중 병굿의 실례를 들어보면 다음과 같다.

1998년 충북 제천시 염의춘 병굿의 예[44]
제차 1일; 안택굿; 조왕굿/터주굿/성주굿/제석굿/조상굿
재차 2일; 병굿; 신장청신경－신장대가림－신장축사경－역신잡
이－대수대명－백살풀이－신장송신경
재차 3일; 재차 1일과 동일진행

---

40) 무라야마 지준, 최길성 역, 『조선의 무격』(서울: 민속원, 2014).
41) 김진영, 『충청도의 무가』, (서울: 형설출판사, 1976).
42) 김혜승, 『해동율경집』, (서울: 선문출판사, 1984).
43) 박성복, 『토속경문대전집』1~4, (2013). 이 자료집은 경문책 13권과 CD 8장으로 구성되어있다.
44) 안상경, 귀신착수연행 양상, 『앉은굿 무경』, (서울: 민속원, 2009), 273~4쪽. 여기서 진행한 병굿에 대한 설명을 안상경은 다음과 같이 한다. 병굿은 적어도 사흘 이상 소요되는 큰 굿이며 무엇보다도 현대적인 의술로 치유할 수 없는 극한의 정신질환의 치유에 초점을 맞추고 있는 실정이어서 '연행의 비밀유지'라는 새로운 제의 환경이 조성되어있다고 했다.(안상경, 같은 책, 273쪽 각주 10)

굿의 순서는 병의 정도에 따라 지역별로 일정치는 않으나 안택—
병굿—안택이나 축원—병굿—해원의 순서를 밟는 것이 보통이다.

일화에서 중요 대목을 차지하는 좌무 7의 경우 대잡이는 환자나 집안의 어느 한 사람이 하는 것이 보통이다. 아니면 동네에 대잡이를 잘하는 사람이 있기 마련인데, 이 사람이 담당하기도 한다. 그런데 대잡이에게 신이 내리지 않을 경우 가끔 시간이 걸리기도 한다. 이때 해산·초상의 이유로 인해 의식장소를 바꾸는 경우가 있다. 이 경우 이 사람 저사람 돌아가면서 대잡이를 시키기 때문이다. 그러나 어떤 경우이든 신이 내리지 않는 경우는 없다고 한다. 중요한 점은 신이 내린 상태의 신탁이다.

좌무의 절차에 따라보면 일화와 거의 모든 부분이 서로 부합함을 알 수 있다. 먼저 경무 절차 1의 경우와 산중처사를 초청했다는 점은 좌무의 전통에 부합한다. 그러나 초청된 이유가 무엇이고 해결점이 무엇인지는 생략되었다. 다만 '사제(師弟)의 례'를 취한다는 점을 주목하면 이 굿은 신풀이가 되어야 한다. 그렇다면 처화는 일종의 무병 혹은 신병이 들었고, 이에 대한 처방이 입무의식을 해야 하는 절차였음을 의미한다. 즉 일화는 '신풀이'를 배경으로 한 가능성이 있다.[45]

경무 절차 2번은 일화 내용과 달리 당시의 관례에 따른 절차였음을 추정할 수 있다. 당시 한우 1두는 오늘의 한우 1두보다는 상대적으로 값어치가 높았을 것이다. 오늘도 내림굿은 다른 굿보다 규모가 크고 노력이 많이 들기 때문에 경비가 많이 든다. 이 부분 상당한 사례를 요한 의식으

---

45) 일종의 내림굿으로 좌무의 경우 이 용어를 사용한다. 이 신풀이는 보통의 내림굿과 종류와 양상이 매우 다르다. 특별한 학습과정과 역량 및 사제관계가 요구되기 때문이다.

로 이해될 수 있다.[46]

절차 3 위목(位木) 진설(陳設)의 절차는 처사일화에서 이야기의 주제와 무관하여 생략되었을 것이다. 오늘날 좌무의 경우 설위(設位)설경(說經)은 기본적 형태다. 의식에 필요한 장식, 연행에 소요되는 도구 및 음식과 의식상을 두루 마련하였을 것이다.

서사단락 11에서 처사는 종야(終夜) 독송을 하였다고 했는데, 보통 법사는 내림을 위해 며칠짜리 굿을 진행한다. 그리고 그 방법은 송주(誦呪)의 방법이고 특히 내림굿의 경우 옥추경을 비롯한 특별한 경문을 장시간 외우게 된다. 적어도 3~5일 굿이 진행되었을 것이다. 이처럼 절차 4, 5, 6의 경우 굿의 기간은 적어도 5일 혹은 7일의 굿으로 보여지는 데 보통 내림굿을 하는 기간과 일치한다. 해산과 초상의 터부를 언급하며 방을 바꾼 점은 이런 장기간 굿의 일정과도 연결이 되는 듯하다. 그러나 굿의 절차가 그만큼 어려웠다는 의미로도 읽히고, 또 실제로 신풀이가 원만히 이루어지지 않았을 가능성도 있다고도 보여진다. 최악의 경우는 굿이 마무리되지 못한 채, 즉 내림이 완성되지 않은 채 끝났을 가능성도 배제할 수는

---

[46] 한우 관련 자료는 다음의 자료(서울신문 기사(2008.12.18))가 신빙성이 있다. 이 자료에 따르면 소 한 마리의 가격은 지금보다 낮게 책정되었으나 상대가치는 다를 것으로 판단된다.
제목; 일제시대 한우이력서 첫 발견; 일제시대 꼼꼼하게 한우의 이력을 관리해온 문서가 발견됐다.소유주,성별,연령,등급,출산,소유 이동경로, 소값 등이 꼼꼼하게 적혀 있다. 대규모 축산업자의 관리 목적 또는 일제의 '조선이출우(朝鮮移出牛)'와 같은 수탈과 관련된 문서로 추정되고 있다. 한국토지공사 토지박물관(관장 조유전)은 1913년부터 1934년까지 경상북도 영천지역 개별 한우(韓牛)의 이력을 자세히 정리한 '축산우문서'(畜産牛文書) 뭉치를 최근 입수했다고 밝혔다. ....이뿐 아니다. 당시 소의 가격을 추산해볼 수 있는 내용도 담겨 있다. '매곡동 덕동댁 1918년산 암컷 황우 1필은 1921년 61원 주고 샀는데,1922년 8월 암송아지를 낳고,1924년 가을 수송아지를 낳았다.' 박물관 측은 "1921년 현재 암컷 한우 값 61원을 금값 기준으로 환산해 보면 158만 원가량 된다."면서 "현재 암소 시세는 두당 460만 원이므로 약 3배 정도 차이가 난다고 추산해볼 수 있다."고 말했다....

없다. 그러나 필자가 만났던 수많은 무당과 법사들과 한 인터뷰 결과, 그런 경우는 단 한 번도 경험한 바도 없고, 들어본 바도 없다고 하였다. 정상적으로는 발생치 않는 경우라고 단정할 수 있다.

절차 7은 육정육갑을 부르고 신령을 눈앞에 보일 수 있다는 부분이다. 법사는 신령을 불러 일을 해결하는데 전공자이다. 그리고 불러내는 신령 육정육갑은 중요한 앉은굿의 신령으로 일반화되어있는 것이다. 이들을 불러 보이는 것은 상식이다. 처사일화 중 '눈앞에 불러 보여라'의 표현은 일화적 각색의 기법이 사용된 것으로 보여진다.

좌무에서 신장부르기는 당연한 절차에 해당된다. 그러나 이는 신장대라는 매개를 통해 눈앞에 보여진다. 즉 주문을 외다보면 신장대를 잡고있는 사람의 몸이 떨리면서 신장대가 같이 떨리는데 이 순간 신장이 나타났다고 인식되는 것이다. 이때 무당은 신장대를 잡고있는 당사자에게 어떤 신인가를 묻고, 또 일의 해결을 위한 신탁을 묻는 식의 절차로 진행된다. 이런 절차를 모르는 상황에서 '신장을 불러내라, 눈앞에 보여라' 하는 식의 표현은 제 삼자로서 이해하기 힘든 내용이다. 그러나 그 표현이 전혀 틀린 것은 아니다. 오늘날도 '신장을 부른다'는 식의 표현을 즐겨 쓰기 때문이다. 표현에 따라서는 '눈앞에 불러내라' 식의 발언이 가능한 것이다. 그러나 이는 주인공의 능력을 드러내기 위해 사용한 일화적 표현이었다.

육정육갑은 원래 도교에서 비롯되었으나 이를 담는 문화기제가 없는 상황에서 무속과의 혼유가 자연스레 이루어졌다.[47] 고려를 지나 조선조 충청

---

47) 박찬호, 「한국전통윤리 사상의 기저로서의 무속에 관한 연구」, 『동양종교학』, Vol.1 (1991), 51~70쪽.
　　김철순, 「고려자기에 나타난 한국무속, 도교, 불교, 유교의 마음」, 『선미술』. 7 ('80.9) 선미술사, 30~37쪽.
　　김윤경, 「조선후기 민간도교의 전개와 변용 : 동학 증산교를 중심으로」, 『도교문화연구』 제39집 (2013. 11), 한국도교문화학회, 99~123쪽.

도 일대와 계룡산을 중심으로 한 앉은굿의 확산은 도교를 수용한 형태로 발전을 한다. 좌무에 도교경문이 다수 등장하는 것은 여기에 근거한다.[48]

'사제의 례'에 대한 언급도 살펴야 한다. 보통 병굿, 재숫굿이나 천도굿 등을 할 때 이런 표현은 없다. 또 제가집은 법사에게 당돌한 질문을 하지 않는다. 더구나 미래 자신의 스승이 될 수 있는 자에게 맹랑한 발언은 있을 수 없다. 제가집에 온 처사는 모든 일을 주도적으로 진행한다. 제가집의 당사자와 신령 통령의 문제나 육정육갑의 문제를 논하지 않는다. 대체로 제가집의 해당 환자는 수동적으로 처사나 가족이 시키는 대로 순순히 따를 뿐이다. 집안의 어른들이 이미 정해놓은 절차를 밟아야 할 당사자가 왈가왈부할 수 있는 개제가 아니다.[49] 거액이 들어간 의식이 성공되어 병이 잘 낳을 수 있도록 정성을 모으는 것이 제가집이 가지는 상식적 자세다. 그리고 모든 굿이 끝나면 경무들은 신속히 뒷정리를 하고 뒤도 돌아보지 않고, 또 인사도 없이 떠난다. 마치 도망가듯이 집을 떠나는 것이 상

김용휘, 「한국선도의 전개와 신종교의 성립 : 왜 한국에선 도교 교단이 성립되지 않았는가」, 『동양철학연구』. 제55집 (2008년 8월), 동양철학연구회, 139~167쪽.

정재서, 「도교의 샤머니즘 기원설에 대한 재검토」, 『도교문화연구』, Vol.37(2012) 165~183쪽.

48) 임승범, 「충남내포지역의 앉은굿 연구」, 석사학위논문(한남대학교 대학원, 2005), 82~114쪽.

신상구, 「태안지역 무속문화연구」, 박사학위논문(국제뇌교육종합대학원, 2011), 103~120쪽.

권태효, 「서울지역 맹인독경의 역사와 그 특징」, 『역사민속학』22집(2006), 338~398쪽.

정재서, 『한국도교의 기원과 역사』, (서울: 이화여대출판부, 2008), 69~92쪽.

안동준, 「고조선 지역의 무교가 중원 도교문화에 미친 영향, 북방계 신화의 신격유래와 도교 신앙」, 『한국도교문화의 탐구』(서울: 지식산업사, 2008), 11~38쪽.

49) 이 부분은 처화의 능력을 과하게 표현하여 일화의 긴장도를 높이기 위한 것이었다. 그렇기 때문에 처사의 답변이 어색하게 처리되었다(단락 8). 멀리서 초청되어 온 스승이 미래 제자의 맹랑한 자세와 언사를 놓고 아무렇지도 않은 듯 넘어간 점은 정상적인 화법이 아니었다.

례다. 그것은 고래로 전승된 관례로서 귀신의 조화를 두려워해서 인듯하다. 절차 8의 경우를 이를 일화에서는 월담도주로 표현했던 것이다(단락 16).

6. 처사시험 일화의 원형 재구 및 마무리

일화문학적 검토는 일화의 가치와 함께 후대의 각색으로 인한 서사논리의 모순을 지적하였다. 이를 설명하기 위해 민속학적 분석을 가했고, 그 과정에서 지적된 서사의 비틀림이 설명되었는데 이를 바탕으로 다음과 같이 처사일화 서사단락의 원형을 정립할 수 있다. 앞서 3장에서 정리한 일화의 서사의 나열 번호에 기준으로 하면 다음과 같다(이를 '처사시험일화 수정본'이라 칭함)

1. 처화에 병이 생기자 사람을 보내어 산중처사를 초빙한다(이 처사와는 일정의 신뢰가 확인된 상태이다.).
2. 처화의 부친은 처사에게 모종의 의식(신풀이 사제의식)을 부탁한다(내림굿).
3. 처사는 자기에게 공부를 배운다면 큰 능력을 얻게 됨을 알고 있다.
4. 부친은 처사에게 상당한 사례를 예상한다.(혹은 농우 1두를 예상)
5. 부친 처화를 불러 처사와 대면케 한다(사전 동의가 선행됨).
6. 처화는 처사와 사제의 의를 맺기로 되어있다.
11. 처사는 정한 방을 마련하고 평소 하는 주문을 밤새 외운다.
12. 그러나 부르는 신장이 좀처럼 오지 않는다.
13. 처사는 동네의 우환이나 제장 방의 부정 등을 들어 방을 바꾸어달라 한다.
15. 방을 바꾸어 다시 시도한다.
16. 원만히 끝났거나 혹은 결과가 만족치 않았다.

'처사시험일화 수정본'은 앞선 3장의 일화 서사단락 중 단락 4, 6번과 16번의 내용은 약간 변경되고, 7, 8, 9, 10과 14의 부분은 모두 빠졌다. 단락 7, 8의 '대면 및 예를 차리지 않은 부분', 단락 9, 10의 '시험하는 부분', 단락 14의 '처화 실망의 부분'은 순수한 추가적 편집이며, 단락 4와 6의 '상당한 사례'와 '조건부 사제의 예' 및 단락 16의 '도주의 부분'은 약간의 수정이 가해진 각색의 결과였다. 이는 처화가 유능하고, 처사보다 한 수 우위에 있다는 점을 드러내기 위해 각색을 가한 일화의 서술미학이다. 이 부분을 뺀 나머지는 순수한 사실과 정보로 간주될 수 있다.

그러나 모든 단락이 온전한 정보라 단정하기는 아직 이르다. 예를 들어 사례로서의 농우 1두는 그 정확도의 문제가 남아있고, 이를 통해 사안의 심각성과 의식의 규모를 측량할 수 있는 여지도 남아있기 때문이다. 이런 문제는 단락 1, 3, 6, 12, 16 등도 마찬가지다. 가령 단락 1의 '산중 처사'라는 용어 해석의 경우는 통상 법사(法師)나 무당 혹은 경객(經客) 등 당시의 용어를 사용했어야 하는데, 유·불·도에서 두루 사용하는 용어가 되어 모호함을 드러냈다. 해석의 여지가 남아있는 부분이다. 용어의 각색에서 법사와의 관련성을 두루 살펴야하는 문제다. 12의 경우, 신장 현현의 문제는 도교적 술책과 신종교 특히 증산교와의 관련성이 있어 설명되어야 하기 때문이다.

일화는 많은 정보를 제시한다. 일단 처사를 초빙하고, 방을 정하게 하고, 평소의 외우는 경을 독송하고, 그것도 밤을 새워 할 뿐더러 그 목적 중의 하나가 신장을 불러 문제를 해결하려 한 점은 현재의 민속지식으로는 좌경무와 연결된다. 더구나 사제의 예를 언급한 점은 법사의 입무의식에 해당되는 것으로 보여진다. 신장 부르기가 여의치 않자 부정을 이유로 방을 바꾼 일도 여전히 오늘날 초래되는 좌무의 한 과정이다. 결과적으로 일화는 좌경무의 절차와 매우 일치하고 있음이 밝혀졌다. 그리고 이 의식은 좌경무의 입무의식에 상당하는 절차를 보여주고 있다고 할 수 있다.[50] 그러나 앞서 누차 밝혔듯이 일화의 좌무 상관성을 확정하기는 이르다. 자체의 비교분석이 느슨할뿐더러, 신종교에 두루 나타나는 유·불·선의 영향 관계를 더 살펴야 하는 과정이 남아있기 때문이다. 이 점은 추후의 과제로 남긴다.

대체로 신종교는 선후천 교차기 원시반본의 새 판을 예고한다. 많은 학술적 연구는 사상적 비교를 통해 그 핵심적 원리를 규명하고자 하는 노력을 경주하는 중이다. 인류가 남긴 시원사상이라 할 수 있는 자연신앙과 무속에의 관심은 당연하고 주요한 연구의 대상이 되어야 한다. 본 고가 소외되었던 이 방면 연구의 새로운 동기유발이 되고, 나아가 신종교연구의 사상적 지평을 더욱 넓힐 수 있는 단초가 되었으면 하는 바람이다.

---

50) 그러나 이 입무의식은 절차와 방법이 오늘의 그것과 많이 다르다. 좌무의 경우는 강신무와 달리 더욱 그랬고, 그 입무식이 가지는 부정적 사회 인식정도도 지금과는 큰 차이를 가진다. 호구지책의 방편과 무병 퇴치라는 운명적 방편(대부분이 여기에 해당됨) 외에 독경 신앙의 전통과 수행의 방편 그리고 도교적 구도자의 수도 방편 등 다양한 가능성이 열려있다. 이에 대한 추후의 연구가 요구된다.

** 후기; 필자는 2016년 4월 13일 신종교학회 편집위원회로부터 심사개요 및 총평을 전달받았다. 심사자들의 일부 수정사항을 가능한 수용하여 수정을 하였다. 다만 심사자 중 한 분의 평에 대해서는 변이 필요하여 부기하는 바이다. 다음의 지적사항이 있었다.

"처화라는 인물이 병을 앓았는데 그것이 곧 무병(신병)일 수 있으며, 입무의식이나 내림굿이 결국 제대로 행해졌을 수도 있었다는 결론의 내용으로 읽혀진다면 소태산대종사라는 인물에 대한 자칫 폄하된 시선이 성립되지 않을까 하는 부분입니다. 논문 주제가 무속상관성에 대한 연구라 할지라도, 서론·결론 부분에서 이러한 오해의 소지가 없을 수 있도록 내용적 서술에 재고가 되길 바랍니다."

밑줄은 필자가 강조를 위해 그은 것이다.

우선 필자는 학술적 연구의 일환으로 임했고, 학문적 자세를 견지하였음을 밝히며, 추호의 폄하 의도를 가지지 않았음을 밝힌다. 오히려 논문의 결과는 원불교의 사상적 지평을 넓힐 수 있는 단초를 마련한 긍정적 평가가 가능하다.

또한 위의 심사평은 자칫 학문의 자율성과 고유성을 간섭하는 인상을 받을 수 있다는 생각이 들어 지적한 '내용적 서술에 재고'를 수용할 수 없었음을 밝힌다.

Ⅲ. 소태산의 구사일화 분석과 백학명과의 관계 연구

— 일화 '부처를 시험한 일' 중심으로 —

1. 머리말

소태산의 구사고행기는 스승을 다방면으로 구했던 시기이며 또한 본격적인 수행의 과정에 해당된다. 장가를 든 후 나이가 차서 이루어진 이 과정은 실로 진지하고도 밀도 있는 시간이 아닐 수 없다.[1] 구사고행의 연구가 중요한 것은 여러 관점과 이유가 있겠으나 우선은 소태산의 사상과 포부를 온전히 이해하는데 필수적인 관계가 있기 때문이다. 원불교 교학과 사상 연구의 바탕이 되고 출발점이 되기도 한다. 구사고행이 끝나고 길지 않은 입정상을 마치고 대각을 이루자 곧바로 새회상 건설의 숨가쁜 행적을 이룬다. 이때 보여준 소태산의 역량은 각 전 구사고행 당시의 풍부한 경험과 지식을 토대로 한다. 특히 회상의 초기단계이자 반석이 되었던 방언상과 제법상의 과정에서 그 진면목이 드러난다.[2]

---

1) 원불교학과 원불교사 연구에서 구사고행 과정에 대한 관심과 분석이 긴요한데도 연구의 진척도는 미진하다. 여러 가지 이유가 있겠지만 우선 꼽아지는 것은 현저히 부족한 자료의 한계에 있다. 또 한 가지는 교학연구가 주로 사상적 분야로 치우친 경향에 머물러 다양한 시도를 하지 않기 때문인 듯하다.

2) 정산은 소태산 대종사의 일생을 십상(十相)으로 설명하였다. <정산 종사 법어> 기연편 18장에 '첫째 하늘보고 의문내신 상(觀天起疑相), 둘째 삼밭재에서 기원하신 상(蔘嶺祈願相), 셋째 스승 찾아 고행하신 상(求師苦行相), 넷째 강변에서 입정하신 상(江邊入定相), 다섯째 노루목에서 대각하신 상(獐項大覺相), 여섯째 영산 앞에 방

구사고행에 관련된 자료가 부족한 것은 사실이지만 남아있는 것들을 모아 세심하게 살펴볼 때 그 이상의 사실들을 알아낼 가능성이 없지 않다. 여기서는 남아있는 일화 중 불교와 관련된 것을 살펴보았다. 소태산의 사상은 불법과 특별한 관계를 맺고 있고 소태산 스스로 석가모니를 본존으로 모신다고 했다. 원불교는 초창단계부터 '불법연구회'라는 명칭을 사용하며 불교스님들과 깊은 인연을 맺기도 했다. 그러나 그 관계가 어디서 비롯되었는지 살펴본 과정이 미흡했다.

먼저 불교 관련의 일화를 소개하고 그 의미와 내용을 분석했다. 나아가 처화가 불교와 어떤 과정을 거쳐 인연을 맺었는지를 살피고, 이 과정에서 드러나는 관련 기록에 보이는 서로 다른 입장에 대한 검증도 병행하기로 한다. 논의 과정 중 드러나는 미비점들은 이후 진척된 연구를 기대하기로 한다.[3)

2. 부처시험 일화 분석 ─ 그 의미와 내용

박용덕은 월말통신 27호 전음광의 기록을 인용해 다음과 같이 정리했다.

> "사찰 방문;
> 여름철 피서차 처화는 모 유명사찰에 갔다. 법당에는 대형의 황금 불상이 모셔져 있고 승려들이 그 앞을 지날 때면 머리를 조아리

언하신 상(靈山防堰相), 일곱째 혈인으로 법인받은 상(血印法認相), 여덟째 봉래산에서 제법하신 상(蓬萊制法相), 아홉째 신룡리로 전법하신 상(新龍轉法相), 열째 계미년에 열반하신 상(癸未涅槃相)이시니라'하였다.
여기서 사용된 구사고행, 방언상, 제법상은 이들 용어의 약칭으로 사용하였다.
3) 본고의 내용은 일부 <원광>지 '구도역정기'에 연재한 바 있다(2014년도). 자료를 한 데로 모아 정리할 필요가 있다고 판단하였다.

고 지나갔다. 또 그들의 조석예불이며 점심공양(사시마지(巳時摩旨))은 마치 효성스런 아들이 생부모를 봉향함과 다름없이 지극정성이었다. 처화는 처음에 이 우상을 불신하였으나 그들의 존경하는 분위기에 싸여 과연 그에게 어떠한 영험이 있는 것도 같아 자연 존엄한 생각마저 들었다. 처화는 그동안 수많은 경험을 통해 미신이라는 확신이 서졌기 때문에 심중에 '저것이' 하는 능멸하는 감정이 없지 않았다. 그리하여 이 기회에 일차 진실 여부를 시험해보리라는 결심이 서졌다.

승려들이 없는 틈을 타 처화는 홀로 법당에 들어갔다. 들어갈 때는 사뭇 가슴이 두근거렸다. 만일 우상에 영험이 있다면 그를 공격하는 나의 신상에 어떠한 벌을 주든지, 심하면 죽일 것이니 어찌 하랴는 공포심이 들었다. 그러나 이미 호랑이 굴에 들어온 이상 죽음을 무릅쓰고 시험하리라는 용단이 서졌다.

처화는 불상 앞으로 다가가 단도직입적으로 뺨을 치고 마구 허리를 쥐어박았다.

법당을 나오면서 처화는 몹시 떨었다. 가슴은 공포에 짓눌려 요란하게 고동쳤다. 돌아와 자리에 앉아도 계속 마음은 안정되지 않았다.

공포의 그날 해는 어느덧 서산을 넘었다. 심한 공포에 떨며 처화는 잠자리에 들었다. 다음날 아침 잠자리에서 일어나면서 문득 생각난 것은 어제 부처님께 저지른 그 일이었다. 죽을 일을 저질렀는데 어찌 내가 멀쩡하게 살아남을 것인가. 동시에 아무리 생각해도 내가 죽은 몸같이 여겨졌다. '내가 지금 이게 영혼인가, 참으로 살아있는 것인가' 생사여부를 판단할 수가 없었다. 그래서 옆에 있는 사람에게 물어보니 평소나 다름없이 응대를 한다.

비로소 살았다는 자신이 생겨 처화는 내심 이렇게 생각했다. '만일 부처가 영험이 있다면 치고 때리는 나에게 어찌 벌을 주지 않으며, 설사 자비심으로 보아 벌은 주지 않는다 할지라도 잘 때 꿈에라도 어찌 경책함이 없을 것인가. 벌도 없으며 경책도 없으니 우상은 과연 무력한 것이다. 이는 확실한 미신이다.'

소태산의 등상불 신앙에 대한 부정이 이때부터 확신이 섰다. 2천
년 전의 서가모니 부처님은 모른다 할지라도 현재 각 사찰의 우상쯤
은 의심할 여지가 없는 영험이 없는 물건이라 단정하였다."[4]

이 일화를 서문성은 다음과 같이 간추려서 정리하고 있다.

"내가 불상의 영험 진가를 실험하기 위하여 아무도 없을 때 법당
에 들어가 불상의 뺨을 때리고 허리를 쥐어박아 본 일이 있었다. 공
포심으로 자리에 돌아와 있다가 저녁에 잠이 들었는데 다음날 아침
어제 부처에 대하여 한 일이 생각나 부처가 벌을 내려 죽은 것인지
살아있는 것인지 몰라 같이 방을 쓰는 사람과 말을 해보고 그때서야
살아있다는 것을 알았다."[5]

사찰을 방문했던 일화는 실제의 경험에 근거했다. 소태산이 금강산을
다녀오면서 온정리 여관 주인의 독실한 신앙생활을 설명하면서 전한 소
태산의 경험을 전음광이 정리한 것이다. 박용덕은 그 체험의 사실 여부와
시기를 다음과 같이 적고 있다.

---

4) 전음광 기록 "독실한 신념은 인생의 행복이다", 「월말통신」 27호. 박용덕이 약간의
윤색을 가하였으나 원본의 내용과 차이를 보이지 않고 현대어로 되어있기에 이를
인용한다.
아울러 자료와 관련하여 심사자가 지적한 아래의 부분은 본 논문에서 다루고 있는
일화와 관련이 없음을 확인한다. 즉 '일화에 대한 상상력이 구체적인 현실성을 가지
려면 좀 더 치밀한 고찰, 자료섭렵이 필요하다고 본다. 초기 간행물에 나타나는 <종
화록> 등의 자료까지 고려할 것.'
'종화록'은 서대원이 회보 62호에 실었던 것으로 대종사의 가사 몇 편을 모아 소개
한 것이다. 소개했던 가사는 탄식가, 만장, 경축가, 권도가 등으로 수행에 관한 종교
가사다.
5) 서문성, 『대종사님을 찾아 떠나는 성지여행』, 1996, 168쪽

"오도 전 처화가 교회와 사찰을 방문한 것은, 1935년 6월 소태산이 금강산 여행에서 기독교신자인 온정리 금강여관 주인과 나누는 '신의 유무'에 대해 나눈 대화에서 그 일단을 찾아볼 수 있다. …… 이 일화를 실제상의 체험담으로 본다면 그 시기는 각 전 구사과정 중의 일로 보아야 할 것이다."[6]

소태산의 약사라 할 수 있는 '불법연구회 창건사'[7]에는 불교에 관한 일화는 소개되지 않고 있다. 정산은 여기서 다만 두 가지의 일화를 소개하면서 말미에 다음과 같은 추신을 붙였다. "우에 기록한 일화 2절은 오직 한 두 가지의 례만 든 것이니 제1절은 대종사 도사 만나고저 하실시 첫 번 경험의 일이요. 제 2절은 또한 그때의 많은 경험을 지낸 후의 일이다." 1절은 '거지에 둘린 일'이고 2절은 '처사를 시험한 일'이다.

정산의 기록 중 '오직 한 두 가지의 례만 든 것'에서도 알 수 있는 바는 많은 일화가 있었음을 의미한다. 여기 소개하는 부처시험이 그 중 하나이다. 여기서 한 가지 주목할 일은 그 순서에 대한 것이다. 소위 1절 '걸인도사 일화'와 2절 '처사시험 일화'는 구사의 출발부와 후반부의 예를 각각 대표로 든 것이다. 그렇다면 부처시험의 체험은 그 중간 어느 때쯤엔가 했다는 것으로 이해해도 될 듯하다. 구사의 기간이 16세 시부터 22세 시까지 즉 1906년부터 1912년까지 약 6년간 이루어지는 과정에서 어느 시기에 해당되는 것이다. 예배당을 방문했던 일화도 전하는데 아마 18~19세 때의 일이 아닌가 추정된다. 그리고 사찰과 예배당의 방문이 한 차례만 이루어진 것인지 아니면 수차례에 걸친 것인지 그리고 그 교류와 체류의 기간은 단기인지 장기였는지 모두 알 길이 없다. 단지 적어도 두 종교

6) 박용덕, 『원불교 초기 교단사』, 1권, 145쪽
7) 『교고총간』 제 5권, 1973년 원불교 정화사.

의 진면목을 모두 알아내는 데는 일정의 시간과 경험과 교류가 없이는 어려울 것이라는 추정은 자연스러운 것이다.

정산이 쓴 다음의 내용을 볼 때 처화의 구사에 대한 적극적인 자세와 열망을 충분히 인정할 수 있게 된다.

> "도사만나기로 전향하시었다. 그리하야 주소(晝宵)일넘(一念) 항상 도사 찾는대 그치사 가로에 이상한 걸인이 있을 시는 이것이 혹 도사가 아닌가 하고 반드시 청하야 같이 귀숙하기도 하시며 또는 어떠한 곳에 은사가 있다는 말을 들으실 때는 그것이 혹 도사가 아닌가 하고 반드시 방문도 하며 혹은 청하여다가 같이 지내시기도 하니 16세로부터 22세에 이르기까지 만 5개년간 그러한 무리의 연락이 실로 빈번(頻繁)하였다."8)

'그러한 무리의 연락이 실로 빈번하였다.'는 너무 많기 때문에 모두 적을 수가 없다는 말의 다른 표현이다. 또 은사의 소문을 듣게 되면 반드시 그 소재를 물어 찾아가 같이 지냈다하고 그렇게 만 5개년 간을 보냈다고 하니 그 열정과 정성과 노력이 실로 대단했던 것 같다. 남아있는 자료는 일천하나 그 여정은 실로 진지했던 것이다.

여기서 우리는 처화가 단지 호풍환우하는 가공적 도사만을 추구하였던가를 되새겨 봐야한다. 그렇지는 않았던 점을 이정재는 처화가 접했던 고소설 박태보전을 예로 들어 이미 논증을 하였다.9) 처화는 진정한 스승을 찾았던 것이다. 위의 불교일화가 약간은 우화적이며 압축적으로 표현되었지만 처화는 당시 불교에 대한 상당 수준의 인식과 지식을 가지고 접근하고 있었음을 놓쳐서는 안 된다.

---

8) 정산, 「불법연구회 창건사」, 박정훈 편, 『한울안 한이치에』, 1982, 원불교 출판사.
9) 이정재, 「고소설 박태보전 독자수용 일고찰」, 『원불교사상과 종교문화』 53권, 2012.

일화에 나오는 용어를 살펴보자. 사시마지(巳時摩旨)는 사시에 부처님께 올리는 공양을 '마지 올린다'고 하는데 공양은 쌀밥을 불기에 담아서 올리는 것이다.[10] 사시는 오전 9~11시를 가르킨다. 부처님은 평소 하루에 딱 한 번 오전에만 식사를 하셨다는데 훗날 제자들도 그 뜻을 받들어 오전 중 사시(오전 9시~11시)를 택하여 공양을 올리게 된데서 비롯된다. 신도들이 개인의 소원성취를 위해 공양은 새벽에 올려야 더 정성되고 효험이 있다는 인식으로 인해 새벽예불이 끝난 이른 아침에도 올리기도 하는데, 원칙적으로는 '사시'로서 대체로 10시 30분에서 11시 사이에 올린다. '마지'는 한자로 '마(摩)지' '마(磨)지'로도 쓰는데 글자 그대로 풀이를 하여 '맛있는 진지를 올리다' 즉 "정성스럽게 만든 공양을 올리오니 제 뜻을 감읍하여 주시옵소서"라는 뜻으로 이해되며 한자 마지(摩旨)는 산스크리트어 maghi('신단'의 뜻)와 관련이 있어 보인다.

조석예불은 스님들이 날마다 새벽 4시, 저녁 7시 무렵에 모두 법당에 모여 올리는 예를 조석예불이라 한다. 부처님께 절을 올리는 것을 예불, 예경 혹은 예배라고 한다. 예불이란 아침, 저녁에 올리는 문안인사와 같은 것으로서 진실 되게 몸과 마음과 입으로 부처님께 귀의한다는 예를 올리는 것이다. 그래서 아침, 저녁 예불 때, 지심귀명례(至心歸命禮) 즉 "지극한 마음으로 귀의합니다"로 시작하는 예불문을 독송한다. 온 절의 스님들이 한자리에 모여서 장엄하고 우렁찬 목소리로 부처님의 자비와 지혜를 찬탄하고 "부처님을 본받아 살아가겠다"라고 다짐하는 것이다. 이 광

---

10) 원본에는 사시마지에 대한 언급이 없으나 사시마지를 넣은 박용덕의 윤색은 내용의 전개상 자연스러운 것으로 보인다. 특히 '마치 효성스런 아들이 생부모를 봉향함과 다름없이 지극정성이었다.... 과연 그에게 어떠한 영험이 있는 것도 같아 자연 존엄한 생각마저 들었다. 처화는 그동안 수많은 경험을 통해 미신이라는 확신이 서졌기 때문에 심중에 '저것이'하는 능멸하는 감정이 없지 않았다.'의 부분은 이런 정황을 설명하는 단서가 된다.

경은 엄숙함과 경건함을 넘어 장엄함마저 들게 하는데 누구나 이런 광경을 보면 같은 감상을 느끼지 않는 사람은 없을 것이다.

이런 모습을 본 처화는 부처에 대해 느껴지는 감상이 자신이 찾던 도사의 이상형과 비교가 되었을 것이다. 부처가 과연 누구이길래 사람들이 저토록 경배를 하는 것일까 하는 심사가 일화의 문장에 잘 표현되어있다.

'마치 효성스런 아들이 생부모를 봉향함과 다름없이 지극정성이었다. 처화는 처음에 이 우상을 불신하였으나 그들의 존경하는 분위기에 싸여 과연 그에게 어떠한 영험이 있는 것도 같아 자연 존엄한 생각마저 들었다.'

자신이 찾던 도사상의 새로운 국면을 확인하는 기회가 되었을 것이다. 그러나 경배의 대상이 되었던 부처상은 능동적 존재가 아니다. 처화는 <조웅전>의 도승이나 충의화신 <박태보전>과 같은 내외 문무를 겸비한 실존의 인물을 찾고 있었던 것이다.[11] 처화는 부처가 무엇이든 다 들어주는 만능의 부처님이라 들었을 테고 그래서 스승만나기를 기원하였는지도 모른다. 그러나 그 결과는 막막했다. 점차 부처상은 실존의 존재가 아니기 때문에 우상이 아닐까 하는 의심의 마음이 같이 들었을 것이다.

'처화는 그동안 수많은 경험을 통해 미신이라는 확신이 서졌기 때문에 심중에 '저것이'하는 능멸하는 감정이 없지 않았다. 그리하여 이 기회에 일차 진실여부를 시험해보리라는 결심이 서졌다. ……

처화는 불상 앞으로 다가가 단도직입적으로 뺨을 치고 마구 허리를 쥐어박았다.'

이것을 놓고 불교와 진리에 대한 완전한 부정이라고 단정하는 것은 성급한 추론이다. 처화는 단지 부처상이라는 허상과 우상성을 확인하려 했던 것뿐 이었다. 이 행위는 여러 가지 상징적 의미를 가진다. 우상숭배의

---

11) 이정재, 앞의 논문. 2012.

미신적 신앙에 대한 비판일 수 있고 또 당대 불교의 폐단에 대한 불신일 수도 있다. 불교의 진리와 부처의 가르침에 대한 순전한 부정은 아니었음을 간과해서는 안 될 것이다.

여기서 한 가지 살펴볼 일은 시험했던 부처가 있는 장소는 어디였을까 하는 점이다. 서문성은 선운사 어느 암자일 것이라 추정했다.

"그렇다면 대종사가 부처의 뺨을 치고 허리를 쥐어박았다는 유명한 모 사찰이 과연 어디일까? 이 일화가 대종사 구도당시의 사찰에서 만들어진 일화라면 구도 당시 선운사 어느 암자에서 3일간 계셨던 일밖에 없으니 혹여 이곳의 어느 암자가 아니었을까? 하는 생각을 해본다."[12]

서문성이 선운사의 한 암자를 지목한 근거는 '대종사 구도당시의 사찰에서 만들어진 일화라면 구도 당시 선운사 어느 암자에서 3일간 계셨던 일밖에 없으니,'의 구절이다. 실제로 교사나 기록을 검토할 때 구체적인 절을 언급한 경우는 선운사밖에 없다.

그러나 일화의 기록은 사시마지와 조석예불을 했다고 하니 작은 절이나 암자 같은 장소는 아니었을 것이다. 또한 처화가 시험 당시 가졌던 심경과 비교할 때 대단히 큰 불안감을 느낀 것으로 미루어 큰 대웅전의 부처상을 시험했던 것에 더 상응된다. 또 아무도 없을 때 들어갔다고도 하니 예불이 끝난 한가한 때를 의미한다. 암자는 그렇지 않지 않은가. 이를 미루어 볼 때 작은 암자는 적어도 아니었을 것이다. 그리고 같이 방을 쓰던 사람에 말을 걸고 실감을 했다하니 홀로 머물거나 부처상을 한 방에 모시고 숙식을 하는 그런 장소는 아니었을 것이다.[13]

선운사의 암자에서 선운사 대웅전에 내려와 부처상 시험을 했었을 가능성을 배제할 수는 없으나 그 시기에 문제가 있다. 선운사를 방문했던

---

12) 서문성, 『대종사님을 찾아 떠나는 성지여행』, 1996, 도서출판 삼동윤리, 168쪽
13) 이는 다시 불교수행 중 숙식을 같이 했던 일을 상기시킨다. 이 부분 추후 검토함.

때는 연화봉 수행을 하던 구사 후기에 해당된다. 이때는 일체의 시험과 사상의 섭렵이 끝나고 마지막 입정상을 나투던 단계다. 즉 상당한 수준의 실력을 가추고 오로지 마지막 완성을 목전에 둔 상황인데 이때 부처상을 시험했다고 한 점은 순서에 어울리지 않는다. 그리고 선운사에 갔었던 기간이 짧고 당시 입정의 기간이었음을 감안할 때 연화봉과 같은 별도의 수행처 모색의 일로 절에 들렀을 가능성이 있다. 부처시험은 하느님 시험과 처사의 시험 중간에 위치했을 가능성을 앞서 살폈었다. 가까운 사찰을 두고 멀리까지 가야할 이유도 없었던 것이다. 처화가 선운사나 그 암자에서 부처상을 시험했다는 추정은 여러 정황상 재고해야 할 것이다. 뒤에서 진행될 보충 내용은 이 점을 더욱 보강할 것이다.

　부처시험의 일화는 '여름 피서차 처화는 모 유명 사찰에 갔다.'고 적고 있다. 피서차 갔다고 하면 놀러갔다는 말인데 과연 처화가 한가히 놀러가서 부처를 시험할 수 있겠는가 하는 점이다. 이 표현은 정산에 의해 윤색이 된 표현이 아닌가 한다.14) 더구나 내용은 피서 차 하루를 갔다 온 것이 아니라 여러 날을 머물렀던 것 같다. 사시마지의 과정을 유심히 관찰하다가 우상 숭배에 대한 비판적 안목이 일어나기까지는 최소 일정의 기간이 필요하다. 나아가 불교에 대한 해박한 지식이 전제되어야 할 수 있는 것이다. 예나 지금이나 절에 며칠을 머물려면 주지나 관리자의 승낙을 얻어야 하고 그 전에 그 신분에 대한 확인과 신뢰가 선행되어야 한다. 적어도 사전의 교감과 교류가 전제되어 있었어야 한다. 처화는 일정한 계획을 가지고 작정을 한 상태로 어떤 사찰에 머물렀을 것이다. 그 목적은 당연히 도승과 스승을 찾는 일이었겠지만 내용은 불교에 대한 공부가 주를 이루었을 것이다.

---

14) '한 때 불교수행을 하던 시절'을 '여름 피서차 사찰에 갔다'로 윤색을 한 것이 아닌가 하는 추정이 가능하다. 이 점은 뒤에서 설명이 보강된다.

서문성과 달리 박용덕은 부처시험의 장소를 불갑사로 보고 있다.

"사찰과 교회 방문; 구사과정 후기에 처화는 사찰과 교회를 찾은 일이 있었다. 이웃 면의 유서 깊은 고찰 불갑사에 찾아갔을 법하다. 각 후 소태산은 이재풍을 시켜 <금강경>을 구해오도록 한 일, 불갑산 용문암에 더러 내왕한 일(길룡리 제자들의 구술자료), 그리고 절 아래 마을 방마리 출신 학명스님과 후일 월명암에서 만나 교유하게 된 것도 우연한 일이 아닐 것이다."[15)]

그는 소태산 각 후 진행된 <금강경>과 백학명과의 인연을 들어 '유서 깊은 고찰 불갑사에 찾아갔을 법하다.'고 했다. 기록상으로 언급된 사찰은 위의 두 절과 변산에 있는 내소사와 월명암 등을 들 수 있다. 내소사와 월명암은 각 후에 맺었던 절로서 구사 시 부처시험과 연결시키기에는 너무 거리가 멀게 느껴진다. 불갑사가 위치한 거리나 각 후의 인연 등을 고려할 때 역시 부처시험은 불갑사와 관련이 있을 가능성이 짙다.

길룡리의 근처에는 대체로 어느 절들이 있을까를 살펴볼 필요가 있다. 인근의 근접성을 근거로 한다면 꼭 불갑사가 아닐 수도 있기 때문이다. 불갑사보다 북쪽으로 좀 더 먼 곳에 위치한 구황산 줄기인 수연산에는 수연사, 태청산 줄기인 마염산에는 봉정사를 우선 들 수 있다. 그리고 월암산 줄기인 모악산에는 불갑사가 있고, 그 근처에 불덕산에는 이홍사가 있다. 가장 가까운 곳으로는 불덕산의 서쪽으로 이어지는 구수산에도 예전에는 구수사를 비롯한 많은 절들이 있었다고 하나 지금은 흔적이 없고 절골이란 명칭만 남아있다.[16)] 위에 언급한 수연사, 봉정사, 불갑사, 이홍사, 구수사 중 앞의 두절은 위치가 멀 뿐만 아니라 각 후에도 어떤 인연과 언

15) 박용덕, 『원불교 초기교단사』 1권, 144~145쪽.
16) 대흥리에 사는 한 어른의 증언에 따르면 원래는 구수산이 불교 최초도래지라고 한다.

급이 없는 절이고 신흥마을에 있는 이흥사는 폐찰이 된 지 오래되었고, 구수사는 그 실체가 사실 모연한 상황이다. 지리적 위치로 보나 각 후의 학명과의 관계로 보나 부처시험은 불갑사에서 이루어졌을 것으로 판단된다. 그렇다고 하더라도 의문이 모두 가셔진 것은 아니다. 처화는 과연 어떤 과정을 거쳐 불갑사라는 절을 알게 되었고, 깊은 인연을 맺을 수 있었던가.

이렇게 많은 절 중에 하필 불갑사와 인연이 닿을 수 있었던 것은 처화의 모친과 관련이 있어 보인다. 모친의 시가였던 삼학리는 왕촌 김씨 집성촌으로 불갑사와 가까운 거리에 있다.[17] 학명과의 인연도 이로 인해 이루어진 것으로 추정된다. 이에 대한 자세한 논의는 장을 달리하여 기술하기로 하고 그 전에 우선 <금강경>과 관련된 서로 다른 증언을 점검해 보기로 한다. <금강경>을 구하는 과정에서 처화와 불갑사와의 인연의 실마리가 모색되기 때문이다.

부처시험처는 박용덕도 추정했듯이 불갑사의 대웅전에 있는 석가모니상이 되었을 것이다. 이 불갑사의 대웅전에 있는 삼존불상은 유구한 역사를 가진 불상이다. 불상의 정식명칭은 <목조삼세불좌상>으로 석가모니불, 약사여래불, 아미타여래불 등을 이른다. 이에 대한 자세한 소개는 불갑사 성보문화재에서 출간한 <성보>에 자세한 설명이 있으므로 소개를 생략한다.[18]

---

17) 교단 초기 이곳의 왕촌교당은 옆 마을 신흥리의 신흥교당과 함께 큰 번영을 누리던 곳이었다.
18) 대웅전은 『성보』16~17쪽, 대웅전 목조삼세불좌상은 『성보』32~35쪽에 설명되어있다. 『영광 불갑사 성보』, 2011, 태학사

3. 삼학리 용문암과 백학명 선사

박용덕은 소태산이 용문암을 종종 내왕했었다는 언급을 하고 있다.

"구사과정 후기에 처화는 사찰과 교회를 찾은 일이 있었다. 이웃
면의 유서 깊은 고찰 불갑사에 찾아갔을 법하다. 각 후 소태산은 이
재풍을 시켜 <금강경>을 구해오도록 한 일, 불갑산 용문암에 더러
내왕한 일(길룡리 제자들의 구술자료), 그리고 절 아래 마을 방마리
출신학명스님과 후일 월명암에서 만나 교유하게 된 것도 우연한 일
이 아닐 것이다."[19]

용문암 내왕 사실은 다른 기록에도 보인다.

소태산 생애담 중"2) 바다 위를 걸어 줄포만을 건너다"의 글 중 각주로
처리한 다음의 내용이다.[20]

"장종선은 「종사님께서, 부안 용문암에 쉬러 가세, 하고 달밤중
에 바다를 가르고 갔다」는 이야기를 들었다 한다. 이런 유사한 이야
기는 주로 길룡리 신도들 사이에 근거 없이 떠돌아다니는 이야기다.
부안에는 용문암이 없다. 영광 불갑산 산내암자인 것 같다."

장종선이 언급한 용문암은 부안에는 없는 것으로 이야기의 신빙성을
상실하나 용문암이라는 단어를 사용했다는 점과 '쉬러가세'라고 한 점은
나름대로 시사하는 바가 있다. 용문암에 쉬러간다는 말을 듣기는 하였으
나 장종선은 그것을 부안으로 오인한 것이다. 아니면 부안 석두암을 혼동

---

19) 박용덕, 『원불교 초기교단사』 1권, 144~145쪽.
20) 「少太山 生涯譚」(口述 金亨悟 註解 박용덕), 『精神開闢』 12집, 신룡교학회, 7~84
쪽. 1993.

했는지도 모를 일이다. 그렇다고 하더라도 장종선이 용문암을 기억했다는 점은 길룡리 제자들의 구술자료를 뒷받침하는 역할을 한다. 이를 미루어 볼 때 소태산은 용문암에 종종 들렀었고, 이를 제자들이 서로 알고 있었던 것이 확실하다.

용문암이 가지는 의미는 무엇일까. 이 암자는 삼학리 쪽에 위치해있다. 용문암까지는 삼학리에서 2~3Km 정도에 달하는 산길이다. 이 암자를 지나 산기슭을 넘으면 불갑사의 말사인 해룡암이 나오고 더 가면 불갑사다. 해불암, 용문암은 불갑사의 암자이다. 절은 사(寺) 와 암(庵) 으로 나누어진다고 볼 수 있다. 대체로 절에 딸린 건물을 '암(庵)' 혹은 '암자(庵子)'라 하기도 하나 기능과 규모는 크게 다르다. 대중이 머물기 위해서 조성한 가람은 사찰이다. 여기에는 주존불을 모시기 위한 금당이 있고, 신도들 또는 학인스님들께 설법하는 법당이 있다. 그리고 가장 큰 차이점은 절에는 탑이 있어야 한다. 예전에는 부처님의 존상을 모시지 않고 사리를 봉안한 탑이 사찰의 중심이었다. 한편 '암' 이란 수행자가 수행을 하기 위한 이유만으로 만들어진 전각이라 보아야 한다. 당연히 재가 신도들을 위한 참배공간이 없는 경우가 많다. 주 가람인 사(寺) 에서는 대중들이 모여서 수행도 하고, 재가 신도들을 위한 신앙 공간이기도 한 반면, 암자는 공부에 집중하는 학인스님이나 공부를 마친 스님들이 보림 기간 동안 머무르거나 혹은 대중을 떠나서 수행하기 위해서 만들어진 건축물이다. 그러나 지금은 그 경계가 모호해져 있다.[21] 대표적으로 월명암을 들 수 있겠

---

21) 암자에 대한 자료는 다음을 참조; 지수진, 「18세기~1960년 山中 庵子의 특성에 관한 연구」, 명지대학교, 2002 / 배정관, 「寺刹 내 庵子의 입지특성에 관한 연구 : 曹溪宗 사찰을 중심으로」, 배재대학교, 2006 /박원식, 『산중암자에서 듣다 : 전국 25개 암자에서 듣는 깨달음의 이야기』, 북하우스 퍼블리셔스, 2011 / 김성우, 정인종, 「삼국시대 산지사찰의 형식과 성격」, 『대한건축학회논문집』. 16권 11호, 2000, 대한건축학회.

다. 용문암이 있는 터에는 현재 팔각정이 세워져있다. 워낙 경사가 급한 곳이라 넓은 터를 가질 수 없다. 이 암자는 이후 발전하여 아래 넓은 터로 내려와 규모를 갖춰 용문사라는 절로 자리를 차지하고 있다.

> "(소태산의 모친) 강릉 유씨는 묘량면 삼학리 왕촌 김씨와 결혼하여 남매를 두었으나(유정천의 아들 김정집(법명; 영철), 딸은 무장으로 출가하였다.) 돌림병으로 남편과 사별하여 친정(길룡리)에 돌아와 살고 있었다(묘량면 왕촌 주민들의 증언). .... 소태산은 이런 인연을 반연으로[22] 뒷날 왕촌 김씨들을 교화하여 왕촌교당을 설립함은 물론, 그들 광산 김씨 상호군과 일족의 원력으로 김일현, 김근수, 김장권 등 다수의 전무출신을 배출하게 된다."[23]

박용덕은 왕촌교당의 설립을 이때의 반연으로 풀이를 하고 있으나 그보다는 먼저 그 옆 마을 신흥마을에서 살던 소태산의 제자 이동안(재철) 선진의 수신조합의 성공과 신흥교당 창립을 고려해야 할 것이다. 그 영향이 자못 컸던 것이다. 그렇다고 삼학리 왕촌김씨들과 모친 유정천 및 그 자식 김정집과 그 누이와의 인연을 간과할 수는 없다.

한편 유씨의 입장과 김씨의 후손인 정집과 오누이들의 입장에서 왕촌 김씨 씨족들과의 관계를 고려할 필요가 있다. 모친의 입장에서는 시댁이되고 그 자식의 입장에서는 직계 친족이 된다. 유씨가 부친 박성삼과 재혼을 하였으나 삼학리 김씨 일가와 완전한 단절을 하기는 어려웠을 것이다. 김씨 집안의 자식이 둘이나 있었기 때문이다. 유씨는 재혼을 한 후에

---

22) 불교사전에는 다음과 같으나 인연에 끌린 정도로 풀이하면 될듯하다. 반연 [攀緣]; 종교학용어 ① 대상에 의해 마음이 움직임. 대상에 의해 일어나는 마음의 혼란. ② 인식함. ③ 인식 대상. ④ 얽매임. 집착함. ⑤ 인연에 끌림.(『시공 불교사전』)
23) 박용덕, 앞의 책 1권, 65쪽.

도 명절을 전후하여서는 삼학리를 방문하여 며느리의 도리를 다하였을 것이다. 정집과 그의 누나가 소태산보다 몇 살 위인지는 알 수 없으나 적어도 6, 7세 이상의 차는 났을 것이다. 과거에는 혼인을 일찍 했다. 소태산의 이복형도 11살 차이가 나는 것을 보아도 알 수 있다. 이들 일족은 모친을 따라 그때마다 친할아버지와 전 남편 김씨 일가 친족을 방문하였을 것이다. 진섭이 태어난 뒤에는 커가면서 의붓형제들과 같이 삼학리를 방문하였을 것이다. 앞서 박용덕의 말대로 이런 인연이 있었다고 한 점은 대체로 자연스런 귀결이다.

이런 인연을 공고히 하는 내용이 더 있다. 삼학리와 불갑산과의 관계다. 불갑산 자락에는 불갑사를 비롯해 해불암, 용문암, 전일암, 수도암 등 여러 암자들이 있다. 산속에 틀어박혀 수도하기에 아주 좋은 입지를 가지고 있는 산이다. 특히 용문암이 있는 곳은 산이 깊고 마을과 격리되어 두문불출하기에 좋은 수양처다. 바로 이곳을 소태산이 더러 왕래를 하였다. 이에 대한 제자들의 구술은 간과할 수 없는 자료다. 불갑사는 이 용문암을 지나 산기슭을 넘어가면 해불암이 나오고, 이를 왼편에 두고 내려가면 금방 닿는 곳이다. 불과 1~2Km의 거리에 위치한다.

백학명은 이 절에서 출가를 하였고 36세까지 귀암사를 비롯한 여러 절들을 돌아다니며 강연을 열다가, 1902년도부터 약 10여 년간을 이 일대에서 두문불출 선 수행을 강행한다. 불갑산 주변의 조용한 암자는 적지로 부각된다. 학명이 해불암에서 수도를 했다는 발언은 현재 해불암과 수도암의 거주 스님들로부터 들었던 바 있다.[24] 해불암과 용문암은 서로 지척에 있다. 처화는 이때 스승을 찾아 구사행을 하던 시기이다. 즉 1906년도부터 1912년도까지 본격적인 구사고행을 하던 때다. 묘하게도 학명과 처

---

24) 2013~2014년에 걸쳐 수차례의 답사를 통해 얻은 인터뷰 자료.

화의 수행과 구사의 장소와 시점이 일치한다. 당시 학명은 이미 불교계의 거목이 되가던 때였고 나이가 처화보다 25세나 연배였으니 사승의 관계로 맺어졌다고 보아 무리가 없다. 이는 이후 학명사리탑비에 새겨진 바와 일치한다.[25]

삼학리는 학명의 고향인 방마리와 또한 멀지 않은 거리에 위치한다. 방마리 누구 아들이 불갑사절에 들어가 중이 되어 훌륭한 스님이 되었더라 하는 소문은 그 근동에 충분히 알려진 일이다. 필자가 답사를 하여 확인한바 예전에는 서로 속내를 잘 알고 정보를 공유했다고 한다. 충분히 알고도 남을 일이라 구술하고 있었다. 그리고 학명이 연간에는 해불암 등지에서 수행을 하고 있으니 물어볼 일이 있으면 가서 만나보라는 조언을 충분히 할 수 있는 정도라는 것이다. 더구나 모친을 통해 아들의 평소 특성과 염원하고 구하는 바를 충분히 알고 있던 차에 마침 도사 스승을 구한다니, 그런 정보를 주는 것은 당시 모친이나 마을 분들에게는 상식이었을 것이다. 삼학리뿐 아니라 신흥리 일대가 불갑사 절이나 용문암 및 해불암에 다니는 것은 상식이었으니 이들은 불갑산의 사정에 환했던 것이고 학명의 위상과 사람 됨은 익히 알려져 있었을 것이다. 처화가 구사를 하는 과정에 모친과 삼학리 김씨 일가들을 통해 학명과 만날 수밖에 없었던 일은 어쩌면 필연의 과정이었는지도 모른다.

---

25) '학명선사 묘비'에는 그의 출재가 제자들이 기록되어있다. 그 내용 중 '청신사(淸信士) 박중빈'이란 기록이 보이는데 청신사는 출가를 하지 않은 제자를 지칭한다. 묘비의 내용에 청신사는 박중빈을 포함해서 총 세 명, 청신녀는 열 명인데 '박중빈'이 가장 앞 자리에 적혀있다.
'청신사 박중빈'과 관련하여 혹자는 시주를 많이 냈기 때문에 이름이 올랐다고 하는데, 그러면 '시주질(施主秩)'의 표기가 있어야 하나 그렇지 않다. 또한 그런 해석은 당시 묘지를 작성하는 상식과 절차에도 어긋난다고 한다.(내장사 등 고 스님들 인터뷰)

"도사는 사람이라 반드시 없지도 아니하리라 생각하시고 전날의 결심을 도사 만날 결심으로 돌리시었다.

　　그 후로는 길에 이상한 사람이나 걸인이 있어도 그가 혹 도사가 아닌가 하여 청하여 시험해보시며, 또한 어디에 이인(異人)이나 은사(隱士)가 있다고 하면 반드시 찾아가 보시고, 혹 청하여 같이 지내시며 시험해보기도 하여, 그 후 6년간 도사를 찾아 일천 정성을 다 들이시었다."26)

　　여기에 소개된 내용은 창건사에 나오는 여러 일화들을 근거해 요약해 놓은 것이다. 주목되는 점은 '어디에 이인(異人)이나 은사(隱士)가 있다고 하면 반드시 찾아가 보시고, 혹 청하여 같이 지내시며 시험해 보기도 하여,'라고 한 부분이다. 처화의 모친과 삼학리 사람들의 정보를 통해 들은 당시에는 은사였던 학명에 대한 소식을 듣고는 반드시 찾아갔을 것이다. 그렇지 않고는 이후 학명과의 인연 행적이 성립될 수 없다.

4. 소태산이 읽은 네 가지 불경 재고

　　소태산은 <금강경>27) 외에 <팔상록>과 <선요> 그리고 <불교대전>을 더 읽었다. 이들을 어떻게 알았고 또 어떻게 구해 읽었을까. 누군가에 의해 주선되었거나 소태산이 스스로 구했던 것들이다. <팔상록>과 <선요>는 각 전에 이미 알고 있거나 소장하고 있던 책이었을 가능성이 있다.

---

26) 「원불교 교사 제 2장 소태산 대종사 3」. 대종사의 구도 편. 『원불교 전서』, 1995('77), 1036쪽.

27) 심사자의 의견을 따라 수정함; 여기 소태산이 읽은 <금강경>은 1901년에 불갑사에서 펴낸 한글 음역본인 것으로 밝혀진 바 있다.(김영두, 「「불갑사 수도암 『금강경』 음역본 연구」, 『원불교 사상과 종교문화』, 45권, 원광대학교 원불교사상연구원, 2010.)

박용덕은 "<팔상록>은 석가모니불의 탄생과 득도, 전법, 열반 등 일생을 여덟 가지 상으로 나누어 기록한 일대기, 저자 미상"이라고 적고 있다.[28]

한편 "<불교대전>은 1914년 4월 범어사에서 발행한 만해 한용운의 저서. 불교의 대중화 생활화를 위해 현대인의 감각에 맞게 1천여 장경의 내용을 추려내어 편자의 독창적인 체계에 따라 구성한 불서이다.[29] 1910년의 <조선불교유신론>에 뒤이어 나온 점에서 그의 개혁안을 실천에 옮기려는 의지를 엿볼 수 있다."고 했다.[30]

또한 "<선요>는 고봉 원묘의 저서. 26장으로 되어있고 내용은 큰 뜻을 분발하여 현관(玄關)을 뚫으라 함을 본의로 하고 있다."고 설명하고 있다.

모두 옳은 설명이나 <팔상록>에 대해서는 좀더 상세한 설명이 필요하다. 아울러 다른 불경도 추가의 설명이 필요하다. 우선 <팔상록>은 불경이 아니라 불교계 고소설이다. <팔상록>은 원래 '팔상명행록'이란 제목을 가진 소설이다. 조선 후기에 불가에서 널리 유행하던 국문소설이었다. 현재는 그 자료가 15~20편 정도에 이를 정도로 유실되었으나 필사본, 목판본 및 활자본 등 다양하다. 이 책은 인도와 중국을 통해 형성된 석가의 일대기 상에 대한 기록이 고려대에 들어와 한문본으로 정착하다가

---

28) 박용덕, 앞의 책 1권, 224쪽 각주 27번/ 관련 자료 참조; 사재동,「'팔상명행록'의 연구」,『인문과학론문집』 VIII—2, 충남대학교인문과학연구소, 1981 / 사재동,「조선후기 국문불서의 유통양상」, 출판문화연구, 인쇄문화출판사, 1993.

29) <불교대전>에 대해 다음의 심사소견이 있었다. 즉 "<불교대전>을 읽고 성격을 파악해야 한다. <팔만대장경>을 요약한 것이 아니기 때문이다. 이는 <불교성전>이 갖추어지지 않았을 때 체제를 불, 법, 승 및 교화 등으로 나누어 요긴한 경전 법구를 찬집한 것이다.(요약이 아님)"
한편 원불교사전에는 다음과 같이 요약되어있다. "...<불교대전>이 따라서 ≪<불교대전>≫은 축소판 ≪팔만대장경≫이라 할 수 있다."(<불교대전> [佛教大全] (원불교대사전, 원불교100년기념성업회))
필자는 두 기록에 모두 공감하는 바이다. 다만 용어 선택 즉 '요약이 아닌 찬집'여부의 문제는 논지의 전개에 크게 장애가 되지 않는다고 판단됨.

30) 박용덕, 앞의 책 1권, 224쪽 각주 28번.

조선 초 '석보상절', '월인천강지곡', '월인석보' 등에 상세히 국문으로 기록한 데서 기원을 찾아볼 수 있다. 그 전개 과정이 어떠하였으며 어떤 본을 처화가 구했는지는 추후의 검토가 필요하다. 이 책은 소설로 발전하였듯이 대중성을 가진 책이다. 처화가 이를 접할 수 있었던 것은 불가와의 초기 인연을 의미한다. 대체로 불교에 입문하기 전에 읽는 책이다. 위대한 영웅에 대한 일대기를 장황하게 그려놓은 것으로 당시 도사를 찾던 처화에게 큰 매력을 느끼게 하기에 충분한 책이다. 처화는 이 책을 불가와 맺은 인연의 초기에 구해 읽었을 가능성이 있다. 왜냐하면 길룡리는 고소설이 아직 도착하기 전이었기 때문이다. 당시의 유명 대중소설이던 조웅전을 산 넘어 처가 쪽에서 처음 들었을 정도였으니 말이다. 이 책을 구할 수 있던 장소는 불갑사 근처 용문암 혹은 불갑사였을 가능성이 있다. 그리고 이를 주선한 이는 불교와 관련이 있던 사람이었을 것이다. 그렇지 않고는 접할 수 있는 가능성이 희박하다.

<선요>는 선에 있어 가장 요긴한 것을 제시한 것이다. 즉 "禪의 요체"에 대한 설법집이다. 고봉스님(1238~1295)이 도를 깨친 후 20여 년간 설법했던 것을 시자 시정(持正)이 기록하고 직옹거사가 편집하여 <선요>라고 이름 붙인 것이다. 이것이 선원(禪苑)의 지침서로 채택된 것은 조선 성종 때 지엄(智嚴)에 의해서였다. 그 뒤 사집(四集)의 하나로 선원에서 중요한 교재로 강설되어 왔다.

<불교대전>은 한용운이 팔만대장경을 읽고 그 내용을 요약하여 정리한 것이다. 일반대중이나 스님들이 접하기 어려운 자료를 모두 읽어 그 핵심내용을 정리한 점은 그 자체로의 의미는 물론이고 불교혁신에 관한 여러 가지 의미를 가지는 책이다. 책이 출판되자 학명에게 책을 보냈을 것이다. 학명은 이 책을 더 구해 주위의 제자들이나 학승들에게 나누어 주었을 것이다. 여기서 중요한 점은 불교에 대한 혁신적 자세가 동반된다

는 점이다. 우선 이 책은 국한문 혼용체로 쓰여졌다. 당시 모든 경전이 한문으로만 되어있어 스님은 물론 일반인들이 접하기는 너무 큰 한계가 있었는데 이를 타파하고자 하는 혁신의지가 들어있다. 접하기 어려운 불교경전의 대중화를 통한 불교혁신을 꾀했다는 점을 들 수 있다.

그런데 <불교대전>은 좀 의외의 책이다. 이 책은 출판이 1914년 범어사에 이루어졌다. 출판된 지 채 3년도 되지 않아 산골오지 길룡리에 도착했다는 점은 상상이 가지 않는 대목이다. 더구나 불교와는 아무런 연고가 없는 곳에 막 출판된 책이 전달되었다는 점은 합당한 설명이 요구된다 하겠다.

학명은 불교혁신을 꾸준히 재개해 온 사람이다. 이런 생각을 가진 이들 중 한용운은 대표적인 사람이다. 한용운은 1879년 생으로 학명보다 13년 연하다. 둘은 그러나 같은 의기를 보이며 지속적인 교류를 해왔던 것이다. 한용운은 출판 한 책을 각 사찰에 무상으로 보낸 것도 아니었을 것이다. 일부 자신과 인연을 가진 스님들에게 보내졌고, 일부 절들에 교강이나 학습용으로 배포되었을 것이다. 출판을 해서 보내온 <불교대전>을 학명은 막 대각을 한 소태산에게 전해 읽어 볼 것을 권유한 것은 아닐까. 이는 이 책의 성격을 볼 때도 충분한 근거를 가진다.

<불교대전>은 불교를 공부하는데 필수 교재가 아니었다. 학명이 이것을 소태산에게 전해온 것은 구하기 어려운 경전을 살펴보라는 의도와 함께 불교혁신의 한 방법을 보여주고자 한 것이다. 또한 자신의 이런 불교혁신의 경향을 함께 하고자 했던 것은 아닐까. 어찌되었건 불법연구회는 이후 국한문혼용체의 경전을 만들고 만해나 학명처럼 불교혁신의 길을 걸었다. 그리고 학명의 반선반농의 사상도 영육쌍전이라는 원불교 사상과 상통되고 있음을 알 수 있다. 이런 점들을 모두 고려할 때 <불교대전>이 가지는 불교혁신의 메시지를 읽어낼 수 있는 부분이 있다.

소태산이 읽은 경전은 네 종류 즉 <금강경>, <팔상록>, <선요>, <불교대전>이다. 여기서 이들 경전이 가지는 특성을 살펴볼 필요가 있다. <팔상록>은 일반 불교신자들도 대체로 알고 있는 내용으로 사찰의 벽에 그려져 있는 바와 같이 일반적인 책이다. 불교에 입문하면서 자연적으로 접하게 되는 책이다. 불교를 전문적으로 공부하는 자에게 이것이 부교재에 해당된다면, <선요>와 <금강경>은 주교재에 해당된다.

대체로 처음에 사찰에 들어가 행자과정을 무사히 거치면 염불, 기도, 좌선 등의 과목을 하면서 경전공부를 하게 된다. 처음에 하는 경전공부의 교재는 '사집(四集)'이다. 사집은 <선요>, <서장>, <도서>, <절요>를 가르킨다. 사집을 공부한 후에는 사교(四敎)를 공부한다. 사교는 <금강경>, <능엄경>, <원각경>, <기신론>을 이른다.

금강경은 워낙 유명한 경전으로 경을 모두 외워 독경에 활용하거나 일종의 주문처럼 외워 불교의식과 염불공부에 활용되기도 하지만 일차 사집을 공부한 다음에 접할 수 있는 책으로 수준을 갖추어야 읽을 수 있는 기회가 주어지는 책이다. 당시 이 경은 번역되어 읽히지 않고 원문을 바로 접하였다. 경을 풀이하며 공부를 하지 않으면 그 뜻을 알기가 어려웠다. 이 경이 본격적으로 번역되기 시작한 것은 지극히 근래의 일이고 이제는 너나 할 것 없이 자신의 깨친 바대로 각각 해석을 달리하고 있다. 최근 조계종에서는 번역의 난립을 방지할 필요성을 절감하여 표준 번역본을 펴내기에 이른다.[31] 한글본은 물론 한문본도 표준을 정했다 하니 그

---

31) 대한불교조계종 교육원 편역, 조계종 표준 한문한글본 금강반야바라밀다경(주석본), 조계종출판사,2009/ 금강경 연구자료는 강경구의 「금강경 한글번역 및 해석의 현황과 특징」(동아시아불교문화, 동아시아불교문화학회, 2010 참조) 기타 참조자료; 승가대학원 편, 무비스님 감수,『금강경 전서』, 조계종 교육원, 1997/ 석진오,『금강경 연구』, 출판시대, 1999/ 정경숙, 「대한불교조계종 표집본『金剛經』연구 : 한문 교감과 한글 번역을 중심으로」, 동국대학교, 2010/ 김정옥, 「『金剛經註解』의

난립상이 가히 상상을 넘는 일인 듯하다.[32]

<불교대전>과 달리 <선요>는 <팔상록>과 함께 소태산의 대각 이전부터 소장하고 있던 자료였을 가능성이 있다. 여기에는 처화가 학명과 만난 시점이 언제부터 였는가와 관련이 있다. 대각 후로 정해졌다는 점은 상상하기 어려울 뿐만 아니라 어느 기록에도 언급이 없다. 그리고 각 후 소태산의 저축조합, 간척사업, 구인기도 같은 숨가쁜 행적으로 볼 때 그런 기회나 여유가 없었다. 대각 직후 잠시 학명을 만났을 가능성이 있다. 그의 기쁨을 같이하고 확인받고자 하는 심사가 있을 법하다. <불교대전>은 바로 이때 전해졌을 것이라 추정된다. 그러나 이것도 사전의 교유를 전제로 하는 것이다.

우리는 여기서 부처를 시험한 일화와 용문암 내방의 일을 상기할 필요가 있다. 잦은 용문암의 내방은 곧 당시 은둔의 선 수행에 정진하던 학명을 만나게 한 기회를 만들었을 것이다. 정산에 따르면 당시 처화는 '어떠한 곳에 은사가 있다는 말을 들으실 때는 반드시 방문도 하며 혹은 청하여다가 같이 지내시기도 하니' 구사에 남다른 열정을 보였던 처화가 이미 불갑산의 은사로 이름난 학명을 찾아가지 않을 수는 없었을 것이다.

이후 교사에 드러난 그대로 처화는 학명과 깊은 관계를 가졌고 여러 행적을 보였다. 처화가 맺은 학명과의 첫 만남과 첫 인연이 있어야 한다면,

---

선사상 연구」, 동국대학교, 2012/ 권양혁, 「『金剛經』에 나타난 선사상 연구」, 위덕대학교, 2011 /김영일, 「<金剛經> 구조에 관한 연구」, 동국대학교, 2003
32) 그러나 아직도 일선의 사찰에서는 각각 다른 번역본이나 주석본을 교재로 하여 가르치거나 일반신도에 배포하고 있는 상황이다. 이와 함께 대종경 불조요경에 수록된 금강경에 대한 검토도 필요한 시점이다. 물론 번역과 한문본은 물론이고 원문에 붙인 현토와 관련한 것도 살펴야한다. 금강경은 그 주석이 참으로 다양하여 그에 따라 뜻의 전달이 각양각색이다. 불조요경의 번역은 어떤 주석에 근거한 것인지 누가 했는지 등이 전혀 제시되지 않고 있다. 이점도 추후 개선할 일이 아닌가 한다.

그것은 바로 이때 밖에 허용되지 않는다. 구사고행의 시기가 비교적 길었던 것에 비해 그의 행적이 알려지지 않고 있는데, 그 명확한 이유는 전해지지 않고 있다. 그러나 처화의 이후 행적을 살펴볼 때 즉 불교적 수행방법과 금강경, 대각의 경로와 각 후의 행적 등의 기저에는 학명과의 교유, 그의 가르침 혹은 불교적 가르침을 받았을 가능성이 있다. 이런 정황을 사실로 받아들일 수 있다면 학명선사비에 적힌 '질 청신사 박중빈'은 자연스러운 표현이 된다. 즉 처화는 학명에게 일정기간 가르침을 받은 것으로 보아야 한다. 그러나 이는 추후 좀 더 면밀한 검토가 필요하다.[33)]

5. 마무리

소태산의 수행과정 중 구사고행은 소태산의 사상을 형성하는데 중요한 시기다. 이를 가늠할 수 있는 네 가지의 일화는 그래서 소중한 자료가 아닐 수 없다. '걸인에 둘리기', '하느님 시험하기', '부처 시험하기', '처사 시험하기' 등은 모두 도교, 기독교, 불교, 민속종교와의 관계를 의미한다. 단순한 시험이라기보다는 기존의 동서양의 사상을 섭렵하고 평가하는 수련기간에 해당된다 하겠다. 위에서 필자는 그 중 부처시험의 일화를 들어 분석을 했다.

부처시험 일화는 단순한 일화를 넘어 시사하는 바가 많다. 그 핵심은 불교와의 관련성 조망이다. 이와 함께 불교경전이나 사상과의 상관성은 중요한 주제다. 불교와 어떤 과정을 거쳐 인연을 맺게 되었나를 집중적으로 조망코자 하였다.

---

33) 이와 관련하여 의미 있는 연구가 최근에 나왔다. 정순일, 소태산의 불교개혁운동과 학명, 만해 그리고 용성, <불교와 원불교>, 원불교 사상연구원, (원광대학교 숭산기념관, 2014.2.7) 발표논문.

일화의 내용을 살핀 결과 처화가 부처를 시험했던 장소는 선운사나 여타의 암자가 아닌 불갑사 본전이었음을 추정했다. 그리고 일화 부처시험은 당시 불교적 관행과 절차가 불교의 본의와 크게 다름을 비판한 의미한 것으로 보았다. 이는 이후 불교혁신론을 낳게 하는 근원이 된다.

소태산이 각 후 열람한 불서를 살핀 결과 재가신자로서 일정의 불교 수행을 했던 것으로 추정하였다. 특히 <팔상록>과 <선요>는 초기의 입문 및 수행서의 징표로 보았다. 불교 고소설 <팔상록>은 불교입문과정에서 접할 수 있는 것으로 보았다. 당시 도사 만나기가 절실했던 처화에게 큰 감동을 주었으며 진정한 도사가 내면적인 영웅성에 있음을 확신했던 책으로 보았다. <선요>는 불교 강원에서 행자를 마친 후 밟는 다음 단계로 사집과(四集科) 중의 하나다.

처화가 불교공부를 할 수 있었던 점은 불갑사의 한 암자인 용문암을 자주 드나들었다고 한 단서에서 출발했다. 용문암은 삼학리에서 가깝고, 삼학리는 모친 유정천의 이전(첫 번째) 시댁이 있는 곳이다. 이런 배경은 처화가 용문암과 불갑사로 자연스럽게 연결될 수 있었다고 보았다. 당시 백학명은 역시 불갑사의 한 암자인 해불암(혹은 용문암)에서 면벽 선수행을 하고 있던 시기다. 처화가 스승을 찾아 헤매이던 시기와 일치한다. 학명과의 이때 인연은 이후 월명암과의 연결이 자연스럽게 이어진다.

학명과 소태산은 각 직후에도 교류를 한다. 그것은 한용운이 쓴 <불교대전>에서 찾아진다. 각의 직후 소태산은 학명을 만나 막 출간된 <불교대전>을 선물로 받는다. 이 책은 불교의 혁신과 불교의 대중화를 꽤했던 학명의 사상과 서로 일치하는바 소태산의 부처시험 일화의 의미와도 서로 부합한다.

처화와 학명의 인연은 수행의 과정에서 자연히 맺어질 수밖에 없었던 귀결이다. 학명은 스물다섯 살 손아래인 처화를 무척이나 아꼈던 것 같다. 방언공사 이후 월명암의 행적이 그 일단을 보여준다. 학명은 처화에게 물심양면 전폭적인 지지를 해주었다. 그리고 불교혁신에의 의지도 같았다. 당시 백용성의 대각교를 통한 불교의 대중화, 한용운의 유신론을 통한 혁신, 학명의 반농반선의 불교실천 등은 소태산의 불교혁신론과 맥을 같이 한다.

학명과의 직접적인 인연은 그러나 여기까지다. 소태산은 다른 길을 걸었던 것이다. 학명과 그의 문중은 소태산을 학명의 재가제자로 기록하고 있다. 그러나 그것이 새 회상과 새 사상을 기획했던 소태산의 사상과 일치된 것으로 단정하기 어렵다. 오늘날 불교와 원불교의 관계 및 원불교 정체성의 미확정의 상황이 지속된다. 소태산이 과연 학명과의 인연을 어떻게 유지했고 극복했는지 추후의 연구를 기다려야 한다.

IV. 일화적 영웅에서 현실의 영웅으로

평범하지 않은 한 인물의 구도과정을 거슬러 오르는 일은 관점에 따라 그것이 시사하는 바가 많을 수 있다. 여기서는 그 일화의 본의를 밝혀내기 위해 당시의 민속 문화적 요소를 겸하여 분석하는 작업에 주목하였다. 일화가 가지는 문학적 의미는 당시의 민속 문화적 안목을 더해야 비로소 해독될 수 있기 때문이다. 이는 또한 국문학과 민속학이 상호 공존해야 한다는 필연성이 확인된 사례이기도 하다. 문화와 문학은 공히 영웅의 본 모습을 온전히 드러내는 일이기도 하기 때문이다. 온전히 드러난 영웅성은 그 자체로 완벽하며 더 이상의 결핍이 필요치 않은 절대의 위치를 차지하기 때문이다.

서언에서 이미 민속과 문화의 상관성을 학문과 민족이라는 개념과 함께 살펴봤다. 진정한 민속 문화에 대한 이해는 그러나 미분성의 영역을 발견하여 언어적 결격처럼 학문의 결격을 넘어서는 또 다른 차원의 관점을 가져야 한다고 하였고, 그것이 새 인문학의 할 일이라고도 하였다. 인문학은 본래 서구적 학문의 영역이나 한계 지움과 무관했다. 이미 동양의 전통이 배태되어있는 개념이기 때문이다. 진정한 인문학의 이해에 도달하기 위해서는 진솔한 문화적 이해가 우선되어야 하고, 이렇게 해야 일화가 꿈꾸는 진정한 영웅의 모습이 드러날 수 있기 때문이다.

한 인물의 대각은 분명 평범하지 않은 사건이다. 그런 인물의 일화는 그의 제자들이 자료를 모아 정리하면서 탄생한 것이다. 인류문명사에 등장하는 수많은 영웅들의 면모도 이와 같은 과정을 거쳐 빚어낸 것이다. 이야기에 시간이라는 퇴적물이 더해지면서 화석과 같은 진실을 빚어낸다. 이내 이야기는 역사이면서 진리가 된다. 여기서 진리는 단순한 팩트만을 의미하지 않는다. 그곳에는 시공초월의 흔적이 담겨있기 때문이다.

어떤 사실은 그 사건 하나로 존재할 수 없다. 어떤 물건에 이름을 주어야 그 존재가 유효하듯 사건은 의미의 칠을 가해야 살아난다. 칠하기의 방식은 다양할 수 있고, 이를 다른 말로 각색이라 할 수 있다. 일화는 문학적 각색을 통해서 독자에 인식될 수 있고 의미를 가진다. 그런데 각색은 일반적인 의미 이외에 또 다른 의미를 창출한다. 의미 창출의 원리도 아무렇게 진행되는 것이 아니다. 그래서 오래 묵힌 이야기는 결국 신화로 자리매김 되어 유전된다. 이를 드러내는 일을 신화학자들이 한다.

통상 우리는 영웅의 의미에서 일화의 의미를 찾아낼 수 있을 것이다. 그러나 이는 그야말로 화석화된 영웅이다. 영웅은 현재에 살아서 현현해야 그 가치가 인정된다. 진정한 영웅은 '지금 여기 순간 현존의 유지'가 되어야 한다. 문학은 그 방법을 제시하는 것이다. 일화는 결국 현장에서 영웅 만들기 작업을 하는 여정이자 방법론인 것이다. 영웅은 먼 과거에만 그리고 먼 어딘가에 있는 것이 아니다. 일화는 이런 직감을 일깨우기 위한 도구이기도 하다. 그러나 문화는 그 자체가 진리의 현현이기도 하고 현현의 원리를 담보하기도 한다. 이러한 내력을 밝히는 작업에 신화연구는 매진한다.

레비스트로스가 구축하고자 했던 구조도 이와 비슷하다. 그러나 무언가의 양항대립적 분포를 드러낸 것으로는 만족할 수 없다. 영웅은 양항이 분리되기 전의 모습이라는 경계 즉 리미널리티적 존재다. 구조주의에서 영웅의 구조는 희생양과 결핍충족의 대타자로서의 존재로 그려진다. 즉 양항대립적 존재로서 위치한다. 그러나 영웅은 그 자체로도 완전한 존재다. 그는 양항대립 이전의 미분적 존재를 바탕에 두고 있다. 양항이 드러나기 전 단계에 대한 언급이 필요하다. 그러나 그곳은 언어로 도달할 수 없다. 그래서 시공초월 언어초월의 소식 즉 첫 인식에 대한 언급이 필요하다. 그러나 이 첫 인식은 표현할 도구가 없다. 언어를 떠나있기 때문이다. 구조의 궁극은 여기에서 출발해야 함을 인지해야 한다. 이 궁극이 문화나 언어 및 심리현상으로 드러날 때 비로소 짝을 이루어 등장할 수 있는 것이다. 그래서 쌍둥이와 자웅동체는 모든 신화에서 신성을 획득하지만 그것 자체가 구조라고 단정지을 수 없다. 그런 구조를 가능하게 한 전구조 즉 구조 이전을 간과해서는 안 된다. 즉 코스모스 이전의 미분적 카오스의 상태다. 이곳에로의 도약을 트랜스라 할 수 있다(이정재, 원본이론과 트랜스이론).

문화적 현상은 이 짝의 분열로 인해 비롯되어 속을 이룬다. 구조는 이 속계의 극단의 모습을 추적하여 얻은 결과다. 문제는 그 이전의 첫 인식 혹은 인지에 관한 것으로 이는 구조의 본래 모습이며 첫 인지가 된다. 심리학은 이 지점에 하나의 빛을 던졌다. 무의식의 발견이 그것이다. 그런데 그 무의식은 어떤 원형으로 개념화되고 있다. 이는 양항대립의 결과이지 그 이전의 카오스적 전구조가 아니다. 다만 구조의 또 다른 층일 뿐이다. 융은 이를 초탈하는 개인화를 제시하고 있으나 그것이 시공을 초월한 첫 인식을 의미하는지는 분명치 않다. 여전히 무의식의 범주를 벗어나지 못하고 있기 때문이다.

이 인식은 그 어떠한 구조를 가지고 있지 않다. 무나 공(혹은 혼돈과 어둠, 어스름, 미분리 등으로도 표현됨)으로 표현되는 이 궁극은 어떤 조건을 맞이하였을 때 양분되어 쌍으로 존재한다(쌍생성). 이 쌍의 고향은 공이므로 이 둘은 쌍소멸의 의지를 자동적으로 가지게 된다. 이런 식으로 모든 존재는 원초의 상태로 회귀하고자 하는 속성을 가진다. 속계에서 성역으로의 이동을 의미한다. 통과의례와 캠벨이 말하는 '분리'는 바로 이러한 속성의 단면이다.

쌍소멸은 여러 단계에 걸쳐 형성된 결과물들에게도 유효하다. 어떤 개념이든 물질이든 사건이든 이들은 현상적 관계망을 끊고 쌍 소멸적 의례를 요구한다. 이 소멸은 첫 소식이기 때문에 원초의 의식을 상기시켜 흐트러진 현상의 무질서를 질서화 시킨다. 이런 절차를 통과의식 절차라 할 수 있고 필자가 정리한 트랜스이론이기도 하다. 레비스트로스의 제한적 현상적 문화적 구조는 프로이드와 융의 심리학을 접목시킨 라캉에 이르러 향상된다. 상징계에서 상상계로 전진한 자아는 근원적이고 무한한 결핍에 당면한다. 이 결핍은 상상계 안에서 채워질 수 없다. 이는 있지도 않고 존재하고 있지도 않은 실제계를 거쳐 확인이 되고, 실제로 현현될 수 있게 된다. 그는 이를 일러 쥬이상스라 했는데 이는 앞서 언급한 구조적 통과의식이며 필자가 말하는 트랜스 정리이기도 하다.

라캉이 말하는 실제계는 시공과 언어를 초월한 차원이기 때문에 앞서 언급한 혼돈이나 미분성을 가르킨다. 그러므로 있다고 할 수 없고 없다고도 할 수 없는 완벽하고도 절대적인 지경을 이른다. 이 지경에 이를 수 있는 유일한 방법은 상징계와 현실의 관계를 끊고, 몰입과 집중을 통해 순수 첫 의식으로 돌아가는 데 있다. 모든 것을 다 버린 순수의식은 모든 것이 야기되기 이전의 상태와 조우하여 근원적 힘과 질서에 합일한다. 현실의 결핍과 무질서는 이런 과정을 통해 수정된다.

소태산 일화는 영웅을 겨냥한다. 현실적 결핍을 영웅적 면모로 치장을 하고 둔갑을 시킨다. 그런데 이런 둔갑 자체가 분리이고 구조적 통과의례다. 그러므로 일화는 트랜스의 과정을 문학적으로 서사하여 놓은 것이라 정리할 수 있다. 일화에서 포착해야 하는 것은 일화의 내용과 그의 허구성이나 각색의 정도에 있는 것이 아니라 그 자체에 있다. 그 자체가 해결책이기 때문이다. 이는 구술문화와 문자문화의 과도기에서 출현할 수밖에 없는 것이기도 하다.

민속 문화는 이런 순수한 예술들의 집합이다. 그 집합적 공동체 안에서 그 생리를 추출해 낼 수 있는 인물은 특별한 재능을 가진 자다. 그런데 문화 안에 숨겨져 있는 보석을 찾아낼 수 있는 것과 달리, 보석이라는 것이 모든 민속 문화 내에 과연 존재하는 것인가 하는 문제는 다른 차원의 논의다. 이를 우리는 가능성 즉 각성의 여지라 할 수 있는데, 이 여지를 가진 문화와 그렇지 않은 문화는 분명 존재한다. 이런 것을 신화적 세계라 할 수 있다. 구술적 미분의 세계와도 일치하는 세계다. 어떤 정신이 살아있고 그 정신을 일깨울 수 있고 긴장케 하는 분위기의 조성도 필요하다. 분위기와 상황은 있는데 발견의 여지를 제공하지 않는다면 찾아낼 수 없기 때문이다. 그리고 이런 내외적 조건을 온전히 습득한 특별한 시점의 특별한 재능이 또 필요한데 이 자도 그런 자이어야 한다.

가능성과 여지는 문화가 가지는 중요 요소다. 예를 들어 낙후된 시골의 고등학교와 잘 무장된 대도시의 학교에서 양산될 수 있는 영웅의 수와 수준에서 큰 차이를 보이는 것과 유사하다 하겠다. 그 주어진 조건이 극단적으로 차이가 난다면 극단적인 결과를 초래하는 것은 자명한 것이다. 인간과 문화 그리고 주어진 조건에서 양산될 수 있는 영웅은 그에 상응하고 그 상황에 필요한 영웅을 탄생시킬 것이기 때문이다.

　민속 문화는 많은 가능성을 담고 있는 큰 도가니와 같다. 문화권마다 그 자산은 다를 수 있고 그들의 조합 방식과 존재 양태도 다르다. 그러나 보석의 유무와 보석에로의 경로를 알 수 있는 정도의 조건은 문화권마다 다르다. 구술과 문자의 결합이 우리에게 그것이었듯이 말이다. 이런 정황을 살펴 풀어내는 작업이 인문학이 해야 할 일이고, 민속연구의 소관이기도 하다. 문학과 문화의 만남은 필연적이며, 둘의 역동관계를 통해 영웅의 면모를 밝힐 수 있을 뿐만 아니라, 영웅은 각자의 우리 내면에 깃들어 있음을 확인하는 길이기도 하다. 전통문화를 통해 이것을 알아낸 이 중 하나는 소태산이다. 그처럼 오늘을 사는 우리는 미분적 자기의 신화를 재확인하는 시도가 필요하다 하겠다.

　소태산이 어릴 때 동네 인근의 산에 올라 산신기도를 지냈다는 일화는 많은 것을 시사한다. 그 방면의 타고난 재능이 우선 인정된다. 그러나 그가 겪어야 했던 가족관계에 대한 근원적 결핍이 작용했음은 또한 확실하다. 너무도 어린나이에 이런 남다른 실천을 하였다는 일화는 그것이 가지는 역사성에 더해 문화해석의 의미를 요구한다. 그의 결핍은 영웅적 결핍에 해당된다. 이때의 영웅은 그림자의 회피이자 보호막의 탐색이다. 사실 이러한 어린 시절의 보호 안전욕망은 누구나 경험하는 것이다. 그러나 소태산의 경우는 거기에 더한 특별한 요소가 더 있었다. 그가 산신에게 묻고자 한 것은 존재에 대한 것이었다. 어린나이의 질문적 대상이 초자연적인 산신에 비정된 것은 특별한 문화적 전통 안에서 해석되어야 한다. 존재 근원에 대한 욕망은 산신 만나기를 통해 실현되지 않았다. 이는 좌절되었지만 아무것도 얻지 못한 것은 아니다. 그는 영웅의 구조가 무엇이어야 하는지를 각득하였다. 즉 영웅은 외적 초자연적 산신에 있는 것이 아니라 내재적이고 구체적인 현실성을 갖추어야 하는 것이었다. 그의 영웅 찾기는 자연이 아니라 구체적인 사람들에게서 찾고자 하였다. 걸인일화, 불교 부처상일화, 기독교 하느님일화, 판소리 걸인일화, 고소설 도사일화, 경무 처사시험, 만덕산 산제당 무당과의 조우 등 그는 신화와 영웅의 사이 리미널리티에 위치해있었다.

영웅 찾기는 영웅을 닮아가는 과정이기도 하다. 그는 결국 영웅이 되었다. 그런데 그 영웅성은 산속이나 하늘이나 부처상에 있지 않았다. 자기 내면의 순수의식에 존재하고 있음을 알게 된다. 그에 대한 직접적인 경험은 처사일화에서 본 바, 입문의례를 치루고부터라 할 수 있다. 경무의 핵심원리는 경을 읽고 외우면서 온정신을 집중하고 자기의 참자아와의 조우를 통해 바라는 바를 이루고자 염원하는 것이다. 그것이 실현되기 위해서는 일천정성이 쏟겨져야 가능한 것으로 알려져 있다. 소태산은 비로소 영웅이 되는 단서를 민속전통에서 발견하게 된다. 그러나 이것은 또 다른 도약의 발판이었다. 당시 무당의 역량은 너무도 좁게 한정되어 있었다. 한 동네나 한 지역을 대상으로 하고 근원적 만생령의 존재 문제를 풀어주지 못했다. 당시의 무속은 사실 생존의 도구로 전락한 상태였다. 본래 무속은 신화적 무장을 곁들여 우주의 근원에 이르는 길까지도 관장을 하였다. 그러나 그런 심오한 깊이는 유교와 불교적 침투로 인해 훼손되거나 축소된 결과로 남게 되었기 때문이다. 공수로 인한 일정한 생존의 문제를 중점적으로 다루는 술수의 수준으로 전락을 하고 말았다. 소태산은 그러나 순수의식과의 만남이라는 소중한 전통을 확인하였다. 그는 또 다른 도약이 필요했고 그를 위해 독공에 들게 된다. 훗날 드러난 일이지만 옥추경 독송과 주문 공부를 특히 연화봉 시절의 전후로 매진하게 된다.

그런데 돌이켜 보면 몰입을 통한 순수의식과의 만남이란 전통은 그의 수행과정에 절대적인 것이었다. 강변입정상과 대각상이 모두 이런 입정의 지속과정을 통해 완성되었기 때문이다. 그 외의 특별한 공부는 따로 없었다. 그러나 대각은 이런 입정만으로 가능하지 않다. 신통과 법통을 동시에 이루어야 한다. 신통보다 법통은 이 과정에서 필수요소다. 즉 세상사에 대한 전반지식의 섭렵에 대한 것은 별도의 지식 축적의 기회가 있어야 한다. 세상사 돌아가는 이치는 지식만으로 알 수 있는 것은 아니지만 일정한 정도의 기반은 갖추어져 있어야 차원 상승이 가능하기 때문이다. 이 과정도 그는 다행히 전통적 내림굿을 통해서 도달할 수 있었다.

수많은 경문이 전해주는 지식은 간과할 수 없는 가르침이었다. 사실 경문집은 유불선의 정수를 뽑아놓은 것이다. 경문의 독파는 세상사와 세상이치에 대한 섭렵으로 모든 것을 담고 있다고 봐도 과언이 아니다. 그가 대승의 길을 걷게 된 데는 이 경문의 가르침이 절대적이었을 것이다. 경문과 독경은 재액초복과 그를 위한 방법에 관한 것이다. 살아가면서 겪게 되고 닥쳐야 하는 모든 사안에 따라 다양하게 대처하는 방법을 온전히 섭렵하는 기회는 좀처럼 얻기 어려운 것이다. 따지고 보면 경무의 전통이야말로 수 천 년에 걸쳐 축적된 지식과 지혜의 보고가 아닐 수 없다. 소태산은 이를 통해 종합적이고 총체적인 인류지혜의 보고를 습득하였다. 전통문화의 유산이 없이는 한 영웅의 출현이 불가능한 점을 그래서 확인할 수 있다.

최수운과 강증산이 숙성되지 못한 행적을 보인 것은 세상사의 지식에 대한 총섭과정이 치밀하지 못한데에 있다고도 할 수 있다. 어떤 깨달음은 세상의 모든 지식을 섞고 버무려 체험과 행위로 사통오달이 되어 나투어져야 하는데, 인간사의 문제가 어디서 어디까지인지를 먼저 알고 있어야 훗날의 판단과 언행이 결정되기 때문이다. 앉은굿으로의 내림은 소태산에게 대각을 위한 커다란 축복이었고 필수적인 과정이었다. 각득에 지식이 버무려져 무위자연 사통팔달의 행으로 이어진다. 이를 지혜의 여정이라 하고 그 결과를 활불행이라 할 수 있다. 하나하나를 배우고 습득하지 않고는 어떤 현실적 결정을 내릴 수 없는 것이다. 소태산은 이를 잘 할 수 있었고 그 배경은 민속적 문화전통에 있었던 것이다.

참고문헌

제1부 일화와 민속 문화

『경문대요』(박수천 법사 소장 경문집)
「불법연구회 창건사」(『회보』37호~49호, 1937.8~1938.11)

김영진, 『충청도 무가』, 형설출판사, 1976.
김혜승 편, 『해동율경집』, 선문출판사, 1984.
김낙필, 「초기교단의 도교사상수용」, 『원불교사상』10~11집, 1987.
김승동, 『도교사상사전』, 부산대출판부, 2004.
구중회, 『충청도 설위설경』, 분지출판사, 2002.
박용덕, 『원불교 초기교단사―소태산의 대각, 방언조합 운동의 전개』1권, 원
　　　불교출판사, 2003.
＿＿＿, 『원불교 초기교단사―천하농판』5권, 원불교출판사, 2008.
안상경, 「앉은굿 무경 연구」, 충북대 석사논문, 2006.
＿＿＿, 『앉은굿 무경』, 민속원, 2009.
이정재, 「고소설 박태보전 독자수용 일고찰」, 『원불교사상과 종교문화』53집,
　　　2012.
＿＿＿, 「소태산의 구사일화 분석과 백학명과의 관계 연구」, 『원불교사상과
　　　문화』62집, 2014.
전음광, 「독실한 신념은 인생의 행복이다」, 『월말통신』27호, 1931.5.

Ⅰ. 삼령기원상의 민속학적 고찰

강영경, 「한국고대 산신신앙에 나타난 이상인간형」, 『종교와 문화』7, 서울대
　　종교문제연구소, 2001.

국립민속박물관, 『한국의 마을제당』, 제6권 전라남도, 제주도 편, 2002.

＿＿＿＿＿＿＿, 『한국의 마을신앙』, 2007. 김태곤, 『한국의 민간신앙』, 집문
　　당, 1992.

김태곤, 『한국무신도』, 열화당, 2005.

김영자, 「산신도에 나타난 호랑이 배경 지물의 상징성」, 『민속학연구』 제12
　　호, 2003.

김종대 외, 『한국의 산신신앙』, 민속원, 1996.

로저 자넬리, 임돈희 공저, 『조상의례와 한국사회』, 일조각, 2000.

문경현, 「신라인의 산악숭배와 산신」, 『신라문화제학술발표집』12, 신라문화
　　선양회, 1991.

박용덕, 『구수산 칠산바다―일타원부터 십타원까지』, 원불교출판사, 2003.

＿＿＿, 『소태산의 대각』, 원불교출판국, 1993

배도식, 『한국민속의 현장』, 집문당, 1993.

서문성, 『대종사님을 찾아 떠나는 성지여행』, 도서출판 삼동윤리, 1996.

송도성, 「대종사 약전」, 『원불교 사상』10, 11집, 원불교사상연구원, 1987.

송재용, 『한국의례의 연구』, 이엔시, 2007.

손진태, 「조선고대 산신이 성(性)에 就하여」, 진단학보1, 진단학회, 1934.

이정재, 「원불교와 전통문화」, 『원불교사상연구원』, 2006.

＿＿＿, 『동북아의 곰문화와 곰신화』, 민속원, 1998.

임재해, 「산신설화의 전승양상과 산신숭배의 문화」, 『비교민속학』29집, 2004.

일연, 『삼국유사』(이민수 역)

유병덕, 『소태산과 원불교 사상』, 원광대학교 출판국, 1995.

장철수, 『한국 전통사회의 관혼상제』, 한국정신문화연구원, 1984.

장정룡, 「강원지역 산맥이신앙 고찰」, 『한국민속학』 제25집, 한국민속학회.

홍윤식, 『불교와 민속』, 동국대부설 역경원, 1980.

홍윤식 외, 『불교민속학의 세계』, 집문당, 1996.

편무영, 『한국불교민속론』, 민속원, 1998.

최준식, 『한국종교 문화로 읽는다』3권, 사계절, 2009.

II. 실화와 설화의 경계와 소통

강미정, 「우울증 서사로 보는 <콩쥐팥쥐>·<상사뱀>·<고분지통>」, 『한국 고전연구』 통권16집, 한국고전연구학회, 2007.

강진옥, 「상사뱀 설화의 '몸 바꾸기'를 통해 본 욕망과 규범의 문제」, 『고전문 학연구』 제18집, 2000.

강철, 「제주도 사신설화의 특성」, 『영주어문』 제6집, 영주어문학회, 2003.

강형선, 「인신희생 설화의 양상과 기독교적 의미」, 강릉대 교육대학원 석사논 문, 2007.

곽의숙, 「<구렁덩덩신선비>의 상징성 고찰」, 『국어국문학』 25, 부산대 국어 국문학과, 1988.

곽정식, 「정인홍 설화에서 살펴본 세계 인식의 문제」, 『새국어교육』 통권70 호, 한국국어교육학회, 2005.

권도경, 「내암의 상사구렁이 퇴치 유형'의 형성 과정」, 『남명학연구』 제24집, 경상대학교 경남문화연구원 남명학연구소, 2007.

_____, 「내암의 남명 상사(想思)구렁이 퇴치 유형' 전설에 나타난 인물 형상화 의 체계와 부정적 서술시각의 역사적 맥락」, 『열상고전연구』 제26집, 2007.

기시모토 다카네, 「한·일 뱀 설화 비교연구 : 제주도와 오키나와 지역을 중심으 로」, 한남대 석사논문, 2005.

길태숙, 「<구렁덩덩신선비>, <세경본풀이>, <밭매기노래>에 나타난 '남편찾기'와 '결합'의 의미」, 『열상고전연구』 제16집, 열상고전연구회, 2002.

김경희, 「'구렁덩덩신선비' 설화 연구」, 한국교원대 석사논문, 1997.

김상용, 「한국 천지창조구비설화 연구」, 동아대 교육대학원 석사논문, 1999.

김서영, 「상사뱀 설화 연구」, 경성대 교육대학원 석사논문, 2007.

김용국, 「구렁덩덩신선비 변이 양상에 대한 소고」, 『인문과학연구』 제12집 [Ⅱ], 안양대학교 인문과학연구소, 2004.

김용덕, 「<相思 뱀說話>의 구조분석과 의미연구」, 『한국언어문화』 제18집, 한국언어문화학회, 2000.

_____, 「청평사연기설화고」, 『한양어문연구』 6, 한양대학교 한양어문연구회, 1988.

김준기, 「神母神話 연구」, 경희대 박사논문, 1995.

박용덕, 『원불교초기교단사 2권―돌이 서서 물소리를 듣는다』, 원불교출판사, 2003.

박민호, 「용사신 설화 연구」, 동아대 교육대학원 석사논문, 2001.

박종성, 「사신설화의 형성과 변이」, 서울대 석사논문, 1991.

_____, 「<구렁이와 꾀많은 신부>의 구조와 의미」, 관악어문연구 18, 서울대 국어국문학과, 1933.

서대석, 「「구렁덩덩신선비」의 신화적 성격」, 『고전문학연구』 제3집, 한국고전문학연구회, 1986.

신해진, 「「구렁덩덩 신선비」의 상징성; 여성 의식세계를 중심으로」, 『한국민속학』 27, 민속학회, 1995.

신혜영, 「신화의 전승과 변이 양상 : <구렁덩덩 신선비>설화와 <무왕>설화를 중심으로」, 고려대 교육대학원 석사논문, 2002.

안미옥, 「업구렁이 설화 연구」, 한국교원대 석사논문, 2000.

양현숙, 「제주도 뱀신화 연구 : <칠성본풀이>, <토산 여드렛당본풀이>에 대한 문화기호학적 해석」, 서강대 교육대학원 석사논문, 2006.

_____, 「제주도 뱀신화 연구」, 『백록어문』 제23집, 백록어문학회, 열상고전연구회, 2007.

오유미, 「중국 뱀 신화의 상징성 연구」, 연세대 석사논문, 2001.

우원제, 「<상사뱀 설화> 연구」, 한국교원대 교육대학원 석사논문, 2004.

원성학, 「뱀변신설화연구」, 전남대 석사논문, 1992.

유달선, 「한국사신퇴치설화연구: 사신퇴치전설의 형성과 민담화에 대한 고찰」, 대구대 석사논문, 1986.

윤주필, 「설화에 나타난 도학자상 : 남명 조식 전승을 중심으로」, 『남명학연구』 제7집, 경상대학교 남명학연구소, 1997.

이경선, 「임경업의 인물·유적·전설의 조사연구」, 『논문집』 13, 한양대학교, 1979.

이동철, 『한국 용설화의 역사적 전개』, 민속원, 2005.

이원영, 「변신설화의 원형적 의미구조와 그 현대적 변용 : 구렁이 변신담에 담긴 수성·인성·신성의 요소를 중심으로」, 건국대 석사논문, 2010.

이지영, 「용사신(龍蛇神) 승천담의 측면에서 본 <꿩과 구렁이> : '꿩'의 의미 해명을 겸하여」, 『고전문학연구』 제32집, 2007.

이태문, 「「구렁덩덩 신선비」와 「두꺼비 신랑」의 비교」, 『연민학지』 5('97.4), 연민학회, 1997.

임갑낭, 「뱀 설화 연구」, 계명대 석사논문, 1984.

임근혜, 「성주신 연구 : 안동 수동마을신앙의 사례를 중심으로」, 한양대 석사논문, 2003.

임재해, 「민속 문화에 갈무리된 성과 사랑의 갈래별 인식」, 『실천민속학연구』 제8호, 천민속학회, 2006.

전국문화원련합회 전라남도지회 편, 「앙암바위에 얽힌 슬픈 사랑이야기 「구렁이와 사랑한 처녀」」, 『전남문화』 통권 제15호, 전국문화원련합회 전라남도지회, 2002.

자연보호중앙협의회, 『한반도에서 사라져가는 동물들』, 가람기획, 1999.

한국정신문화연구원, 『민족문화대백과사전』, 1996.

조동일, 『한국문학통사1~3권』, 지식산업사, 2004.

_____, 『동학성립과 이야기』, 홍성사, 1981.

조성훈, 「야래자 설화의 신화성과 용신앙」, 대전대 석사논문, 2003.

최교연, 「<구렁덩덩신선비>의 전승 양상 연구」, 충북대 교육대학원 석사논문, 2007.

최래옥, 「설화 구술상의 제문제에 대한 고찰: 사랑담 "구렁덩덩신선비"의 채록을 중심으로」, 『한국민속학』 제4집, 민속학회, 1971.

최운식, 「한국민담에 나타난 변신의 양상과 의미」, 『문학과 비평』 5, 문학과비평사, 1988.

하성혜, 「뱀설화 연구」, 동아대 석사논문, 1990.

현용준·현승환 공저, 「주도 뱀신화와 신앙 연구제」, 『탐라문화』 15, 제주대 탐라문화연구소, 1995.

홍용희, 「두마리의 상사뱀과 그 혼령들」, 『현대시』 11, 8, 한국문연, 2000.

황명숙, 「『구렁덩덩신선비』의 수신 신화적 성격 분석」, 경기대 교육대학원 석사논문, 2002.

Ⅲ. 탈이섬 구렁이여인의 제도과정 연구

문화공보부, 『한국민속종합조사보고서』 전남, 경북, 경기편, 1970.

박용덕, 『원불교 초기교단사』 2, 원불교출판사, 2003.

이동철, 『한국 용설화의 역사적 전개』, 민속원, 2005.

이능화, <조선무속고>, 동문선, 1991.

조동일, 『동학성립과 이야기』, 홍성사, 1981.

_____, 『한국문학통사』 1~3권, 지식산업사, 2004.

강강철, 「제주도 사신설화의 특성」 『영주어문』 제6집, 영주어문학회, 2003.

강미정, 「우울증 서사로 보는 <콩쥐팥쥐>·<상사뱀>·<고분지통>」, 『한국고전연구』 통권 16집, 한국고전연구학회, 2007.

강진옥, 「상사뱀 설화의 '몸 바꾸기'를 통해 본 욕망과 규범의 문제」, 『고전문학연구』 제18집, 월인, 2000.

강형선, 「인신희생 설화의 양상과 기독교적 의미」, 강릉대 교육대학원 석사논문, 2007.

곽의숙, 「<구렁덩덩신선비>의 상징성 고찰」, 『국어국문학』 25, 부산대 국어
　　국문학과, 1988.

곽정식, 「정인홍 설화에서 살펴본 세계 인식의 문제」, 『새국어교육』 통권 70
　　호, 한국국어교육학회, 2005.

권도경, 「내암의 남명 상사(想思)구렁이 퇴치 유형'전설에 나타난 인물 형상화
　　의 체계와 부정적 서술시각의 역사적 맥락」, 『열상고전연구』 제26집, 열
　　상고전연구회, 2007.

기시모토 다카네, 「한·일 뱀 설화 비교연구: 제주도와 오키나와 지역을 중심으
　　로」, 한남대 석사논문, 2005.

길태숙, 「<구렁덩덩신선비>, <세경본풀이>, <밭매기노래>에 나타난 '남
　　편찾기'와 '결합'의 의미」, 『열상고전연구』 제16집, 열상고전연구회, 2002.

김경희, 「'구렁덩덩신선비' 설화 연구」, 한국교원대 석사논문, 1997.

김상용, 「한국 천지창조구비설화 연구」, 동아대 석사논문, 1999.

김서영, 「상사뱀 설화 연구」, 경성대 교육대학원 석사논문, 2007.

김용국, 「구렁덩덩신선비 변이 양상에 대한 소고」, 『인문과학연구』 제12집
　　II, 안양대학교 인문과학연구소, 2004.

김용덕, 「<相思 뱀說話>의 구조분석과 의미 연구」, 『한국언어문화』 제18집,
　　한국언어문화학회, 2000.

＿＿＿, 「청평사연기설화고」, 『한양어문연구』 6, 한양대 한양어문연구회,
　　1988.

김준기, 「神母神話 연구」, 경희대 박사논문, 1995.

문무병, 「제주도 당신앙 연구」, 제주대 박사논문, 1993.

박민호, 「용사신 설화 연구」, 동아대 교육대학원 석사논문, 2001.

박종성, 「<구렁이와 꾀많은 신부>의 구조와 의미」 『관악어문연구』 18, 서울
　　대 국어국문학과, 1993.

＿＿＿, 「사신설화의 형성과 변이」, 서울대 석사논문, 1991.

서대석, 「'구렁덩덩신선비'의 신화적 성격」, 『고전문학연구』 제3집, 한국고전
　　문학연구회, 1986.

신해진, 「'구렁덩덩신선비'의 상징성; 여성 의식세계를 중심으로」, 『한국민속학』 27, 민속학회, 1995.

신혜영, 「신화의 전승과 변이 양상 : <구렁덩덩 신선비> 설화와 <무왕> 설화를 중심으로」, 고려대 교육대학원 석사논문, 2002.

안미옥, 「업구렁이 설화 연구」, 한국교원대 석사논문, 2000.

양현숙, 「제주도 뱀신화 연구 : <칠성본풀이>, <토산 여드렛당본풀이>에 대한 문화기호학적 해석」, 서강대 교육대학원 석사논문, 2006.

양현숙, 「제주도 뱀신화 연구」 『백록어문』 제23집, 백록어문학회, 2007.

오유미, 「중국 뱀 신화의 상징성 연구」, 연세대 석사논문, 2001.

우원제, 「<상사뱀 설화> 연구」, 한국교원대 교육대학원 석사논문, 2004.

원성학, 「뱀변신 설화 연구」, 전남대 석사논문, 1992.

유달선, 「한국 사신퇴치 설화 연구: 사신퇴치 전설의 형성과 민담화에 대한 고찰」, 대구대 석사논문, 1986.

윤주필, 「설화에 나타난 도학자상 :남명 조식 전승을 중심으로」 『남명학연구』 제7집, 경상대학교 남명학연구소, 1997.

이경선, 「임경업의 인물·유적·전설의 조사 연구」, 『논문집』, 한양대학교, 1979.

이기욱, 「제주도 사신숭배의 생태학」, 『제주도 연구』 5집, 제주도연구회, 1989.

이원영, 「변신설화의 원형적 의미구조와 그 현대적 변용: 구렁이 변신담에 담긴 수성·인성·신성의 요소를 중심으로」, 건국대 석사논문, 2010.

이정재, 「실화와 설화의 경계와 소통」, 『인문학연구』 19집, 경희대학교 인문학연구소, 2011.

이지영, 「용사신(龍蛇神) 승천담의 측면에서 본 <꿩과 구렁이>: '꿩'의 의미 해명을 겸하여」, 『고전문학연구』 제32집, 한국고전문학회, 2007.

이태문, 「'구렁덩덩신선비'와 '두꺼비신랑'의 비교」 『연민학지』 5, 연민학회, 1997.

임갑낭, 「뱀 설화 연구」, 계명대 석사논문, 1984.

임근혜, 「성주신 연구 : 안동 수동마을신앙의 사례를 중심으로」, 한양대 석사논문, 2003.

임재해, 「민속 문화에 갈무리된 성과 사랑의 갈래별 인식」, 『실천민속학연구』 제8호, 실천민속학회, 2006.

전국문화원연합회 전라남도지회 편, 「앙암바위에 얽힌 슬픈 사랑이야기 '구렁이와 사랑한 처녀'」, 『전남문화』 통권 제15호, 전국문화원연합회 전라남도지회, 2002.

조성훈, 「야래자 설화의 신화성과 용신앙」, 대전대 석사논문, 2003.

최교연, 「<구렁덩덩신선비>의 전승 양상 연구」, 충북대 교육대학원 석사논문, 2007.

최래옥, 「설화 구술상의 제 문제에 대한 고찰: 사랑담 "구렁덩덩신선비"의 채록을 중심으로」, 『한국민속학』 제4집, 민속학회, 1971.

최운식, 「한국민담에 나타난 변신의 양상과 의미」, 『문학과 비평』 5, 문학과비평사, 1988.

탁명환, 「제주 사신신앙에 대한 소고 ―토산당 뱀신앙을 중심으로―」 『한국문화인류학』 10집, 한국문화인류학회, 1978.

하성혜, 「뱀설화 연구」, 동아대 석사논문, 1990.

현용준·현승환 공저, 「제주도 뱀신화와 신앙 연구」 『탐라문화』 15, 제주대학교 탐라문화연구소, 1995.

홍용희, 「두 마리의 상사뱀과 그 혼령들」, 『현대시』 11, 한국문연, 2000.

황명숙, 「'구렁덩덩신선비'의 수신 신화적 성격 분석」, 경기대 교육대학원 석사논문, 2002.

제3부 고전과 일화

I. 소태산 일화 "걸인에 둘리신 일"의 민속학적 고찰

갈홍, 석원태 역, 『포박자』 내편1, 2, 서림문화사, 1995.

____, 임동석 역, 『신선전』, 동서문화동판, 2009.

김낙필, 「초기교단의 도교사상 수용」, 『원불교사상』 10, 11집.

김현주, 『적벽가』, 박이정, 1998.

나관중, 김구용(옮긴이), 『삼국지연의』, 솔출판사, 2003.

박용덕, 『원불교 초기교단사』 1권, 2003('97).

_____, 『원불교 초기교단사』 4권―금강산의 주인되라, 2003('97).

송규, 「불법연구회 창건사」, 『회보』 37호(1937. 8)~『회보』 49호(1938. 11).

이정재, 구사고행 일화의 의미연구 ―민속 문화론적 분석―, 『원불교사상과 종교문화』, 원광대학교 원불교사상연구원, 2015.

_____, 소태산 구도과정의 민간신앙 상관성, 『신종교연구』, 한국신종교학회 2016.

정화사, 『원불교 교고총간』 5권, 1973.

한상봉(역주), 『태상감응편』, 다운샘, 2002.

II. 고소설의 도사(道士) 문학론

김기동, 『한국고전소설 연구』, 교학사, 1981.

김용덕, 『한국전기문학론』, 민족문화사, 1987.

교사연구반, 「불법연구회 창건사연구 ―원불교의 한국사적 이해를 위하여」― 「조웅전과 박태부전」, 원불교학연구회. 1975.

민영대, 『박태보전연구』, 한남대학교 출판국, 1997.

박용덕, 『초기교단사』 1권, 산: 원불교출판사, 1997.

_____, 「<대종사 약전>고」, 『원불교사상』 제 10~11집, 원광대출판사, 1987.

_____, 「소태산대종사의 聖跡을 따라」, 『원불교신보』 277~281호, 1981.

박용식, 「고소설에 그려진 충의 윤리」, 『어문연구』 제28권 제2호, 2000.

박윤철, 「초기 교사(敎史)상의 제 문제」, 『원불교사상』 제 10―11집, 이리: 원광대출판사, 1987.

서대석, 『군담소설의 구조와 배경』, 이화여대출판부, 1985.

소재영, 『고소설 통론』, 이우출판사, 1987.

송도성, 「대종사 약전」, 1943~1945.

이혜화, 「문학적 시각에서 본 소태산의 생애와 사상」, 『원광』 170호, 원불교 출판사, 1988.

송규, 「불법연구회 창건사」, 1937.10, 『회보』 38호.

조현우, 「초기소설사에서의 역사와 허구의 관련양상」, 『고소설연구』 제24집, 한국고소설학회, 2008.

정은임, 『궁정실기문학연구』, 숙명여대 박사논문, 1991.

조동일, 「영웅소설의 작품구조와 시대적 성격」, 『한국소설의 이론』, 지식산업사, 1977.

_____, 『한국문학통사』 3권, 지식산업사, 2006.

조희웅, 『조웅전』, 형설출판사, 1978.

_____, 「조웅전 이본고 및 교주보」, 『어문학논총』 제2집, 국민대학교 어문학연구소, 1993.

_____, 『고전소설연구자료총서 1 ─ 고전소설이본목록』, 집문당, 1999.

최운식, 『한국고소설연구』, 보고사, 2001.

홍용근, 『영웅소설의 원조자 연구』, 경남대 석사논문, 1990.

제4부 민간종교 일화 영웅

I. 초선지 만덕산 산제당의 민속학적 고찰

원불교정화사 편, 『원불교전서』, 원불교출판사.

『원불교자료총서』 제8권, 원불교출판사.

정산, 『불법연구회 창건사』, 불법연구회.

고려대 민족문화연구원 편, 『한국민속대관』, 고려대 민족문화연구원, 1980.

김태곤, 『한국 민간신앙 연구』, 집문당, 1983.

김종대 외, 『한국의 산간민속』, 민속원, 1996.

문화공보관 문화재관리국 편, 『한국민속 종합조사 보고서』, 문화공보관 문화재관리국, 1969~1981.

민속학회, 『한국민속학의 이해』, 문학아카데미, 1994.

박용덕, 『초기교단사 2권 ─ 돌이서서 물소리를 듣는다』, 원광대학교 출판국, 1997.

박규홍, 『증보 한국민속학개론』, 형설출판사, 1987.

임동권, 『한국민속논고』, 집문당, 1971.

양주동 감수, 『국어대사전』, 선일문화사, 1978.

이정재 외 『한국민속학 개론』, 민속원, 1987.

이두현 외, 『한국민속학개설』, 일조각, 1991.

이경민, 「조선시대 산속(産俗)연구」, 『한국민속학』11, 한국민속학회, 1979.

전북도청, 『전북전통민속』, 전라북도, 1989.

장주근, 『한국민속논고』, 계몽사, 1986.

최길성, 『한국민간신앙의 연구』, 계명대 출판국, 1989.

홍석모 저, 최대림 역, 『동국세시기』, 홍신문화사, 1849/1987.

II. 소태산 구도과정의 무속상관성 연구

김탁, 「한국신종교의 관제 신앙」, 『신종교연구』 제10집, 2004.

김낙필, 「증산사상과 도교」, 『도교문화연구』 제16집, 2002.

_____, 「도교와 한국민속」, 『비교민속』 24집, 2003.

_____, 「초기교단의 도교사상수용」, 『원불교사상』 10·11집, 1987

김태곤, 이강오, 「한국민속과 도교」, 『도교문화연구』 Vol.2, 1988.

김용휘, 「한국선도와 신종교의 수련」, 『도교문화연구』 제34집, 2011.

_____, 「한국선도의 전개와 신종교의 성립: 왜 한국에선 도교 교단이 성립되지 않았는가」, 『동양철학연구』 제55집, 2008.

김윤경, 「조선후기 민간도교의 전개와 변용: 동학 증산교를 중심으로」, 『道教文化研究』 제39집, 2013.

김철순, 「고려자기 에 나타난 한국巫俗, 道教, 佛教, 儒教의 마음」, 『선미술』 7, 1980.

김혜숭, 『해동율경집』, 선문출판사, 1984.

무라야마 지준, 최길성 역, 『조선의 무격』, 민속원, 2014.

민영현, 「도교적 사유체계와 그 상동·상이에 관한 연구 : 道家, 道教, 仙 그리고 한국 민족종교사상의 비교론적 관점에서」, 『선도문화』 Vol.7, 2009.

박광수, 「소태산의 신명사상 —샤머니즘과 신종교에 나타난 신명사상의 비판적 수용—」, 『원불교학』 2집, 1997.

박마리아, 「대순진리회와 도교의 신앙체계에 관한 비교」, 『신종교연구』 제24집, 2011.

박성복, 『토속경문대전집』 1~4, 2013.

박용덕, 『원불교 초기교단사』 1권—소태산의 대각, 방언조합 운동의 전개: 1891~1953, 원불교출판사, 1997.

박정훈 편, 『정산종사 법문과 일화—한울안 한이치에』, 원불교출판사, 1987.

박찬호, 「한국전통윤리 사상의 기저로서의 巫俗에 관한 硏究」, 『동양종교학』 Vol.1, 1991.

박희병, 「청구야담 연구 —한문단편소설을 중심」, 서울대 석사논문, 1981.

서대석, 「경무고」, 『한국문화인류학』 1집, 한국문화인류학회, 1981.

박록삼, "일제시대 한우이력서 첫 발견", <서울신문>, 2008.12.18.

손진태, 「맹격고」, 『손진태선생 전집』 2권, 태학사, 1981.

손태도, 「서울지역 맹인독경의 역사와 그 특징」, 『역사민속학회』 22집, 2006.

송규, 「불법연구회 창건사」, 『회보』 61호, 1938.

신상구, 「태안지역 무속문화연구」, 국제뇌교육종합대학원 박사논문, 2011.

안동준, 「고조선 지역의 무교가 중원 도교문화에 미친 영향, 북방계 신화의 신격유래와 도교신앙」, 『한국도교문화의 탐구』, 지식산업사, 2008.

안상경, 「귀신착수연행 양상」, 『앉은굿 무경』, 민속원, 2009.

양은용, 「한국도교의 흐름과 신종교」, 『신종교연구』 제10집, 2004.

오정남, 「증산교와 무속: 그 상관관계를 중심으로」, 한국학중앙연구원 한국학대학원 석사논문, 2005.

유경환, 「동학가사의 무속 사고 수용 양상」, 『한국민속학보』 제5호, 한국민속학회.

유승종, 「신종교에 나타난 신선사상」, 『신종교연구』 제13집, 2005.

이강옥, 「조선시대 일화의 일탈」, 『국어국문학 연구』 1집, 1997.

이공훈, 「유불선삼교합일사상과 도교와의 관계 및 도교교단의 사회적 역할」, 『도교학연구』, Vol.17, 2001.

이능화, 이재곤 역, 『조선무속고』, 동문선, 1991.

이영금, 「무속 사상과 증산 사상의 상관성: 해원 사상을 중심으로」, 『한국무속학』 제28집, 2014.

이정재, 「고소설 박태보전 독자수용 일고찰」, 『원불교 사상과 종교문화』, 53권, 2012.

_____, 「삼령기원상의 민속학적 고찰」, 『원불교 사상과 종교문화』 42집, 2009.

_____, 「소태산의 구사일화 분석과 백학명과의 관계 연구 ―일화 '부처를 시험한 일' 중심으로―」 『원불교 사상과 종교문화』, 62권, 2014.

_____, 「초선지 만덕산 산제당의 민속학적 고찰」, 『원불교 사상과 종교문화』, 45집, 2010.

이호재, 「한국 신종교사상에 나타난 무교적 요소: 동학과 증산사상을 중심으로」, 가톨릭대 석사논문, 2001.

임승범, 「충남 내포 지역의 앉은굿 연구 : 태안 지역을 중심으로」, 한남대 석사논문, 2004.

임완혁, 「조선전기 필기 연구」, 성균관대 석사논문, 1991.

전남대학교박물관, 『영광군 문화유적 학술조사』, 전남대학교박물관, 영광군, 1993.

전음광, 「독실한 신념은 인생의 행복이다」, 『월말통신』 27호.

정산, 「불법연구회 창건사」, 『회보』 61호, 1938.

___, 「불법연구회 창건사」, 『교고총간』 제5권, 원불교 정화사, 1973.

정재서, 『한국도교의 기원과 역사』, 이화여대출판부, 2008.

_____, 「도교의 샤머니즘 기원설에 대한 재검토」, 『도교문화연구』 Vol.37, 2012.

차옥숭, 「新宗敎와 巫의 관계에 대한연구: 종교경험을 중심으로」, 『新宗敎硏究』 제9집, 2003.

Ⅲ. 소태산의 구사일화 분석과 백학명과의 관계 연구

박용덕, 「少太山 生涯譚(口述　金亨悟 註解)」, 『精神開闢』 12집, 신룡교학회, 1993.

정산, 「불법연구회 창건사」, 『교고총간』 제5권, 원불교 정화사, 1973.

불갑사, 『영광 불갑사 성보』, 태학사, 2011.

주산, 「대종사 약전」, 불법 기연편.

전음광, 「독실한 신념은 인생의 행복이다」, 『월말통신』 27호

연합뉴스, "의왕시 청계사 목판 인출", <연합뉴스>, 2008.1.3.

야보 도천, 『천로금강경』, 2006.

승가대학원 편, 무비스님 감수, 『금강경 전서』, 조계종교육원, 1997.

연관 편집, 『학명집』, 성보문화재연구원, 2006.

강경구, 「금강경 한글번역 및 해석의 현황과 특징」, 『동아시아불교문화』, 동아시아불교문화학회, 2010.

김정옥, 「『金剛經註解』의 선사상 연구」, 동국대학교, 2012.

권양혁, 「『金剛經』에 나타난 선사상 연구」, 위덕대학교, 2011.

김영두, 「불갑사 수도암 『금강경』 음역본 연구」, 『원불교 사상과 종교문화』, 45권, 원광대학교 원불교사상연구원, 2010.

김영일, 「<金剛經> 구조에 관한 연구」, 동국대학교, 2003.

김성우, 정인종, 「삼국시대 산지사찰의 형식과 성격」, 『대한건축학회논문집』 16권 11호, 대한건축학회, 2000.

강순애, 「靈光 佛甲寺 八相殿의 복장전적고」, 『서지학연구지』 32집, 서지학회, 2005.

박상국 편, 『전국사찰소장 목판집』, 문화재 관리연구소, 1987.

박용덕, 『불덕산의 인연들』, 1999.

_____, 「소태산의 대각, 방언조합 운동의 전개 : 1891~1953」, 『원불교 초기 교단사』 1권, 1997.

박원식, 『산중암자에서 듣다 : 전국 25개 암자에서 듣는 깨달음의 이야기』, 북하우스 퍼블리셔스, 2011.

배정관, 「사찰 내 庵子의 입지특성에 관한 연구 : 曹溪宗 사찰을 중심으로」, 배
　　재대학교, 2006.

사재동, 「'팔상명행록'의 연구」, 『인문과학론문집』 VIII−2, 충남대학교 인문
　　과학연구소, 1981.

＿＿＿, 『조선후기 국문불서의 유통양상』, 출판문화연구, 인쇄문화출판사,
　　1993.

석진오, 『금강경 연구』, 출판시대, 1999

서문성, 『대종사님을 찾아 떠나는 성지여행』, 1996.

이정재, 「고소설 박태보전 독자수용 일고찰」, 『원불교 사상과 종교문화』, 53
　　권, 2012.

임인혁, 「가야산 해인사 명승구역 내 암자환경의 실태분석」, 한경대학교,
　　2012.

정순일, 「소태산의 불교개혁운동과 학명, 만해 그리고 용성」, (학술대회 ＜불
　　교와 원불교＞ 발표논문, 원불교 사상연구원, 원광대학교 숭산기념관,
　　2014.2.7)

정경숙, 「대한불교조계종 표집본 『金剛經』연구 : 한문 교감과 한글 번역을 중
　　심으로」, 동국대학교, 2010.

지수진, 「18세기~1960년 산중 庵子의 특성에 관한 연구」, 명지대 석사논문,
　　2002.

　＊참고한 논문 목록

― 삼령기원상의 민속학적 고찰 원불교사상과 종교문화, 원광대학교 원불교
　　사상연구원 2009

― 실화와 설화의 경계와 소통 인문학연구, 경희대학교 인문학연구원 2011

— 탈이섬 구렁이여인의 제도과정 연구
— 초선지 만덕산 산제당의 민속학적 고찰 원불교사상과 종교문화, 원광대학
  교 원불교사상연구원 2010
— 고소설 박태보전 독자수용 일고찰 원불교사상과 종교문화, 원광대학교 원
  불교사상연구원 2012
— 소태산의 구사일화 분석과 백학명과의 관계 연구 원불교사상과 종교문화,
  원광대학교 원불교사상연구원 2014
— 소태산 구도과정의 민간신앙 상관성 신종교연구, 한국신종교학회 2016

소태산 일화와 민속 문화

초판 1쇄 인쇄일	2021년 8월 25일
초판 1쇄 발행일	2021년 8월 30일

지은이	이정재
펴낸이	한선희
편집/디자인	우정민 우민지
마케팅	정찬용 정구형
영업관리	정진이 김보선
책임편집	우민지
인쇄처	으뜸사
펴낸곳	국학자료원 새미(주)
	등록일 2005 03 15 제25100－2005－000008호
	경기도 고양시 일산동구 중앙로 1261번길 79 하이베라스 405호
	Tel 442－4623 Fax 6499－3082
	www.kookhak.co.kr
	kookhak2001@hanmail.net

ISBN	979-11-6797-004-6 *93380
가격	23,000원